科技與大國崛起

Technology and the Rise of Great Powers

How Diffusion Shapes Economic Competition

傑佛瑞・丁 —— 著
許瑞宋 —— 譯
Jeffrey Ding

目次

跳脫創新迷思

——從《科技與大國崛起》思索AI時代的美中競爭與台灣布局

賴又豪、杜文苓

面對川普2.0時代來勢洶洶的關稅大戰，強調「讓美國再次偉大」與「製造業回流美國」，使強權間的競爭不再僅止於先端技術的創造、管制與運用，本土製造能力亦躍上檯面，影響全球科技供應鏈布局。而隨著國家權力與科技發展越發緊密交織，當前的兩大強權美國與中國都更加積極地想贏下被稱為「第四次工業革命」的人工智慧競賽。

值此科技地緣政治競爭劇烈的關鍵時刻，大國較量究竟誰勝誰負？又將如何影響全球的科技發展與擴散？各家論述眾說紛紜。而過去幾年來，華府喬治華盛頓大學的政治學者傑佛瑞·丁對相關議題的分析，則已然成為不可忽視的聲音。尤其是他在二〇二四年出版的新書《科技與大國崛起》中，嘗試對技術變革如何牽動全球權力格局提出新的解釋途徑，進而向主流論述發起挑戰。

於是一時之間，從學界到政策圈，從軍方到產業界，這本書在西方世界儼然是剖析美中AI競爭前景的必讀之作。那麼，我們究竟該如何看懂本書，並在台灣的脈絡中提煉其政策意涵？

重新定位科技競爭：一場關於技術擴散的長跑

首先，作者的出發點是要探明「技術變革與大國興衰」的互動中一段沒有被充分釐清的因果鏈。重大技術突破可能帶來經濟實力的消長，並進一步重構全球的政治與軍事權力版圖。然而在這個「技術→經濟→政治／軍事」的權力流向中，作者認為第一組關係，也就是科技發展究竟是怎麼讓某些國家在經濟生產力上甩開對手，始終還沒有找到令人滿意的解答。

而他全書想要挑戰的理論對手，則是既有研究的標準解釋：「領頭羊產業」（leading sector）機制。

所謂的領頭羊產業，指的是在關鍵技術突破後快速成長的新興產業。這個理論認為，大國經濟霸權的秘密，在於其多大程度上能主導這些產業的技術商用開發，也就是主導「創新」(innovation)從而壟斷利潤。對這套因果機制的擁戴者來說，科技變革期的競爭就像一場百米賽跑，重點是支配為數不多的領頭羊產業，藉由技術創新突破，趁這些產業還在爬升期的短促機會窗口中，盡可能地攫取利益。

但對作者來說，這項競賽不是短跑，而是一場馬拉松，決定最終贏家的關鍵，端看哪國成功建立了讓創新中心與應用產業相互扶持的機會。

依照他支持的「通用技術」(general-purpose technology)擴散理論，最終能夠領先群雄的將是那些更能把通用技術擴散到各個產業部門的國家。過往幾次工業革命的通用技術包括蒸汽機、電力與電腦等，他們都具備幾項特徵：「持續改進」的潛能、跨產業的「普遍應用性」以及與其他技術創新匯流的「互補性」，並在技術傳播的過程中帶動了整個經濟體的生產力成長。

換言之，這個理論認為經濟實力的消長，不會在領頭羊產業出現技術創新時迅速兌現。關鍵在通用技術誕生後的「擴散」，亦即各行各業廣泛採用並融入生產的悠長過程。於是往往要歷經數十年的醞釀，伴隨著各產業的勞動力調整、組織適應與其他技術的互補創新，技術變革對各國經濟的結構性影響才會充分顯現。

作者的分析幫助我們看到新興科技發展中，在技術創新條件以外的社會作用力。類似的討論在科技與社會（Science, Technology, and Society）研究領域或許不令人陌生。例如，在技術史的經典研究中，發明天才愛迪生的成功，不在於單一元件的發明，而在能結合技術、經濟與科學各個要素，並能轉化成為消費者所用的商業系統。托馬斯．休斯（Thomas P. Hughes）在〈美國的電氣化過程：系統建構者〉（The Electrification of America: The System Builders）一文中，[1]即強調技術發展的影響在於建立系統。當愛迪生發明高阻抗燈絲，也需計算如何建立一個跟煤氣燈照明一樣的經濟系統，把技術發展鑲嵌於經濟、政治、社會與科學脈絡中，將產品推出到市場，使技術具備通用性。

當我們將這個社會性關注放在國與國之間的科技競爭脈絡下，作者特別注意國家制度是否擴大了工程技能和知識庫的教育和培訓系統等「通用技術技能基礎建設」（GPT skill infrastructure）。透過詳實的案例研究，運用時間序橫斷面模型分析，作者從第一次工業革命的英國崛起，到第二次革命美國躍居領先，再到第三次革命期間日本對美國的挑戰，發現歷史證據更支持的是擴散理論：那些更能夠廣泛地在各產業中傳播通用技術的國家，最終成為、或維持了他們的經濟霸權。

那麼，這些國家做對了什麼？作者指出，既然關鍵不在創新而是擴散，那麼需要的就不只是少數的英雄發明家，而是源源不絕的工程師大軍，是這些應用新技術的普通「微調者」

與「執行者」，才能將通用技術應用到不同產業之中。於是，哪個國家更能廣植相關的工程技能與知識的教育／培訓系統，更能制度性地扎根與充分利用這條「技能基礎建設」路線，就成了勝負的分水嶺。在此，歷史鎂光燈所聚焦的，是應用機械趨勢的集體發明，是技術傳承的默會知識，是促進跨產業廣泛使用的工具系統，與其交會的人才培育體系和蓬勃的技術採用（而非創新）活動。

當代政策啟示：AI競賽的前景判讀與戰略建議

本書挑戰了美中AI競爭前景的主流預測。在作者眼中，美國瀰漫著一股中國很快就會成為世界AI首強的焦慮，並認為這個黃金交叉可能在十年內發生，原因是中國在AI的科研投資與技術突破上進展飛快。此時，敏銳的讀者應該已能猜到問題何在。

這些對「中國崛起」的警示，過度偏重在獨尊技術創新的領頭羊產業機制。但歷史告訴

1 Thomas P. Hughes 美國的電氣化過程。收錄於吳嘉苓等主編，2004。《科技渴望社會》，台北市：群學。

我們，ＡＩ若是一種通用技術，其對經濟權力格局的影響，目前恐怕還處於早期階段。無論是ＡＩ工程師的勞動力規模、相關教育機構的質與量，乃至於產學連結的深刻程度，美國現今仍是在技能基礎建設上明顯占優的一方。

於是依照通用技術擴散理論，作者認為目前更有條件贏下這場ＡＩ經濟競賽的，不是中國，仍將是第二次工業革命以來的世界霸主：美國。

這也正是閱讀本書的價值所在：它提供我們一個嶄新的視角，來理解新興科技是在「何時」及「透過什麼方式」重構了全球經濟的實力版圖。於是，儘管像二〇二五初DeepSeek的橫空出世在第一時間引發市場震盪，面對將此稱為「中國的史普尼克時刻」，意指中國ＡＩ實力已迎頭趕上美國的流行說法，你或許不會再那麼容易照單全收。畢竟若回顧歷史，沒有任何國家能永遠壟斷通用技術的創新突破；真的需要擔憂的，或許是ＡＩ在中國的跨產業應用，會不會比其他國家來得更廣泛、勢頭更兇猛。

這也是為什麼，作者反覆強調，ＡＩ政策不能只停留在激勵研發，更該長期投注於擴大技術應用的人才庫。如果他的建議正確，除了關注美中競爭，我們也必須自問台灣的「技能基礎建設」是否完備？譬如根據數發部統計，在二〇二四至二〇二六年間，光是資訊服務業每年新增的ＡＩ人才需求就高達五千至六千人。[2] 那麼從高教、技職、在職培訓到海外攬才，台灣是否有辦法補足全產業需要的相關勞動力缺口？

事實上，我國政府也意識到人才供給的挑戰。因此行政院自二〇一八年起兩期「台灣ＡＩ行動計畫」都將增加應用端人才納為政策主軸。在民間，譬如台灣人工智慧學校也十分關鍵，為各產業的ＡＩ導入提供培訓。而本書的分析進一步提醒我們，「ＡＩ產業化」固然重要，但長遠而言，真正決定經濟競爭力的，恐怕會是這些「產業ＡＩ化」努力的深度與廣度。

為此，除了推升創新，台灣的政策制定者在中長期更應考慮以全產業為尺度，積極推動「擴散導向」的ＡＩ戰略。

潛在盲點？審視中國制度能力評估與出口管制

只不過，也請讀者不要忘記，這些前景預測與政策建議，只有在本書論證成立的前提

2 數位發展部「數位經濟：人工智慧應用服務產業 2024-2026 專業人才需求推估調查」。

下才會是有效的。因此在接受作者的理論之前，我們建議讀者先抱持批判性的視角，並在閱讀時思考以下幾個問題。

首先，本書的論證是否成功？舉例來說，如果作者旨在證明權力消長取決於「擴散」而非「創新」，那在各個歷史案例中，被挑選出來比較的「通用技術」與「領頭羊產業」是否具有代表性？標準為何？是否公允？用於支持「通用技術擴散最能解釋經濟成長差異」的證據是否充分？即便擴散論成立，又為什麼聚焦人才端的「技能基礎建設」，是衡量擴散能力的最佳指標？

檢驗衡量指標有助於我們進一步反思作者對美中ＡＩ競爭的研判。事實上，即便先順著本書邏輯，「美國的ＡＩ工程人才庫勝過中國」的宣稱也絕非沒有爭議，畢竟已有諸多統計顯示中國的ＳＴＥＭ學科畢業生數量冠絕全球。因此，作者在書中有關美國ＡＩ從業人口與教育訓練品質遠超中國的舉證，就值得讀者細加評判。

此外讀者也可以思考，我們在解讀美中擴散ＡＩ的制度能力時，是否也必須考量其他條件？

即使是作者也承認，包括技術標準、技轉制度、貿易及融資自由、市場競爭程度等，還有許多人力資本以外的因素，也可能影響通用技術的跨部門傳播。從無人機、電動車、太陽能、儲電到工業機器人，中國向來給人的印象反而並非長於創新，而是技術的商用普及與產業應用。無所不在的行動支付等數位服務，則提醒著我們，中國龐大的人口始終是其他經濟體難以匹配的競爭條件。當前，他們的企業正在競相將DeepSeek等模型融入到產品與生產流程之中，這不僅源於市場競爭驅力，也是其創始人梁文鋒與習近平會面的後續效應，由此也可窺見中國領導人如何以國家力量來為擇定的技術擴散「推波助瀾」。

針對中國制度能力評估的可能挑戰，作者有無、如何做出回應？回應是否令人信服？尤其中國大量製造導致產能過剩，搭配傾國之力的補貼政策與低價傾銷策略，國家在通用技術擴張的控制與主導角色不僅變形，甚至非常突出。另一方面，從社會信用系統到新疆的大規模監控，中國威權體制結合科技監測是否更容易取得質量兼具的個人資料，從而增長其在AI訓練上的相對優勢？若將視角轉往美國，川普大幅削減科研預算與移民／留學生政策的緊縮動盪，又會如何影響美國的AI人才供給與產學合作生態？持續變動的美中政策發展，為這場新興科技賽局所注入的複雜性與不確定性，同樣是讀者行經相關章節時必須留意之處。

最後，縱使本書的理論建構成功，仍不代表我們就能對其政策偏好照單全收。舉例來說，作者顯然對AI晶片等關鍵科技的出口管制高度存疑，認為這道政策取徑仍執迷於獨占新興產業中的短期技術優勢。但即使先接受作者的理論主張，只要我們都承認ＡＩ的訓練與推論需要大量算力，而算力又高度仰賴晶片支援，那麼晶片就是ＡＩ在各產業落地時的關鍵硬體條件。

以邊緣ＡＩ（edge AI）為例，即便這類應用僅是將訓練完成的小型模型部署到終端設備，仍然仰賴專門設計的高效能晶片系統。於是從設計、製造到封裝，整個硬體供應鏈的完整性，將深刻影響手機、電動車乃至工業自動化等領域的ＡＩ應用與擴散速度。

在當代的通用技術擴散競爭中，晶片恐怕仍是重要性絲毫不亞於「技能基礎建設」的戰略競爭物資。如此看來，出口管制不僅未必如作者所述，僅為壟斷創新而存在，因為若要有效削弱中國「產業ＡＩ化」的能力，持續強化管制晶片及其關鍵製程技術的出口，恐怕是即便像作者這樣的通用技術擴散論者，亦難以忽視、甚至必須慎重支持的政策方向。

作者訪談　贏得馬拉松，而非短跑

在過去幾年，美中之間的科技地緣政治競爭不斷升溫，兩國都認為要從這場「第四次工業革命」中勝出，重點在於：誰能夠在人工智慧的研發創新上搶占先機。基於這個觀點，不少專家預測中國將挑戰、甚至取代美國的科技霸權地位。舉例來說，中方的國際關係學者金燦榮主張中國更有機會鎖定勝局；而美國國會組成的人工智慧國安委員會也警示，美國若未做好準備，恐將失去科技領導地位。

然而，華府新銳學者傑佛瑞・丁不認同這些主流的觀點與預測。他在新書《科技與大國崛起》裡指出，真正決定大國權力興衰的，並不是誰支配了創新、誰第一個開發出ChatGPT，而是誰更能將ＡＩ創新進一步擴散到各產業部門的應用之中。長期來說，這類「基礎通用技術」的擴散才是帶動經濟成長的關鍵所在。

因此，傑佛瑞對美中ＡＩ競爭的前景有著不同的觀察。他認為比起中國，美國更有能力將ＡＩ應用擴散到不同產業，因而保有明顯的競爭優勢。但他也批評，美國當前的政策方針過度偏重防堵技術外流，反映出決策者仍執迷於維護短期的創新領先，卻沒有思考如何促進ＡＩ技術的全產業擴散，而這是一項嚴重的戰略錯誤。

簡言之，科技變革帶來的經濟實力消長，並非百米短跑，而是一場漫長的馬拉松。若要贏得這場長跑，傑佛瑞指出一個關鍵就是源源不絕的ＡＩ人才供應。而在台灣，無論是國科會的「推動各產業導入生成式ＡＩ先期計畫」，或是台灣人工智慧學校的成立，都呼應了這項政策建議，藉由拓廣人才庫，來讓各個產業都有能力導入ＡＩ來提升經濟表現。

本文章由ＤＳＥＴ授權收錄書中。ＤＳＥＴ長期關注ＡＩ治理與科技地緣政治背景下的經濟競爭與安全議題，常駐華府的ＤＳＥＴ賴又豪研究員為此特別前往拜訪傑佛瑞・丁教授，聽取他對美中ＡＩ競爭的不同觀察，並交流台灣ＡＩ政策發展的可能方向。以下為訪談全文。

創新突破還是技術擴散？解讀大國競爭關鍵所在

賴又豪（賴）：在書中，你比較了兩種解釋科技變遷如何形塑經濟權力消長的典範，一個是「領頭羊產業」（leading-sector，LS）理論，另一種是「通用技術擴散」（general-purpose technology，GPT）理論。而你的基本主張是：真正決定大國經濟權力興衰的，並非少數領頭羊部門中的技術創新，而是通用技術能否擴散到各個產業、遍布到不同部門的經濟活動之中。

在深入討論本書論點之前，能否先請您簡單介紹一下自己，以及撰寫這本書的初衷？特別是你為何開始關注科技變革與美中經濟競爭的相關議題？

傑佛瑞・丁（丁）：當然，我是在牛津大學念碩士時開始對這個領域產生興趣的。那時候我同時在人工智慧治理中心（Centre for the Governance of AI）實習，聚焦研究中國的人工智慧發展，也因此我的研究興趣開始圍繞著美中在新興科技領域的競爭。而當我繼續在牛津攻讀博士時，我注意到有很多關於哪個國家將成為AI領跑者的臆測，但這些猜測大多是毫無根據的。這讓我想要深入探究過往幾次技術革命的歷史，以及它們如何影響大國的興衰，看看能否從中獲得一些啟示，來協助我們理解當代的AI競爭。

賴：瞭解，你在牛津的求學經驗就是這本書的起點。我接著想釐清這本書中的一些基本概念。你能否簡單解釋所謂的「領頭羊產業」和「通用技術」是什麼意思？如何區分這兩個概念？如果套用到ＡＩ上，你認為ＡＩ是一種領頭羊產業還是通用技術？或著它兩者皆是？

丁：如你提到的，書中探討的兩個機制，一個是領頭羊產業理論（LS theory），另一個則是通用技術擴散理論（GPT diffusion theory）。我將領頭羊產業定義為在關鍵技術突破之後出現且快速成長的新興產業，歷史上一些典型案例包括鋼鐵業或汽車產業等。至於通用技術，我則把它定義為非僅限於單一部門或產業的基礎技術變革，因為它們有潛力擴散並遍布到無數個經濟部門。通用技術的過往案例包括電力、蒸汽機和電腦等。

所以當談到ＡＩ時，我認為要理解這兩個理論的差異，重點反倒不是去歸類ＡＩ是先驅產業還是通用技術，而在於這兩個理論對ＡＩ如何重塑強權之間的經濟競爭，提出了不同的解釋。ＬＳ理論認為，這一切取決於誰可以壟斷ＡＩ產業的創新突破，並強調創新帶來的早期機會窗口，以及誰能利用這個短暫的時間窗口，藉由領頭羊產業來帶動深遠的影響。

相較之下，ＧＰＴ擴散理論則認為，從經濟競爭中勝出的關鍵，更多在於誰有辦法在整個經濟部門中大規模採用並擴散ＡＩ技術。而從歷史上來看，通用技術的擴散往往需要數十年的時間。也因此，壟斷技術的創新並非重點所在，事實上也沒有任何國家有辦法壟斷所有通用技術的創新。總之，針對各國如何利用新興科技來實現經濟領先地位，這兩個理論給出了相當不同的路徑或機制解釋。

賴：所以如果正確理解你的論點，區辨ＡＩ是領頭羊部門還是通用技術並不那麼重要。即使ＡＩ本身確實是個快速崛起的產業，我們真正該關注的是怎麼讓它進一步擴散到其他部門，因為ＡＩ是這個時代的通用技術。我想確認一下，你認為ＡＩ就是這個時代的ＧＰＴ嗎？

丁：我不會去說ＡＩ一定是或著不是這個時代的通用技術，因為我認為很難正確預測哪些技術變革將是最有影響力的。要是我們在二十年前進行這次對話，我們討論的可能不會是ＡＩ，而是奈米科技。但我確實認為有一些證據表明ＡＩ正在成為這個世代的通用技術。譬如有研究顯示，機器學習的專利受到其他多種不同的專利技術領域引用，但相較之下，引用區塊鏈技術或生物科技專利的技術類別則較少。這顯示出比起其他可能的通用技術，ＡＩ技術擁有範圍更加廣泛的應用潛能。

賴：瞭解，所以雖然無法百分之百肯定ＡＩ就是當代的通用技術，但可以說這個可能性是相當高的。能否請你進一步解釋LS理論和GPT擴散理論的不同之處？以及他們如何理解經濟實力的消長？

丁：LS理論關注哪個國家可以在快速成長的新興產業中壟斷創新，因此它強調，各國採行的制度適應策略應該要有助於他們在這些新興產業中建立市場支配地位。這包括能否確保關鍵技術不會外洩到他國；能否吸引到最頂尖、最聰明的該產業人才；還有能否設置最好的研究機構、最前沿的研發實驗室等等。

不過對於GPT擴散理論來說，因為關鍵在於哪個國家可以更加廣泛地採用並擴散通用技術到全產業之中，而這個過程往往必須歷時數十年之久，因此更重要的是哪個國家可以創建制度，來持續培育與該通用技術相關的廣泛人才庫。

如何促進技術擴散？AI人才培育的重要性

賴：所以這兩個理論在很多面向上都是不同的，包括觀照的時間維度、技術應用的範圍與廣度，以及相應的制度整備策略等等。那為什麼你認為GPT擴散理論更能夠解釋科技變革與經濟實力的消長？

丁：我在這本書中回顧了過往三次產業革命，追溯了每個時期的新科技如何實際影響經濟領導地位的興衰。我檢視了第一次工業革命，那時英國毫無疑問的是經濟上的領導者。然後我分析了從一八七〇到一九一三年間，美國在第二次工業革命中的崛起。最後，我也探究了日本在一九八〇年代資訊革命期間對美國的挑戰。

在這三次產業革命期間，我發現真正關鍵的解釋因素並非哪個國家在創新上領先，或是壟斷了領頭羊產業中的所有創新突破。歷史證據更支持GPT擴散理論。在某些案例，譬如第二次工業革命時期的美國，甚至遠遠沒有居於這些新興產業技術創新的中心，但重點在於，它在採用當時的關鍵通用技術上更成功，這包括可互換零件的製造以及大規模應用的電力等等。

賴：你可以稍微多談談第三次工業革命的案例研究嗎？我記得在你的書中針對當時的美日競爭有許多細膩的討論。

丁：有關美國和日本的案例真的很有趣。在一九六〇、七〇到八〇年代，每個人都預測日本最終會成為世界第一的經濟強權與科技領導者，這部分導因於LS理論的假設，因為他們看到日本在消費電子產品、半導體零組件與高畫質電視等新興行業中都掌控了關鍵的市場占有率。但當我回顧這個案例時，我發現日本之所以最終並未取代美國的經濟領導地位，是因為日本從未能夠在當時的關鍵通用技術，亦即電腦的跨部門擴散上取得優勢。這更加符合ＧＰＴ擴散理論的觀點。

賴：雖然你對歷次產業革命的案例分析更加印證ＧＰＴ擴散理論，但我在想，還沒有細讀本書的人可能仍然會覺得這樣的觀點在ＡＩ時代有點反直覺。舉例來說，生成式ＡＩ技術的成熟僅僅只是兩年前的事，但它一經問世，就讓每個人都能感受到日常生活的方方面面再也不一樣了，同時也帶來許多產品與服務的變革。所以，我想有些人會好奇的是，追求在新興產業中的關鍵技術創新，是否真的如你所說的沒有那麼重要？

丁：我是這麼想的，真正重要的問題是生成式ＡＩ如何影響各國的經濟成長差異。因為當我們在談論生成式ＡＩ的發展時，事實上不只是美國開發了這些大型語言模型，中國也已在這個領域迅速跟進，而法國、阿拉伯聯合大公國等國家也都開發了相當強大的模型。再者，我們應該關注的影響並非僅是人們在日常生活中使用，而是這項技術如何被採納並應用到各項經濟活動之中，我認為這還有很長的一段路要走，而且不只是美國，其他國家也有可能成為這項技術在應用擴散上的領導者。

賴：明白了，那麼我們應該如何評估一個國家在擴散通用技術上的能力？你在書中強調技能基礎建設（skill infrastructure），這對於把通用技術擴散到所有產業來說是一個重要的條件。根據你的理論，我們應該透過什麼樣的指標或因素，來預測不同國家在擴散通用技術時的優劣勢？

丁：我的理論主要關注涉及技能形成的相關制度結構，這包括教育以及培訓系統，他們擴大了與通用技術相關的工程人才基礎。我專注在這個面向，是因為人才和人力資本會外滲到所有其他潛在機構當中。而我認為工程技能在通用技術的應用與擴散上扮演了非常重要的角色，因為這類工程知識有助於標準化和系統化與通用技術相關的know-how，使得在通用技術部門和其他嘗試吸收該通用技術的不同應用部門之間，資訊的相互流通變得更加容易。

賴：在人才與技能的面向外，你認為還有沒有哪些值得一提的重要制度性因素？

丁：當然，我認為還有很多其他因素。譬如有一些研究表明，對科學和技術發展採取更加去中心化（decentralized）的取徑有助於新技術的擴散。還有一些研究指出，在一個更具備競爭性的環境當中，因為大企業的支配地位較弱，從而能讓技術更有效地傳播。但在這本書中我只專注於分析這一整套有關技能形成的機構與制度因素。

賴：那針對技能基礎建設的部分，你是運用什麼樣的指標來做判斷？什麼指標能有助於我們理解一個國家的技能基礎建設有多充足？

丁：我使用的其中一個指標，是在一個國家之中，能夠訓練出符合一定水準的軟體或ＡＩ工程師的大學機構數量，這是一個指標。另一個指標則是大學機構和產業之間的連結強度，亦即產學間的交流與連結是否足夠強大，能讓研發創新的成果源源不絕地從研發端傳遞到應用端。原則上這些就是我使用的一些重要指標。

賴：我想到台灣在二〇一七年成立了台灣人工智慧學校。它不是大學，而是一個非營利的基金會，目標是協助台灣各個產業的ＡＩ應用，而做法正是你強調的人才培育。人工智慧學校特別針對本來就在特定產業或領域的專業人員，培訓他們習得ＡＩ技能，再由他們將ＡＩ導入自身產業與解決該產業面臨的問題。我提出這個例子，是因為像這樣的組織為擴大ＡＩ人才庫做出重要的貢獻，但似乎無法被以大學機構為主的指標所涵蓋。

你怎麼看待這些在大學以外的機構，像是非營利組織、社區大學等在培訓ＡＩ人才上扮演的角色？

丁：確實，我認為要跨國衡量這些類型的機構是比較困難的，但毫無疑問他們對發展ＡＩ的技能基礎建設非常重要，這些培育更廣泛ＡＩ人才庫的非傳統途徑同樣重要，譬如你提到的台灣人工智慧學校或是社區大學等等，都提供了重要的替代途徑。不過，雖然以大學為核心的衡量指標並不完美，這仍然是一個有用的指標。

美中ＡＩ競爭：勝出關鍵為何？

賴：讓我將視角拉遠一點，來談談美國與中國。依照你在書中的評估，美國似乎享有更大的優勢來在與中國的ＡＩ競爭中勝出，這與許多人的預測或警示很不一樣。你能分享一下你怎麼看待當前美中的ＡＩ競爭與可能的前景嗎？

丁：我確實認為比起中國，美國享有更大的優勢，能在這波產業革命中將ＡＩ採納並擴散到整體經濟活動之中。我們可以回到剛才討論的一些衡量標準，譬如有關能夠訓練平均水準的ＡＩ工程師的大學機構，在中國只有二十九所大學符合我在書中所界定的基準，但相較之下美國有多達一百五十九所這樣的高教機構。所以說，在一線頂尖大學譬如清華、北大、南京大學之外，中國並沒有那麼深的機構儲備來培育ＡＩ工程人才，並將ＡＩ應用到各個不同的經濟部門。另一方面，美國的學術與產業界之間的連結也更好、更緊密，這也有利於將技術移轉到不同的產業部門之中。

賴：你能否進一步分享你對這兩個國家當前的科技政策的看法？兩國的重點是什麼，這些政策如何增強或削弱它們的經濟競爭力？另外，你認為二〇二四美國選舉結果[1]將會如何影響它未來的ＡＩ政策走向？

丁：首先，我認為美國和中國都醉心於ＬＳ理論導向的科技競爭策略。在美國，當前行政部門的諸多政策都聚焦在防堵ＡＩ的關鍵核心技術外流，採取一種「堡壘美國」(fortress America）式的政策取徑。中國也差不多，非常專注於將ＡＩ視為戰略性產業，著重ＡＩ領域的自給自足、鼓勵技術自主。中國也非常著重ＡＩ技術的前沿研發，而非我所強調的基於人才培育和擴散導向的政策取徑。

因此，我對這兩個國家乃至任何國家的建議是，政策上應該更加著重ＡＩ技術的擴散能力，以此為核心來建立自身在這場ＡＩ競爭中的優勢。至於針對美國選舉，我覺得有一個有趣的現象是，將ＬＳ取徑視為對中ＡＩ競爭的正確方針，似乎已經是一個跨黨派的共識。也因此，無論選舉結果是民主黨或共和黨取勝，我不知道這在ＡＩ政策領域是否會帶來有意義的改變。

賴：這真是非常深刻的觀察。但我想要進一步追問的是，目前無論在美國或是在台灣，我們都非常重視通過像投資審查或出口管制等不同的法律與政策工具，來防堵關鍵技術外流到競爭對手手中。但在閱讀本書以及聽你剛剛的觀點時，我感覺你對這套政策方針並不是太買帳。能否請你再多分享你對這類防堵策略的必要性和有效性的想法？這些政策是否仍然可能是有用的，而且也有助於美國或台灣在維持ＡＩ擴散能力時的競爭優勢？

丁：我認為這些科技管制對某些類型的技術較為合適，但對其他類型則不大適合。這種管制就不太適合用來應對通用技術，因為沒有任何一個國家有辦法在像通用技術這樣廣泛和快速變化的領域中壟斷技術發展，這就好像是說我們要把電力封存在美國或台灣內部一樣不切實際。這是第一個理由。

我認為管制導向的思維不合於通用技術的另一個原因是，這些管制或許可以在接下來的兩到三年間有效協助我們維持領先地位，但對於通用技術來說，我在書中主張往往要歷經數十年的擴散才會顯示出真正的影響力。而到那個時候，恐怕很難有單一國家可以說只有我們擁有這個領域中唯一重要的技術。在ＡＩ作為通用技術的脈絡下，這是我認為這類科技管制成效不彰的兩個主要原因。

1 編註：此指二〇二四年川普當選美國總統。

賴：這麼說來，這些管制工具對你來說似乎不是那麼必要？我的意思是，你的建議是我們其實不那麼需要這些出口管制，應該專注於促進ＡＩ人才儲備，而不是規制譬如先進晶片的出口以防止它們流入競爭國手中？

丁：我認為如果這些管制是成效不彰的，那麼它就不會帶來多少好處，甚至可能只會帶來不利的影響。例如美國在二〇二二年十月對先進晶片實施出口控制，結果對我們最重要的ＡＩ晶片公司輝達造成了損害，也因為升級了對中國的經濟圍堵，而可能進一步加劇兩國之間的緊張關係。如果說好處極其有限，還會帶來這些不利影響，那麼我看不出這個政策背後的邏輯是什麼。

賴：我瞭解了，簡單來說，你的建議就是我們應該更著重可以帶來長期優勢的技術擴散能力，而不是僅著眼於特定技術的外流規制。

丁：是的，我認為不管是美國、中國、台灣還是任何其他國家，我在書中的建議都是採用以技術擴散為中心的戰略，去通盤升級並拓廣ＡＩ人才庫，去強化產學連結與技術移轉，以及整個科學與技術生態系中不同部門間的鍵結關係。

不只是晶片島：台灣應有的ＡＩ戰略思維

賴：這些建議是否同樣適用於像台灣這樣的中等經濟規模國家？或是針對台灣，你會有其他不同的建議？

丁：我認為對於中等收入、經濟規模的國家或著說新興工業經濟體來說，一個重要的考量是，一旦你已經具備了與科技發展前沿相連結的技術吸納能力，那麼就可以專注在技術的採納與跨部門擴散之上。對於一些國家而言，他們還沒有這種必要的技術吸納能力，譬如像委內瑞拉這樣的國家就沒有跟ＡＩ領域相關聯的前沿企業或大學機構，因此他們就很難吸納來自國外的先進技術。

但台灣不同，台灣早已深深嵌入ＡＩ技術與產業發展的跨國網絡之中。台灣甚至是作為這些網絡的基地，畢竟台灣是許多跨國公司、研究與人才基地的落腳之處。而台灣也擁有頂尖的大學機構與企業，與人工智慧的最新進展緊密相連。基於這些條件，台灣完全可以積極推行以技術的全產業擴散為核心的ＡＩ戰略。

賴：你的意思是，台灣其實具備相當好的條件，能做的不僅有譬如ＡＩ晶片製造，而還可能在ＡＩ的各項應用與跨部門擴散上展現優勢，只要我們能夠持續去強化擴散ＡＩ技術的能力，並為此設計相應的政策方針？

丁：沒錯，我認為台灣可以有更宏觀的視野，技術領先地位可以不僅僅只是對單一部門或產業的支配，而可以是更廣泛地在所有經濟部門中擴散像ＡＩ這樣的基礎技術的能力。當然，採取這類策略的挑戰更高，畢竟這不像只關注單一產業那麼簡單，你必須著眼於將影響整體社會與經濟系統的長期投資。但我相信這個視角下的ＡＩ戰略仍是可能的。

賴：依照你上面所說的，台灣去推動ＡＩ技術擴散的一個優勢，是已經鑲嵌在ＡＩ技術發展的跨國網絡之中。我的最後一個問題與此有關：不同國家間如何透過合作來強化ＡＩ技術的擴散？特別是現在，我們常在全球經濟競爭的脈絡下，強調民主國家間的同盟深化。依照你的洞察，價值理念相近的國家之間如何互助合作來在ＡＩ競爭中取得更大的優勢？

丁：從這些國際合作中，台灣可以受益之處是縮短本地的前沿企業或大學應用國際上最新ＡＩ技術突破的時間差。這個例子也說明台灣如何參與ＡＩ的發展，並進一步將自身嵌入全球的創新網絡與ＡＩ產業之中。只不過，我認真覺得這不是最重要的時間差所在，因為隨著全球化的發展，無論有沒有政府政策的介入，這個時間差已然縮小。對我來說，真正關鍵的挑戰，是當台灣的前沿企業首次應用某項最新的ＡＩ技術，在那之後，這項技術要花多久的時間才能夠擴散到全國各個產業領域。而這個面向幾乎不是國際同盟能夠直接帶來影響的，這更多地取決於台灣自身的政策作為與產業生態系。

賴：感謝你的洞見。今天真的非常感謝你，也期待你新書的中文版能夠很快問世！

丁：也謝謝你今天來訪，以及準備了這麼多重要的問題與交流！

第一章 引言：新時代的開展

二〇一八年七月，金磚五國（巴西、俄羅斯、印度、中國、南非）在約翰尼斯堡召開會議，會議主題為「在第四次工業革命中共謀包容增長和共同繁榮」。這個主題之所以值得注意是因為它比較具體。金磚五國合共約占世界四十％的人口和二十五％的經濟產出，[1] 它們過去的峰會用過一些含糊的口號，例如「深化金磚夥伴關係，開闢更加光明未來」和「展望未來、共享繁榮」。除了二〇一八年的峰會主題，金磚五國領袖在這次會議上的談話內容，也突顯他們確信世界正在經歷一場重要的技術變革——重要到值得稱之為「第四次工業革命」。[2]

在整個會議期間，這五個主要新興經濟體的領袖宣稱，現行技術轉型是加快經濟成長的難得機會。中國國家主席習近平在對另外四國的領袖致詞時，闡述了此一想法的歷史意義：從十八世紀第一次工業革命的機械化，到十九世紀第二次工業革命的電氣化，再到二十世紀第三次工業革命的資訊化，一輪又一輪的顛覆性技術創新根本改變了人類歷史的發展軌跡。[3]

習近平談到最近人工智慧（AI）之類的先進技術正在不斷突破，並且表示：「如今，我們正在經歷一場更大範圍、更深層次的科技革命和產業變革。」[4]

雖然那次金磚五國峰會沒有明確討論第四次工業革命可能如何重塑國際經濟秩序，習近平這番話的涵義已悄然浮現。在接下來幾個月裡，中國的分析師和學者深入討論習近平談話內容，尤其是他提到的，顛覆性技術創新與全球領導地位轉變之間的關聯。[5] 中國共產黨權威刊物《學習時報》網站發表了一篇關於習近平演講的評論，詳述以往科技革命的地緣政治結果：「英國抓住第一次工業革命先機，確立了引領世界發展的生產力優勢……第二次工業革命後，美國從英國手中奪得先進生產力主導權。」[6] 中國著名國際關係學者、人民大學教授金燦榮在分析習近平的談話時表示，中國比美國更有機會在第四次工業革命的競爭中勝出。[7]

美國的政策制定者和主要思想家對技術革命可能導致權力移轉的想法也有共鳴。拜登總統在上任後的第一場記者會上強調，美國必須在新興技術的競爭中「掌握未來」，他並矢言中國成為「世界上最強大國家」的目標「不會在他任內實現」。[8] 二〇一八年，美國國會成立了人工智慧國家安全委員會（NSCAI），這個有影響力的機構召集主要政府官員、技術專家和社會科學家，研究AI對國家安全的影響。NSCAI的最終報告長達七百五十六頁，將AI的潛在影響與過去的重要技術如電力相提並論，警告美國若不為「AI革命」做好充分準備，科技領導地位很快將被中國取代。[9]

這些籠統的敘事高度關注矽谷或北京中關村的最新技術進步，但忽略了新興技術如何影響權力移轉。技術革命如何影響大國的興衰？過去幾次工業革命塑造全球權力格局的方式，是否存在某種可辨識的模式？如果這種模式真的存在，又將如何幫助我們理解第四次工業革命和美中技術競爭？

關於技術變革驅動權力移轉的傳統觀念

國際關係學者早就觀察到顛覆性技術突破與大國興衰的關係。[10]正如耶魯大學歷史學家保羅·甘迺迪（Paul Kennedy）所言，一般而言，這個過程涉及國家之間出現「經濟成長率和技術變革的差異，使得全球經濟格局隨之改變，進而逐漸影響政治和軍事格局」。[11]但是，一如現在人們對新技術如何影響美中權力格局的揣測，國際關係文獻基本上沒有解釋技術變革**如何**創造讓大國獨領風騷的條件。學術界仔細研究了經濟格局的變化如何影響大國的全球軍事和政治霸權，但仍有必要進一步研究甘迺迪因果鏈中的起始點：技術變革與大國之間長期成長率差異的關聯。[12]

在那些真的審視技術變革如何影響經濟權力移轉的研究中，標準的解釋強調大國在快速成長的新興產業，也就是俗稱的「領頭羊產業」掌控了關鍵技術創新。根據這種邏輯，英國當年之所以成為世界上生產力最強的經濟體，是因為掌控改變其蓬勃發展的紡織業之新技術，例如詹姆斯．哈格里夫斯（James Hargreaves）的珍妮紡織機（spinning jenny）。同樣道理，德國掌握了化學工業的重大技術突破，是後來能夠挑戰英國經濟強權的關鍵原因。從歷史分析基礎切入，領頭羊產業論認為，在重大技術變革期間，全球經濟權力的天平會傾向「最先引進最重要創新的國家」。[13]

領頭羊產業創造的利益為什麼會主要由某些國家獲得？各方解釋不盡相同，但多數強調國內制度是否契合顛覆型技術的需求。在一般層面上，有些學者認為，新興強國之所以能夠快速適應新的領頭羊產業，是因為它們不像比較成熟的強國那樣，受強大的既得利益集團束縛。[14]另一些學者比較重視特定因素，例如政府的集權程度和產業治理安排。[15]所有這些觀點共同之處在於，都聚焦於使一個國家能夠率先在新興產業取得重大突破的制度。例如在英國崛起這個例子中，許多有影響力的歷史敘事都強調英國支持「英雄」發明家的制度。[16]同樣地，關於德國領頭羊產業成功的敘事，也將鎂光燈打在德國對科學教育與工業研究實驗室的投資。[17]

領頭羊產業模型的籠統論述，深刻影響了學術和政策制定圈子。在界定了相關領域的一些文本，包括羅伯・吉爾平（Robert Gilpin）和保羅・甘迺迪的著作中，便用了領頭羊產業模型來描繪大國興衰。[18]丹尼爾・德雷茲納（Daniel Drezner）在一篇回顧國際關係學術研究的文章中，概括了他們的結論：「歷史上，大國是藉由近乎壟斷領頭羊產業的創新而成為霸權。」[19]

領頭羊產業論也點燃了中國挑戰美國科技領導地位的當代爭論。在關於中國可以如何利用新一輪工業革命成為「世界科技強國」的一場演講中，習近平呼籲中國發展成「世界主要科學中心和創新高地」。[20]另一方面，美國的政策制定者面對中國在ＡＩ等新興技術領域實力日增的情況，也認為相關競爭的關鍵，在於哪一個國家能夠在新的領頭羊產業革命性突破。[21]

是誰先做到的？哪個國家先創新的？我們看到令人驚嘆的技術突破時，傾向將焦點放在最初的驚喜發現，這非常自然。一如習近平在金磚五國峰會的演講，現在的領袖提起過去的工業革命時，會訴諸同樣聚焦於創新時刻、關於技術進步的歷史敘事。[22] 經濟學家暨歷史學家內森．羅森柏格（Nathan Rosenberg）這麼診斷這些以創新為中心的觀點：「新技術被採用和融入生產過程的速度受到的關注少得多，甚至完全遭忽視。事實上，新技術擴散過程往往被當成不存在。」[23] 但是，如果沒有卑微的技術擴散工作，即使是最了不起的進步也無關緊要。

認真考慮擴散問題，就會對技術革命如何影響大國興衰提出不同的解釋。以擴散為中心的框架會探討，當圍繞著創新的炒作過去之後，到底發生了什麼事。它不大關心哪個國家率先引入重大創新，而是將重點放在為什麼有些國家更能適應和大規模應用新技術，並創造遠遠超過他國的成就。正如下一節所概述，此一替代理論指引了一條關鍵，也就是在技術變革時期，支撐大國領導地位的與眾不同制度因素，尤其是那些讓與基礎技術有關的工程技能和知識基礎得以普及的制度。

通用技術擴散理論

二〇二〇年九月，英國《衛報》刊出一篇認為人類不應該害怕ＡＩ新突破的評論文章。該文章的「作者」提到「史蒂芬・霍金（Stephen Hawking）警告ＡＩ可能『預示了人類的滅亡』」，然後表示：「我在這裡要說服大家不要擔心。人工智慧不會毀滅人類。相信我。」[24]如果你看完那篇文章之後覺得作者樂觀看待ＡＩ的未來，那是完全合理的判斷。畢竟該文作者是ＡＩ模型ＧＰＴ－３，它能夠理解人類產生的文本，也能夠創造與人類產生的文本難以區分的文本。

ＧＰＴ－３是位於舊金山的ＡＩ實驗室OpenAI那年稍早推出的，其多才多藝使包括其設計者在內的所有人感到驚訝。除了從頭開始創作詩歌和像《衛報》評論那樣的文章，早期使用者還展示了ＧＰＴ－３驚人的編寫程式、翻譯語言和建構聊天機器人能力。[25]ＧＰＴ－３推出六個月後，一份資料列出了該模型的六十六種不同使用例子，從自動更新試算表到產生網站的到達頁面，幾乎包山包海。[26]兩年後，OpenAI基於ＧＰＴ－３的改良版本，推出了廣受好評的ChatGPT模型，廣泛的功能在網路上引起轟動。[27]

ＧＰＴ－３這名稱源自一種被稱為「生成式預訓練轉換器」（generative pre-trained

transformers）的語言模型，但巧合的是，ＧＰＴ這個縮寫也使人聯想到最近ＡＩ突破的廣泛意義：新一代的通用技術（general-purpose technology）可能即將誕生。電腦出現基礎突破，變得有能力做通常需要人類操作的許多工作，這有可能根本性改變無數產業。學者與政策制定者因此常將ＡＩ的進展與電力（典型的通用技術）相提並論。[28]《連線》（*Wired*）雜誌前總編輯凱文・凱利（Kevin Kelly）就說過：「我們曾以電氣化改變萬物，如今則準備賦予它們認知功能……預測接下來一萬家新創企業的商業策略很容易，不外乎是在各種基礎上再加上ＡＩ。」[29]

我在本書中指出，通用技術在整個經濟體中的擴散模式，解釋了技術變革如何以及何時影響權力移轉。通用技術可以讓許多應用領域取得革命性進展，這項技術的出現，創造了讓經濟領導地位產生顯著移轉的機會。通用技術不但進步空間幾乎無限、普遍適用於整個經濟體，更能與其他技術進步互相支援，因此有大幅提高生產力的潛力。[30]仔細追蹤各行各業如何採用通用技術的各種應用（我將此過程稱為「通用技術擴散」），對理解技術革命如何擾亂經濟權力格局至關重要。

根據通用技術的歷史經驗，這種潛在的生產力提升有一點值得注意：通用技術要經過一個逐漸擴散的過程，普及應用之後才會充分發揮影響。[31]通用技術需要搭配跨越一系列技術系統的結構轉變，涉及互補型創新、組織適應和勞動力調整。[32]舉個例子，電氣化增加生產力是在第一台發電機問世約五十年後才實現的，而且是在工廠調整布局，以及蒸汽渦輪機取得相關技術突破後才發生的。[33]在GPT－3發表之後，OpenAI執行長山姆．奧特曼（Sam Altman）就恰當地提到這種漫長的過程：「圍繞著GPT－3的炒作實在太超過了……它仍有嚴重的弱點，有時會犯非常愚蠢的錯誤。AI將改變世界，但GPT－3只是這個過程非常早期的事物。我們還有很多問題需要解決。」[34]

根據通用技術擴散的歷史模式，我對技術驅動型權力移轉的解釋，與標準的領頭羊產業論有顯著差異。具體而言，這兩種因果機制在三個關鍵面向上有所不同，涉及技術革命的影響時限、相對優勢階段，以及經濟成長的廣度。首先，通用技術機制涉及了通用技術出現與生產力提升之間一段漫長的醞釀期，而領頭羊產業機制則假定各國只有一段短暫的時間可以從領頭羊產業獲取利益。印第安納大學政治學教授威廉．湯普森（William Thompson）推論：「對經濟成長最大的邊際刺激，可能來自領頭羊產業發展的早期，也就是領頭羊產業本身快速擴張的階段。」[35]但根據通用技術擴散論，最顯著推升經濟成長的力量，發生在通用技術發展的後期。

第二，通用技術和領頭羊產業機制對創新與擴散各有側重。技術變革涉及一種技術首度發展出可行商業應用的「創新」階段，以及這種創新在潛在用戶群中傳播的「擴散」階段。領頭羊產業機制主要關注哪一個國家主導領頭羊產業中的創新，進而攫取隨之而來的壟斷利潤。[36]在通用技術機制下，成功適應技術革命的關鍵不在於率先引入重大創新，而在於如何在廣泛的經濟領域中有效採用通用技術。

第三，就技術轉型與經濟成長的廣度而言，領頭羊產業機制聚焦於數目有限的領頭羊產業和新產業在特定時期對經濟成長的貢獻。[37]相對之下，通用技術驅動的生產力成長，則分散在範圍廣泛的許多產業，[38]而推動這些分散在許多行業和領域的生產力成長的力量，便來自通用技術局部突破的擴展和普及。[39]因此，領頭羊產業機制預期特定時期的成長集中在領頭羊產業，通用技術機制則預期技術互補情況分散在許多產業。

當我們比較清楚地認識到經濟權力移轉時期的技術變革方式，就能知道哪些制度變數最重要。如果領頭羊產業論成立，那麼最重要的制度稟賦和反應，就是那些支持壟斷領頭羊產業創新的制度。要形塑創新，科學和基礎研究制度便相對重要。例如，對十九世紀末德國工業崛起的傳統解釋認為，德國的技術領導地位歸功於該國對工業研究實驗室和高技能化學家的投資。這些因素支持德國主導化學工業，而化學工業是那段時期關鍵的領頭羊產業。[40]

通用技術產生影響的途徑則突顯了另一組制度互補性。通用技術擴散論強調「通用技術技能基礎建設」（GPT skill infrastructure）的重要性，這是指那些有助於擴大與通用技術有關的工程技能和知識庫的教育和培訓系統。如果首要任務是廣泛採用通用技術，那麼最重要的就是一般工程師，而不是英雄發明家。擴大與通用技術有關的工程技能基礎，有助建立一個交流程度較高的技術系統，促進應用技術導向與基礎研究導向這兩類制度的交流互補。[41]

回到十九世紀末化學工業進步的例子，通用技術擴散論突顯的制度調整與領頭羊產業論不同。在長達數十年的過程中，化學工程實務上的創新逐漸使合成染料以外的許多產業的一些共同程序得以化學化，使當年德國得以控制合成染料業。雖然美國在培養精英化學家和尖端化學研究能力不如德國，但美國適應化學化的效率更高，因為美國最早將化學工程學科制度化。[42]

當然，因為通用技術擴散仰賴人力資本以外的因素，通用技術技能基礎建設只是發揮作用的許多制度力量之一。標準制定組織、融資機構，以及市場競爭程度都可能影響通用技術領域與應用領域之間的資訊流通。[43]由於技能形成制度產生的影響，會外溢影響其他制度，並與其他制度相輔相成，因此我的分析以技能形成制度為中心。[44]

歷史經驗將告訴我們什麼

為了驗證通用技術擴散論，我結合了質性歷史分析與量化分析法。藉由歷史案例研究，得以徹底追溯以往工業革命中一些大國的技術與制度互動，並用來探討通用技術擴散論是否普遍適用於特定大國以外的國家。利用一九九五至二〇二〇年共十九個國家的資料，我分析了軟體工程通用技術領域的基礎建設，與電腦化程度之間假設性關聯。

為了探究技術變革與經濟權力移轉之間的因果，我利用以下三個歷史案例研究，比較領頭羊產業機制與通用技術擴散機制：英國在第一次工業革命中崛起成為世界強國；美國和德國在第二次工業革命中超越英國；以及日本在第三次工業革命（亦稱「資訊革命」）中挑戰美國的技術主導地位。這種案例設定使我們得以公平且決定性地評估，通用技術擴散論相對於領頭羊產業論的解釋能力。由於第一次和第二次工業革命的成因和結果都非常清楚，它們非常適合用來開發和檢驗以機制為基礎的理論。[45]第三次工業革命是個特殊案例，因為技術革命發生後沒有導致經濟權力移轉，但仍然能提供一種有價值的比較視角，以對照兩種機制的適用性。

第一次工業革命（一七八〇至一八四〇年）是技術驅動權力移轉的典型案例。眾所周知，第一次工業革命的技術進步推動英國成為無與倫比的經濟霸主。至於具體的因果途徑，國際關係學界傾向將英國崛起歸因於壟斷了棉紡織和其他領頭羊產業的創新。根據這些論述，英國在第一次工業革命的技術領導地位，源自在這些產業培養天才發明家的制度能力。在界定了相關領域的這些著作出版之後，經濟和技術史學家發現，棉紡織和鐵器這兩個最重要的科技變革對英國工業化的影響，遵循了截然不同的軌跡。透過正式的計量經濟學方法來了解關鍵技術的影響，這些歷史研究質疑了第一次工業革命的主流敘事。

第二次工業革命（一八七〇至一九一四年）提供了另一個機會，讓我們比較通用技術擴散論與領頭羊產業論。根據國際關係學者的解釋，在第二次工業革命中，英國的競爭對手因為率先在領頭羊產業出現重大技術創新，因此挑戰了英國經濟霸權。這些學者特別強調德國壟斷化學品市場的能力，背後正是德國的科學教育和工業研究制度實力。有份資料更細緻地比較了工程教育跨國差異，指出美國當年的技術優勢有賴廣闊的機械工程人才基礎。透過詳細追蹤這段時期技術採用的速度和範圍，我們對第二次工業革命的傳統理解需要修正。

在第三次工業革命期間（一九六〇至二〇〇〇年），資訊與通訊技術的革命性突破，又一次創造了經濟領導地位轉變的機會。在這段期間，著名思想家警告，日本一旦在經歷快速技術變革的產業（包括半導體和消費電子業）中領先，將威脅到美國的經濟霸權。有影響力的學者和政策制定者主張美國應採用日本的產業組織「經連會」(*keiretsu*)制度和積極的產業政策方法。最後，日本的生產力成長在一九九〇年代陷入停滯。由於沒有發生經濟權力移轉，第三次工業革命這個案例成為前述兩種解釋的反證。如果這次工業革命存在領頭羊產業機制的構成要素，經濟權力移轉沒有發生的事實，就會損害領頭羊產業機制的可信度。這樣的反證也適用於通用技術擴散論。

在每一個案例中，驗證的順序皆同。首先，我測試了關於關鍵技術軌跡的三對相互競爭的論點，這些論點源自領頭羊產業和通用技術機制對影響時限、相對優勢階段和經濟成長廣度有關的不同預期。然後，我會評估領頭羊產業還是通用技術軌跡更符合歷史證據，進一步分析主要工業大國的制度，與勝出軌跡的契合程度。例如，倘若通用技術軌跡可以更好地描述某次工業革命，則相應的案例分析應該顯示，通用技術技能基礎建設的差異，決定了哪些強國崛起和衰落。雖然我主要是比較通用技術擴散論與領頭羊產業模型，但我也檢視每個案例獨有的其他因素，以及關於先進經濟體如何從技術變革中獲得不同利益的另外兩種重要論述(它們分別著眼於資本體制的類型和國家面臨的威脅)。

歷史案例分析顯示，通用技術機制比領頭羊產業機制更有解釋力。在三個工業革命時期，技術變革以一種歷時數十年的漸進方式影響大國興衰，有利於那些有效地將通用技術擴散到廣泛產業的國家。事實證明，關鍵是培養廣泛工程技術人才的教育和培訓系統對通用技術的擴散。

要評估這兩種相互競爭的解釋，我們必須清楚了解通用技術和領頭羊產業機制共通的原因和結果。我們假設的起因是一段技術飛越進步的「技術革命」時期。[46]由於技術變革的形態各有不同，並非所有有用知識的進步都與權力移轉有關。[47]但是，一些非凡的技術突破組合（歷史學家通常視之為工業革命）確實會影響大國的興衰。[48]我主要是關注這些技術革命影響全球權力分配的途徑。

我聚焦的結果變數是經濟權力移轉，因為出現這種情況時，一個大國的生產力成長將長期高於競爭對手。權力格局可能以許多方式改變，而我將焦點放在經濟相對成長率，因為它們是加劇霸權競爭的催化劑。[49]生產力成長尤其決定了長期經濟成長。持續的經濟成長最能夠轉化為其他形式的權力，成為一個國家發揮政治和軍事影響力的關鍵。正如大國間衝突的結果顯示，經濟和生產能力是軍事力量的基礎。[50]

最後，我利用量化分析，來探討通用技術擴散論是否普遍適用於特定大國以外的國家。我的主要觀點之一是，通用技術在整個經濟體中的擴散速度，很大程度上取決於，這個國家制度上有多少能力可以擴大相關工程技能和知識庫。我利用一種新方法來比較各國的軟體工程教育推廣程度，分析了一九九五至二〇二〇年間，十九個先進和新興經濟體的通用技術技能基礎建設與電腦化程度的關聯。我以所需時間分析（duration analysis）和橫斷面迴歸分析補充我的時間序列橫斷面模型。即使改用許多不同的分析規格，我的分析結果仍顯示，至少就計算技術而言，通用技術技能基礎建設水準較高的先進經濟體，擴散通用技術的速度顯著地比較快。

核心主張

首先，本書提出了一種新的解釋，來探討重大技術突破如何以及何時在國際體系中促成權力移轉。通用技術擴散論修正了以領頭羊產業為基礎的主流理論，而領頭羊產業的說法，長期以來影響了學術界和政策制定圈子。一旦深入認識技術革命如何影響經濟領導地位轉變，我們就能為長期以來關於權力移轉原因的爭論提出新解釋。[51]

其次，這樣的新主張，更直接攸關當今美國與中國之間的技術競爭。領頭羊產業論非常重視根本突破先發生在哪裡，而通用技術擴散論不但有力地影響對美中技術領導地位競爭的評估，還能左右兩國主要決策者制定科技戰略的方式。本書研究的三個案例，就是中國國家主席習近平在金磚國家峰會上就第四次工業革命發表演講時提到的三次技術革命，而這絕非巧合。

正如本書第七章具體指出，從通用技術擴散論看來，習近平以及美中兩國主要決策者和思想家，都從過去的工業革命中吸取了教訓。如果第四次工業革命將重塑經濟權力格局，那不但曠日廢時，通用技術（例如ＡＩ）更將以各種方式應用到難以預測的生產過程中。決定哪個國家會在第四次工業革命中大獲成功的，將是通用技術技能基礎建設，而非那些占領創新高地的華麗成就。

在權力移轉之外，這本書也討論了新興技術政治問題。一個長期存在問題是學者要麼過度重視技術變革，要麼低估新技術的影響。[52]有些理論強調技術的社會形塑，但它們忽略了技術並非全都一樣；而技術決定論則忽略了政治因素對技術發展的影響。這本書的理論先將通用技術及其擴散模式與其他技術和技術軌跡區分開來，然後說明社會和政治因素如何影響通用技術的擴散速度和方向，這是一種中庸之道。

各章內容

第二章詳細說明通用技術擴散論與領頭羊產業論的關鍵差異，以及使我能夠有系統地評估這兩種因果機制的案例分析程序和選擇策略。大部分證據來自三個案例研究，它們分別追溯第一次、第二次和第三次工業革命中的技術進步如何影響經濟權力移轉。

前兩個案例研究分別著眼於第一次和第二次工業革命，顯示經濟權力移轉的關鍵驅動因素是各國在採用通用技術之間的差異，而非源自主導領頭羊產業創新的壟斷利潤。在這兩個案例中，成功超越工業競爭對手的國家做了一些制度調整，以便培養與該時期主要通用技術有關的工程技術人才。第三章討論第一次工業革命，這個案例告訴我們，英國成功培養大量機械師，這些人才使鐵機械的進步得以廣為傳播。第四章探討第二次工業革命，強調美國如何培養廣泛的機械工程人才來推廣可互換的製造方法，藉此超越英國成為首屈一指的經濟強國。

第五章談第三次工業革命，這個案例說明技術革命並非總是會導致經濟權力移轉。如果第三次工業革命同時具備領頭羊產業和通用技術機制的構成要素，那麼日本沒有超越美國成為經濟領導國的事實，就會成為否定這兩種解釋的證據。就領頭羊產業機制而言，日本確實主導了第三次工業革命領頭羊產業（包括消費電子業和半導體元件業）的創新。不過，第三次工業革命沒有損害通用技術機制的可信度，因為在廣泛擴散資訊和通訊技術至各經濟領域這件事上，日本並沒有領先美國。

第六章利用大量樣本量化分析探討通用技術擴散論是否普遍適用於大國以外的國家。第七章應用通用技術擴散框架，探討現代技術突破對美中權力格局的涵義。我以ＡＩ為重點，視之為可能改變國際權力格局的下一項通用技術，探討我的發現在多大程度上適用於分析當代美中關係。最後，我在第八章總結了本書的廣泛意義。

第二章 通用技術擴散理論

技術變革如何以及何時影響大國的興衰？具體而言，重大技術突破如何導致大國之間出現顯著的經濟成長率差異？國際關係學者早就觀察到，一輪又一輪的技術革命很可能導致全球經濟領導地位發生變化，促成權力移轉。但是，很少研究探究這個過程如何發生。

試圖探究這問題的研究，則通常聚焦於技術變革中最戲劇性的面向，也就是那些驚喜地「發現」時刻，以及重大發明的創始應用。因此，技術驅動權力移轉的標準論述，便是強調一個國家主導領頭羊產業創新的能力。主導這些產業創新的國家，把握短暫的時機壟斷產業利潤，崛起成為生產力最強的經濟體。有關領頭羊產業創造的利益為什麼會主要落入某些國家手中，各方解釋不盡相同。有些學者認為，一國的政經體系如果比較通融新崛起的挑戰者，就會更容易接受和支持新產業。相對之下，原本領先的經濟體比較容易受過去的成就拖累，因為強大的既得利益集團會抗拒適應顛覆型技術。[1] 還有些研究更以具體的制度因素，來解釋為什麼某些國家壟斷領頭羊產業，例如政府的集權程度或產業治理結構。[2]

另一種說法著眼於通用技術的擴散，將焦點放在重大創新逐漸擴散應用到許多產業的過程，但這種過程沒那麼引人注目。通用技術得以持續改進且普遍適用於許多產業，更能與其他技術進步結合，因此擴散的速度和範圍特別重要。通用技術被經濟學家和歷史學家視為「成長的引擎」，是推高生產力的巨大動能。[3] 但是，要讓通用技術推動成長，必須要有改變相關技術系統的重大結構並彼此配合，包括互補型創新、組織變革和技術技能升級。因此，通用技術只有在經過「循序漸進、曠日持久的普及應用過程」之後，才可以提升生產力。[4] 這就是為什麼電力作為典型的通用技術，關鍵創新要能顯著提升製造業生產力，還得花費五十年。[5]

通用技術擴散過程，闡明了技術變革導致權力移轉的另一種途徑，且與領頭羊產業論的說法（圖二・一）截然不同。在通用技術機制下，有些大國之所以能夠維持高於競爭對手的經濟成長，是因為在數十年的漸進變革中，該國在廣泛產業裡更周全地採用了通用技術。這有如在寬闊的道路上跑一場馬拉松。另一方面，領頭羊產業機制則認為，一個大國崛起成為經濟領導國，是因為主導了少數幾個領頭羊產業的創新，並獲得壟斷利潤。這比較像在一條狹窄的跑道上衝刺。

為什麼有些國家技術擴散得比較成功？有些學術研究認為，一個國家多有能力適應新興技術，取決於國家制度與變動式技術的需求之間有多**契合**。通用技術擴散途徑指出了，影響一個國家能否在技術革命中成功，最為關鍵的便是制度適應能力。[6]不同於追求壟斷領頭羊產業利潤的制度，致力促進通用技術擴散的制度，有助於將新技術做法標準化，並讓這種做法在通用技術領域與應用領域之間傳播。擴大那些新通用技術的工程技能，以及普及知識基礎的教育和培訓系統（或我所講的「通用技術技能基礎建設」），便是通用技術擴散不可或缺的元素。

如果有個國家的制度改革能力，可以穩穩貼合領頭羊產業產品週期的需求，但不利於通用技術擴散，那麼上述兩種理論之間的差異就會突顯出來。我們以十九世紀末的化學創新和德國經濟崛起為例。當年德國主宰了化學領域創新，在全球合成染料出口市場取得近九成市占率。[7]這個成就的背

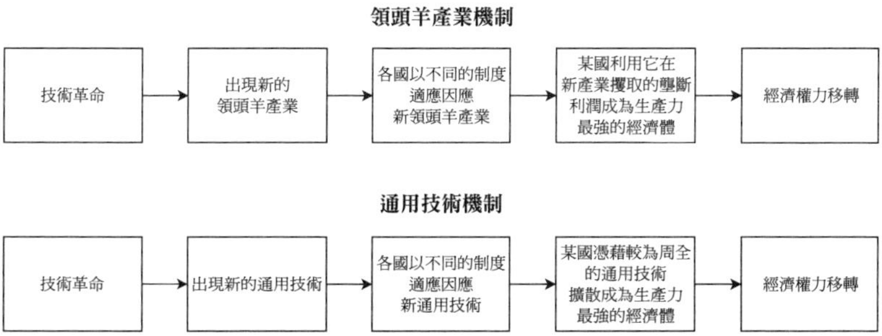

圖 2.1　領頭羊產業機制與通用技術機制的因果過程

後，便是德國投資建設研發實驗室和訓練化學博士生，以及建立了有助三大化學巨頭崛起的產業組織體系。這完全符合領頭羊產業機制。[8]但是，在將基本化學製程推廣到許多產業這件事上，卻是美國拔得頭籌。正如通用技術擴散論所預期，美國的制度更加擴大普及了工程技能和知識基礎，而這兩者皆是大規模化學化不可或缺的關鍵。[9]此時真正重要的是應用新技術的普通「微調者」和「執行者」，而不是明星科學家和發明家。[10]

我想要解釋的是，一個大國如何藉由維持高於競爭對手的生產力成長速度，成為經濟領導國，促成經濟權力移轉。想要了解技術變革與生產力領先之間的關係，核心便是通用技術擴散。透過突顯通用技術機制與領頭羊產業機制的差異，將得以進一步證明強調通用技術和擴散的合理性，並將分析延伸至讓通用技術發展軌跡產生綜合效果的制度能力。演化經濟學家和比較制度論者發現技術與制度的互動豐富多樣，而在這當中，我最重視那些使國家能夠擴大相關技能基礎，並幫助通用技術擴散到各產業的制度。最後我會說明一下我的研究方法。[11]

長期的經濟成長率差異和權力移轉

權力移轉之於國際體系，有如地震之於地質景觀。主要國家之間的相對權力變化會撼整個國際體系。衝突往往隨之發生，其中造成最嚴重破壞的是大國聯盟發動戰爭以爭奪霸權。[12]除了加劇衝突風險，隨著勝出的國家依照自己的形象重塑國際體制，權力移轉的餘震也將在國際秩序的架構中迴盪。[13]

關於權力移轉的學術文獻，多數探討權力移轉的後果，但我將大國的興衰視為有待解釋的結果，一如大衛・鮑德溫（David Baldwin）認為國際關係學者應該「更致力於視權力為因變量的研究，減少視權力為自變量的研究」。[14]具體而言，我想探討「經濟權力移轉」的原因，因為促使這種權力移轉的背景，便是一個大國的經濟成長速度長期高於競爭對手。[15]

乍看之下，聚焦於經濟權力的原因可能並不明顯。畢竟，權力是一個多面向和有爭議的概念。權力有許多其他形式，而某些權力資源的重要性取決於一個國家用來發揮影響力的環境。[16]經濟成長率出現顯著差異是加劇霸權競爭最重要的因素。大量文獻已經證明，霸權戰爭爆發前，大國之間的相對經濟成長率往往會先發生變化。[17]

此外，經濟霸權結構改變之後，全球政治和軍事霸權往往隨之改變。經濟實力最能夠轉化為其他形式的權力，是一個國家在全球政治中發揮影響力及軍事能力的基礎，[18]歷史上幾次國家衝突的結果，便是顯而易見的證據。[19]保羅．甘迺迪總結道：

世界軍力格局的重大變化，全都發生在生產力格局改變之後……主要大國之間重大戰爭的結果，證實了國際體系中各個帝國和國家的興衰，而這些戰爭的勝利者總是擁有最多物質資源的一方。[20]

那麼，我們如何確認經濟權力移轉是否發生了，或者是何時發生？換句話說，一個大國必須維持經濟成長率高於競爭對手多少年？成長率差距要有多大？要判斷經濟權力移轉是否已經發生，標準是一個大國是否維持較高生產力成長，並在整體生產力上領先競爭對手。[21]生產力成長確保高效率和可持續的流程，得以不斷驅動經濟總產出成長。此外，長期而言，生產力決定了經濟成長，因此要理解權力移轉便應該把時間尺度拉大。榮獲諾貝爾經濟學獎的保羅．克魯曼（Paul Krugman）就曾表示：「生產力並非一切，但長期而言，它幾乎就是一切。」[22]

經濟實力概念未能捕捉到一個國家如何有效地將技術進步轉化為經濟成長。例如：地緣經濟理論強調一個國家在某些技術先進產業的貿易收支，[23]其他研究則強調一個國家擁有多少比例的世界領先企業。[24]國家創新率雖然納入較多東西，但測量的是新技術的產生，而非新技術在商業應用上的擴散，因此忽略了技術變革的最終影響。[25]這些指標僅涵蓋經濟中一小部分的增值，相對之下，生產力是較為全面的指標。[26]

近年有關權力測量的研究尤其支持生產力指標，質疑基於經濟規模來測量權力資源。僅著眼於經濟或工業總產出而不考慮經濟效率，便會扭曲國際權力格局，尤其是如果某一方人口眾多但貧窮的話。[27]如果僅以國內生產毛額（ＧＤＰ）衡量國力，中國是第一次工業革命期間世界上最強大的國家。但是，當時中國經濟遠遠稱不上生產力領先國。事實上，中國的主要決策者和思想家有一個根深柢固的觀念，就是認為中國因為未能利用提升生產力的技術突破而落後於西方。

最後必須說明的是，我對生產力差異的分析僅限於大國。[28]就部分生產力指標而言，某些國家可能高居世界前列，甚至超越研究案例中的國家。目前瑞士和若干其他國家的人均ＧＤＰ高於美國，而在第一次世界大戰之前，以每一人工小時的ＧＤＰ衡量，澳洲的生產力高居世界第一。[29]但是，經濟權力移轉的研究不考慮像第一次世界大戰之前的澳洲和現今的瑞士這種較小型的強國，因為它們沒有成為大型強國所需要的經濟和人口基本規模。[30]

大型強國與其他國家之間沒有明確的界線。[31]例如，保羅・甘迺迪影響深遠的著作《霸權興衰史》（*The Rise and Fall of the Great Powers*）就因為沒有提供大國的明確定義而受到質疑。[32]幸運的是，我想闡述的研究案例中，人們對當時哪些國家是大國有高度共識。根據一項橫跨一八一六至二〇一二年、結合經濟規模與效率的權力資源分配測量研究，我研究的所有國家在該次工業革命開始時，都位居世界前六強。[33]

通用技術擴散

學者通常傾向視技術變革為權力移轉、產業主導地位易手的根源。但是，在位處技術前緣的國家之間，技術突破轉化為權力移轉的過程不甚明確。我認為通用技術擴散是此一機制的關鍵。我將先概述通用技術的價值，並闡述述為什麼相對於技術變革的其他階段（尤其是創新）更應該重視擴散。最後，再回過頭來比較通用技術擴散論與領頭羊產業模型，因為領頭羊產業模型是解釋國際權力移轉的標準論述。

為何重視通用技術？

技術並非一個模子刻出來的。如果以改變國家生產力潛力為標準來評估各種技術，可以發現有些技術進步會比其他技術進步更重要，例如發電機就比改良過的睡袋有影響力。我之所以認為通用技術（例如電力和蒸汽機）最重要，是因為它們在歷史上創造了一波又一波的整體經濟生產力成長。[34]僅就技術本身，即使是變革性最強的技術創新，也不足以顯著影響整體經濟生產力。[35]通用技術獨特之處，在於通用技術透過廣泛的互補領域不斷地革新，來推動生產力成長，也就是說，評估通用技術對生產力的影響，不能僅看技術本身。

通用技術被經濟學家和經濟史學家視為「成長的引擎」，有賴於三個特點。首先，通用技術具有**持續改良的巨大潛力**。[36]所有技術都有一定的改良空間，通用技術不同之處在於「帶有改進、調整和修改的重大意圖」。[37]第二，通用技術具有**普遍性**。通用技術會逐步找到「許多不同的用途」和「範圍廣泛的用途」。[38]這意味著通用技術的應用不但案例多樣，更可以適用於廣泛領域與產業。[39]第三，通用技術具有**很強的技術互補性**。換句話說，通用技術創新產生的效益，源自其他相關技術如何隨之改變，因此不能單純理解成降低現行的投入成本。例如，只是以電動機取代蒸汽機，所提升的能源利用率微不足道，因為工廠電氣化帶來的關鍵效益來自電力「單元驅動」（使機器可以個別地由電動機驅動），以及徹底重新設計工廠布局。[40]

這些特點意味著通用技術要發揮影響，勢必得經歷「漫長的發展軌跡」，與其他技術產生影響的軌跡不同。經濟史學家保羅．大衛（Paul David）解釋道：

我們可以認識到這些特徵的出現：技術經歷漸進改進的漫長軌跡，經由一個漸進和悠長的過程擴散至廣泛應用，以及與其他技術創新流匯合。這些都是一種通用引擎逐漸獲得廣泛特定應用過程中相互依存的特徵。[41]

例如，第一台工業用發電機在一八七〇年代面世，但電力要到一九二〇年代才大幅提升了製造業整體生產力。一如其他通用技術的發展軌跡，電氣化曠日持久，更涉及了勞動力技能調整、組織適應（例如改變工廠布局），以及互補型創新（例如蒸汽渦輪機促成了公用事業形式的集中發電）。[42] 想要追蹤這些成長引擎的影響範圍，勢必得回顧它們漫長的擴散軌跡。

擴散為何重要？

所有的技術發展軌跡都可以分為兩個階段：一個是孕育技術，然後首度開發出可行商業應用的階段（我們稱之「創新」），另一個是創新技術在國內外潛在用戶群中傳播的階段（我們稱之「擴散」）。[43]人們普遍接受這種區分，並認為國家科技能力的研究主要著眼於創新。[44]但擴散也值得留心，因為這是通用技術最重要的技術變革階段。[45]

無可否認的是，產生創新的活動和環境也可能促進技術擴散。[46]企業從事突破性研發的能力，不但可能創造出新知識，還可能使企業更有能力吸收源自外部的創新，擴展「吸收能力」。[47]面對不斷轉變的技術前緣，具備研發新創新的能力，可以讓企業培育必要的先備知識，以便識別外部創新並將其商業化。還有一些研究將這些見解從企業延伸到區域和國家體系，[48]主張為了吸收和擴散其他地方孕育出來的技術進步，國家必須投資一定程度的創新活動。

這種創新能力與吸收能力關係，可能會讓人質疑何必特別討論通用技術機制的擴散？一個國家的通用技術創新優勢，或許可以直接讓這個國家的通用技術擴散更為有利，[49]針對創新熱點（例如矽谷）群聚效益的學術研究便是這樣主張。專利引證的實證分析顯示，通用技術的知識擴散，通常會聚集在熱點周遭。[50]回到電力這個例子中，科技史學家羅伯・福克斯（Robert Fox）和安娜・瓜尼尼（Anna Guagnini）強調，一個國家如果有企業走在電力創新前緣，該國更容易大規模採用電力。這些領先企業和學術實驗室「從實踐中學習」，並互相交流，讓某些國家闖入電氣化的「快車道」，欠缺這種條件的國家則走在「慢車道」上。[51]

率先開創新技術有助增強國家吸收和擴散通用技術的能力，但這並不是決定性因素。一個國家的吸收能力還取決於許多其他因素，包括技術移轉制度、人力資本、貿易開放程度，以及資訊和通訊基礎設施。[52]有時候，「後發優勢」反而使落後的國家相比創新國家可以更快採用新技術。[53]無論是理論還是實踐，國家出現新創新的能力，都可能與它擴散新技術的能力有很大差異。

這種潛在差異尤其影響先進經濟體，這些大國便正屬於先進經濟體。雖然以創新為中心的解釋，可以很好地指出，相對於那些在技術上努力追趕的國家，掌握最新技術的國家更容易出現技術突破，但這些論述難以有效地辨明先進經濟體之間的差異。大量的計量經濟學研究顯示，造成技術前緣國家之間的長期經濟成長差異，主要是**模仿能力**而非創新能力。[54]因為先進國家通常有企業可以快速複製創新技術或取得這些技術的授權，即使在最嚴格保護智慧財產權的產業（例如醫藥），創新的先發優勢也是有限的。[55]突破性創新能力旗鼓相當的先進國家，在技術革命發生後，可能走上截然不同的經濟成長軌跡。擴散途徑的差異是解開這個謎的關鍵。

這種以擴散為中心的視角特別適合檢驗通用技術。由於通用技術普及應用是一個逐步演化的過程，相對於領先的創新中心，參與競爭的國家有較長的時間去更周全地採用通用技術。在其他技術領域，開創性突破具有顯著的先發優勢。再次回到電力技術創新這個案例，當年的工業強國曾激烈競逐誰是強權。美國、德國、英國和法國都在三年之內（一八八二至一八八四年）建立了第一個中央發電廠，在九年之內（一八八七至一八九六年）建立了第一個電車系統，在八年之內（一八九一至一八九九年）建立了第一個三相交流電力系統。[56]但是，美國擴散這些系統的能力，讓其他國家難以望其項背：截至一九一二年，美國的人均發電量是第二名德國的兩倍以上。[57]因此，雖然處於技術前緣的多數國家都能夠參與通用技術的創新大賽，但最難克服的障礙是在擴散階段。

通用技術擴散與領頭羊產業產品週期

技術變革確實驅動了權力移轉，但通用技術擴散論質疑了領頭羊產業論。國際關係文獻中的標準解釋，不斷強調一個國家的領頭羊產業地位，而領頭羊產業便是在新技術支持下快速成長的新興產業。[58]棉紡織、鋼鐵、化學和汽車工業，這四樣便是「經典的重要領頭羊產業」——這種說法最初由經濟學家沃爾特・羅斯托（Walt Rostow）提出，後來被政治學家採用。[59]在領頭羊產業機制下，國家壟斷新興產業創新的能力有多強大，便決定了該國的興衰。[60]

這個關於技術變革與權力移轉的模型，是建立在國際產品生命週期的基礎上。該概念是經濟學家雷蒙・維農（Raymond Vernon）率先提出，最初用來解釋國際貿易形態。國際產品生命週期始於創新產品，接著產品會在國內市場銷售。當國內市場飽和之後，新產品會被出口到國外市場。假以時日，起初的創新產品便將生產線轉移到這些市場，因為最初創新的國家失去了當初創新的優勢。[61]

基於領頭羊產業的研究常訴諸產品週期模型。[62]吉爾平在分析領頭羊產業對國際體系結構的影響時指出：「無論對錯，每個國家都希望盡可能接近『產品週期』中創新那一端。」[63]吉爾平的《美國權力與跨國公司》（*U.S. Power and the Multinational Corporation*）是最早概述領頭羊產業機制的著作之一，該書「借用了產品週期概念，將它擴展運用到整個國家經濟興衰，並分析了這種經濟週期、國家勢力與國際政治之間的關係」。[64]

產品週期的假設，從三個關鍵面向闡明了通用技術機制與領頭羊產業機制的差異。在產品週期的第一個階段，有企業開發出最初的產品創新，並在國內市場銷售獲利，直到市場飽和。領頭羊產業機制將這個模型擴展到國家經濟，強調領頭羊產業創新和隨之而來的壟斷利潤，會集中在一個國家。[65] 政治學家莫德斯基（George Modelski）和威廉・湯普森寫道：「在我們的想像中，獲勝的國家非常極端。在領頭羊產業快速成長階段，該國經濟真的主宰了該產業，並從直接利潤中獲益。」[66] 相對之下，通用技術軌跡則更重視技術在哪裡擴散，而非創新先在哪裡出現。[67] 我將這個面向稱為「相對優勢階段」。

在下一個階段，產品創新擴展到全球市場，相關技術逐漸擴散到國外競爭者。隨著生產常規化並轉移到其他國家，與產品創新相關的壟斷利潤逐漸消散。[68] 莫德斯基和湯普森寫道：「領頭羊產業賦予創新先驅壟斷的利潤，直到擴散和模仿將曾被視為突破性創新的產業，轉變為世界經濟中相當常規且普遍的產業。」[69] 湯普森還指出，「領頭羊產業往往在發展早期便不成比例地影響經濟成長」。[70]

通用技術軌跡則假設了一種不同的影響時限。一項技術的潛在應用範圍越廣，從最初出現到充分影響之間的弧度便越長。這解釋了為什麼通用技術的預期影響，不會很快反映在生產力統計數據上。[71] 通用技術充分發揮影響需要互補型創新、組織重組和制度調整（例如人力資本形成），而這些都需要時間。國家之間出現顯著的生產力差距，恰恰發生在突破性創新轉化為經濟體常規的時期，也就是領頭羊產業的影響力將消散的階段。

產品週期也揭示了領頭羊產業機制與通用技術機制的「成長廣度」差異。一如產品週期聚焦於單一產業內一項創新的生命週期，領頭羊產業機制強調少數新產業在特定時期對經濟成長的貢獻。不同的是，通用技術驅動的生產力成長分散在範圍廣泛的許多產業。[72] 表2.1列出了兩種觀點在上述三個面向的不同之處。這兩種技術軌跡之間的差異，決定了哪些制度因素在技術革命時期最影響國家成功適應新技術。

雖然我強調通用技術擴散論與領頭羊產業產品週期論的差異，但我們也必須注意到，這兩種途徑也有相似之處。[73] 例如，有些學者將領頭羊產業連結跨經濟領域的廣泛外溢效應。[74] 此外，領頭羊產業名單與通用技術名單有時會重疊，例如電力。此外，這兩種解釋都有相同的前提：為了充分揭示技術驅動的權力移轉如何發生，我們必須釐清哪些新技術是特定時期內經濟成長的關鍵驅動因素。[75]

但與此同時，我們不應該誇大這些相似之處。許多典型領頭

機制	影響時限	相對優勢階段	成長廣度	制度上的輔助因素
領頭羊產業產品週期	集中在早期階段	壟斷創新	集中	加深有助領頭羊產業創新的技能基礎
通用技術擴散	集中在後期階段	在擴散上占優勢	分散	拓寬有助通用技術擴散的技能基礎

表2.1　技術變革導致權力移轉的兩種機制

羊產業背後的技術並不通用。例如，棉紡織和汽車都名列在羅斯托研究的領頭羊產業之中，而它們之所以被當作領頭羊產業來研究，是因為各自「在某個時期曾是西方幾個主要工業國家的最大產業」。[76]儘管兩者無疑都曾是快速成長的大型產業，但背後的技術進步都沒有通用技術應有的特徵。此外，我檢視的許多通用技術並不符合領頭羊產業的資格。例如，十九世紀中的工具機產業並非新產業，而且從不曾是任何主要經濟體的最大產業。最重要的是，雖然通用技術機制和領頭羊產業機制有時指向類似的技術變革，但兩者對革命性技術如何導致經濟權力移轉的看法截然不同。這些差異也反映在不同的制度適應上。

通用技術技能基礎建設

新技術會攪動現行制度形態。[77]它們會呼籲政府支持，以催生技術協會的形式共創集體利益，並促使各種組織在相關領域培訓人才。如果制度環境反應遲緩或無法適應，新興技術的發展會遇到阻礙。正如吉爾平所說，一個國家的技術強健程度，取決於國家制度是否契合不斷演變的技術需求。[78]研究技術與制度共同演化的情形屢見不鮮。[79]

了解通用技術的需求，有助找出有哪些制度因素，對技術革命導致經濟權力移轉最為關鍵。哪些制度因素決定了大國之間採用通用技術的差異？我認為那些擴大特定通用技術相關工程技能基礎的教育和培訓系統特別重要。這類制度我稱之為「通用技術技能基礎建設」，促成各產業廣泛採用通用技術。

誠然，通用技術擴散也仰賴通用技術技能基礎建設以外的制度調整。智慧財產權制度、勞資關係、金融機構，以及其他制度因素都可能影響通用技術的擴散。有些研究探討採用技術的產業差異，便發現集中度較低的產業結構更容易採用通用技術。[80]我的分析僅限於催生技能的制度，因為它們的影響會外溢影響其他制度。[81]通用技術技能基礎建設讓其他制度得以透過建立新標準化做法並加以傳播，來加速通用技術的擴散速度。[82]

此外應該注意的是，制度取徑是解釋國際間經濟表現長期差異的三種主要取徑之一，[83]地理和文化也是持續創造跨國所得差異的重要原因。[84]我尤其重視制度取徑是基於兩個原因。首先，特定歷史環境下曾有一些自然實驗，期間兩個地方的地理和文化因素相同但制度有異，結果顯示制度差異是影響長期經濟成長的關鍵之一。[85]其次，因為解釋權力移轉的領頭羊產業論同樣重視因應技術變革的制度適應，從制度切入可以比較公平地檢驗。[86]

我沒有探究有些國家的通用技術技能基礎建設更有效的深層原因。政治競爭的激烈程度和政治制度的包容性可能影響一國的制度如何催生創新。[87]有些探究方向強調，政府投資技術時，能否做跨期交易和著眼未來非常重要。[88]值得注意的是，要有效探討這些根本原因，第一步必須是確定哪些類型的技術軌跡與制度適應息息相關。例如，領頭羊產業產品週期可能與重商主義或國家資本主義連結較強（這些制度傾向偏袒狹隘的利益集團），而納入更廣泛產業的政治體系，則可能與通用技術擴散途徑較為相容。

適合通用技術擴散的制度

如果通用技術驅動經濟權力移轉，哪些制度必不可少？要有促進通用技術擴散的制度適應，必須先解決兩個問題。首先，由於通用技術的經濟效益，必須先透過廣泛的產業改進，更涉及通用技術領域與眾多應用領域彼此的摩擦協調。由於潛在應用範圍極廣，通用技術業界的公司不可能自行將技術商業化，因為必要的互補型技術分別由不同公司和產業所有。[89]ＡＩ是潛在通用技術的一個例子，在這個領域開發機器學習通用演算法的公司，並無法取得所有必要的特定產業資料，以針對特定應用情境微調算力。因此，通用技術領域與提供互補型資本和技能的其他組織（例如學術界和競爭對手公司）之間，如何協調摩擦便成為關鍵。對非通用技術來說，此類協調反而就沒那麼有利，甚至可能損害國家競爭優勢，因為創新公司的技術機密可能因此外洩。[90]

第二，通用技術對人力資本調整的要求很高。當提到技能培育與技術強健程度的關係時，學者們通常會將技能分為兩類：一類是可以在多個行業中通用的「一般技能」，另一類是專門針對特定行業或領域的「行業專屬技能」。因此，若一個機構專注於培養一般技能，對於以劇烈、突破性創新為特徵的技術領域比較有利；若一個機構專注於培養行業專屬技能，則更適合漸進式、穩步發展的技術領域。[91] 通用技術的擴散同時需要這兩種類型技能的培育，因為這些技能不僅必須針對快速變化的通用技術領域進行調整，同時也要具備足夠的廣度，才能促進通用技術在多個行業應用和發展。[92] 處於技術前緣的研發密集型組織與遠離前緣的應用領域之間的緊密聯繫，也成為通用技術擴散的重要推力。創新技術的研發者（如科學家或工程師）和技術人員（如技術支持、操作員或工程師）之間的合作是技術成功應用的關鍵。[93]

為通用技術培養相關工程技能的教育和培訓系統，也就是我所說的通用技術技能基礎建設，可以滿足上述需求。工程人才提供了特定技能；這些技能植根於某種通用技術，但也夠有彈性，能夠將通用技術應用到廣泛的領域。一旦工程知識基礎擴大，更可以讓那些與通用技術有關的典範做法標準化，從而協調通用技術產業與應用產業之間的資訊流通。標準化可以使應用產業遵循特定的技術軌跡，鼓勵研發互補型創新，促進通用技術擴散。[94] 如此下來，便釋放了通用技術的水平外溢效應。[95]

事實上，新的通用技術面世之後，相關的工程專業隨之出現。新的學科，例如化學工程和電機工程，便擴展了通用技術相關知識基礎。[96] 電腦科學是另一個工程導向領域，是美國在資訊革命中領先的核心。[97] 這些專業與新的技術協會一起發展，從美國機械工程師協會（ASME）到網際網路工程任務小組（IETF），紛紛制定並傳播了通用技術的指引與基準。[98]

顯然，通用技術技能基礎建設的特徵已經隨著時間推移而改變了。在十八世紀，非正式的協會將那些機械化核心技能系統化，而在二十一世紀，正規的高等教育對電腦化越來越不可或缺。[99] 有些證據顯示，電腦和其他技術有利於技術勞工，也就是有利於受過較多年學校教育的勞工。[100] 這些趨勢使通用技術技能基礎建設的概念變得比較複雜，但沒有削弱這個概念。無論正規訓練的程度如何，所有形式的通用技術技能基礎建設都發揮相同的作用：擴大與通用技術相關的工程技能和知識庫。這可以在大學或非正式協會中進行，只要這些地方能夠培訓工程師，並促進知識中心與應用產業之間的工程知識流通。[101]

關鍵是篩選制度

能好好利用領頭羊產業產品週期的制度截然不同。有一些歷史分析強調瓦特（James Watt）之類的英雄發明家，以及大公司開創性研究實驗室的貢獻。[102] 社會學家赫伯·基特謝爾特（Herbert Kitschelt）研究過去兩個世紀，哪些國家從新興技術中獲益最多，他便指出，關鍵是新技術的特性與產業治理結構的契合程度。複雜且需要高度協調的技術系統，例如核能系統和航空航天平台，比較可能在有政府大力支持的國家蓬勃發展。[103] 另有一些研究認為，在領頭羊產業產品週期中成功的關鍵制度，是政府補助科學訓練和新產業研發設施。[104]

這些研究將技術領導力等同於國家成功在新產業瓜分市場和壟斷利潤。[105] 簡而言之，這些研究利用領頭羊產業產品週期，來確定哪些制度變數最為關鍵，但卻沒有解釋，為什麼有些大國的制度有利於的通用技術擴散。

對十九世紀末化學技術強權的不同解釋清楚呈現了這些差異。標準解釋便以領頭羊產業模型為基礎，將德國主導化學工業的成就歸功於德國投資科學研究和高技能化學家。[106] 德國在領頭羊產業的活力、一度控制全球超過九成合成染料生產的功績，被拿來解釋德國為何具備主導優勢。[107]

通用技術擴散論則突顯了技術變革與制度適應之間的另一種關係。焦點轉移到那些促進化學技能擴散到其他行業的制度，食品生產、金屬和紡織紛紛採用化學製程，而這些早已超出了合成染料的應用範圍。根據通用技術機制，在化學領域占得先機的是美國而非德國，這是因為美國率先將化學工程制度化為學科。雖然美國的合成染料生產和化學研究依然比德國落後，但卻成功擴大化學工程人才基礎，更加速了基礎研究突破與工業應用之間的交流互補。[108]

值得注意的是，通用技術機制和領頭羊產業機制其實可以部分並存。一個國家開創新技術的能力，與有多少能力吸收和擴散通用技術相關。擁有頂尖研發基礎設施的國家，也可能是培養通用技術相關工程人才庫的沃土。但是，對領頭羊產業機制來說，這些並非通用技術機制運作的必要條件。根據通用技術擴散論，一個國家可以在沒有壟斷創新的情況下，利用通用技術成為最強大的經濟體。

此外，這兩種機制也有互相矛盾之處。例如在影響時限和成長廣度，通用技術機制和領頭羊產業機制的期望恰恰相反。有利於通用技術擴散的制度，與有利於創新的制度不同。例如，工程技能通常與擴大技術應用的產業有關，而主張創新與發明的產業，則更仰賴其他形式的人力資本（例如創新能力）。[109]這種分歧也出現在關於競爭如何影響技術活動的爭論中。政治經濟學家約瑟夫・熊彼得（Joseph Schumpeter）等人認為，壟斷將激勵壟斷者研發，因為可以壟斷技術創新的所有利益。[110]但實證研究證明，競爭較激烈的市場反而可以提高企業的技術採用率。[111]因此，雖然這兩種機制看似有些疊合之處，但依然可以比較並更深刻解析技術革命和權力轉移過程。

通用技術擴散理論有別於著眼於技術變革的政治經濟學。[112]有些學者認為，一個國家能在國際市場上競爭，主要是因為良好的制度背景，例如民主政治體制、創新體系的發展和對財產權的保護等。[113]然而，那些與基本基礎設施和財產權有關的因素，都無法解釋技術先進國家之間的差異。

此外，那些用來解釋國家生產力的制度理論，多數對所有形式的技術變革一視同仁。就讓我們借用美國總統經濟顧問委員會一名前主席的說法，這類強調制度利於創新的說法，從來沒在區分創新的到底是洋芋片還是微晶片（反正都是chips）。[114]然而，通用技術是推動技術領先地位變化的關鍵。

還有一些理論點名「關鍵技術」，但在討論背後的制度因素時，往往過於抽象。有些學者提出，技術領先國家的壟斷地位，會隨著時間推移逐漸削弱，原因在於制度將使國家在面對顛覆性技術時無法有效應對。[115]那些虎視眈眈的挑戰者，反而不受既得利益所束縛，最終必將超越既有強國。這些解釋一點也不具體，無法解釋為什麼富裕經濟體能擴大領先優勢，或是較貧窮的國家從未能趕上富國。[116]

想要探討技術前緣的大國競爭時，選擇採用通用技術機制還是領頭羊機制，便反映了兩種不同的視野。領頭羊機制優先考慮的是成為首個引入新技術的國家，通用技術機制更重視在技術誕生後進行擴散和轉化。總而言之，大國之間的產業競爭不是一場看誰可以創造出最輝煌創新中心的短跑，而是一場馬拉松，最終的贏家，勢必建立了讓創新中心與應用產業互相扶持的機會。

威脅論與類型論

雖然我主要是比較通用技術擴散理論與領頭羊產業，但事實上還有另外兩種著名解釋，或許可以解釋大國通用技術擴散的差異。

地緣政治威脅

根據這種觀點，國際安全威脅促使各國投資於科學和技術。[117]國家如果面臨比較危險的地緣政治局勢，會更有動力打破利益分配現狀，建立有利於技術創新的制度。[118]在這些論述中，軍方的影響力不容小覷。例如，經濟學家弗農・拉坦（Vernon Ruttan）指出，因應戰爭或戰爭威脅而動員的軍事投資，促進了六種通用技術的商業發展。[119]探討美國和日本的新興技術成就時，有些研究也強調軍用與民用互相扶持發展。[120]這些相關論述被歸類為威脅論。

這種說法強調了技術進步與外部威脅和國內障礙息息相關。馬克・泰勒（Mark Taylor）便用「創造性不安全」（creative insecurity）來解釋，外部經濟和軍事壓力如何使政府得以擺脫既有利益集團的掣肘，促進技術創新？他認為，外部威脅與內部競爭之間的差異決定了國家創新傾向：差異越大，國家的創新率越高。[121]這種強調「系統脆弱性」的說法，主張外部安全和國內壓力，促使領導階級建立催生創新的制度，降低國內否決者的影響力。[122]

當然，外部威脅可能促使國家增加投資通用技術，而軍事投資也可能有助催生新的通用技術。但是，拿這種切角來解釋通用技術擴散的大國差異，會有幾個問題。首先，威脅論傾向關注通用技術的初始育成而非逐步擴散。然而，在通用技術逐步擴散的階段，民用需求與軍事需求會出現顯而易見的嚴重衝突。[123]此外，有些通用技術，例如美國的電力，即使沒有大量軍事投資仍發展得有聲有色。民間可以創造強大的通用技術需求，軍事採購反而非必要。因此，因應通用技術的制度調整，完全不必仰賴「威脅」。為了進一步探討這些衝突點，之後會在歷史案例中追溯安全威脅和軍事投資的影響。

資本主義類型差異

另一種解釋是，主張已開發民主國家之間在勞動市場、產業組織和企業間關係等差異，並區分為協調型市場經濟體和自由市場經濟體，這套切角又被稱為「資本主義類型」理論。主張者認為，協調型市場經濟體比較有利於漸進式創新，因為稠密的企業網絡和受保護的勞動市場，有利於逐步採用新的改良技術。相對之下，自由市場經濟體比較擅長突破性創新，因為流動的勞動市場和企業組織結構，讓企業比較容易圍繞著顛覆型技術自我重組。與通用技術擴散論最相關的是，資本主義類型論認為，自由市場偏向培養通用技能工人，有助於快速擴散革命性創新，協調型市場則強調行業專屬技能，有助於在特定產業培訓內進行漸進式創新。[124]

市場導向與策略性協調的差異，有可能導致國家間的通用技術擴散差距。基於資本主義類型論的預期，自由市場經濟體應該更有可能產生有潛力成為通用技術的創新，而自由市場經濟體的勞工應該掌握更多可以在企業間擴散通用技術的通用技能。[125]資訊革命期間的創新便顯示了，美國這個自由市場經濟體專注於突破性創新產業（例如半導體和電訊），而德國這個協調型市場經濟體則專注於漸進式創新領域（例如機械工程和運輸）。[126]

從經濟體的差異來探討通用技術，雖然著重在制度多樣性，但事實上，這種通用技能與特定產業技能二分法，並不符合特定通用技術所要求的技能。[127] 通用技術要擴散，仰賴的工程技能總是超越這種武斷區分，這些技能既能快速發展，也具有普遍應用的能力，能夠大範圍地實施通用技術領域的構想。例如，軟體工程技能可以在多個產業派上用場，但應用範圍不像批判思考技能或數學知識那麼廣泛。為了更精確理解技能分類問題，許多政治經濟學家呼籲關鍵在於「深入分析不同國家在工作和資格上的差異」。[128] 通用技術技能基礎設施便代表了那些幫助推動通用技術擴散的制度。如果我們想理解技術如何驅動權力轉移，歷史實證比單純依賴資本主義類型理論更能說服人。

從歷史來評估通用技術機制和領頭羊產業機制，使技術變革與經濟權力移轉之間的因果關係更加清晰。透過一致性分析來選擇案例並評估歷史證據，便能確保兩種機制得到公平和嚴謹的檢驗。[129] 這是一場通用技術擴散論、與之對立的領頭羊產業論，以及相關實證資料之間的角逐賽。[130]

想要評估通用技術機制和領頭羊產業機制，就不能忽略工業時期產生經濟權力移轉（結果）的技術革命（原因）。第一次工業革命和第二次工業革命便是原因跟結果都非常清晰的歷史案例，[131]兩者都涉及一組顛覆型技術進步，有些研究稱之為「技術革命」或「技術浪潮」；[132]兩者也都涉及經濟權力移轉，有一個大國維持顯著高於競爭對手的經濟成長率。[133]我也研究了日本在第三次工業革命中對美國經濟領導地位的挑戰（最終失敗），可用來解釋機制為何失效。[134]

這些案例對檢驗和比較兩種機制極有意義。現有理論解釋與學術研究將經濟權力移轉歸因於新領頭羊產業的崛起，[135]但是時候修正認知了。在這本書最後的質性分析附錄，便提供了關於案例選擇的更多細節，包括案例範圍、這些案例「最可能」支持領頭羊產業機制的理由，以及相關的範圍條件。[136]

我採用的做法，將通常用在個體追蹤的方法，應用在涉及結構因素與演化互動的總體機制上。[137]擴散機制的研究總是強調宏觀影響，而通用技術正是建立在這些研究基礎上。在這些論述中，技術擴散不僅攸關個人的接納度，還取決於社會結構和制度特徵，例如社群交流的程度。[138]這些機制更會向上或向下影響到不同社會結構。[139]正如政治學家杜利亞・法雷提（Tulia Falleti）和茱莉亞・林奇（Julia Lynch）指出：「個體層面的機制並不比總體層面的機制更重要。」[140]

為了評估，我將歷史案例攤開來追蹤，比較兩種機制的預測與實際結果。[141] 在每個歷史案例中，我先追蹤主要經濟體中的領頭羊產業和通用技術如何發展，並特別注意區分兩種機制的三個面向：影響時限、相對優勢階段，以及成長廣度。[142]

例如，我在每個案例都一致分析個別的影響時限。[143] 為了評估某些技術何時影響力最大，便得查明這些技術最初出現的時間（以關鍵突破發生的日期為基礎）、相關產業成長最快的時間，以及在應用領域中擴散的時間。如果有資料可用，我在估算通用技術的最初出現日期時，也會考慮該通用技術在中位數產業達到一%採用率的時間點。[144] 產業成長率、擴散曲線和產出趨勢，都有助衡量技術突破何時最大幅度影響整體經濟。

接著，我將探討為什麼有些國家比較成功地適應技術革命的制度因素，並聚焦於最能迎合通用技術和領頭羊產業需求的制度。[145] 如果通用技術機制有效，那麼成為經濟強權的國家，其制度應利於擴大工程人力資本基礎和傳播通用技術相關典範做法。如果其他國家擁有利於領頭羊產業產品週期的制度，例如更好的科學研究基礎設施和產業治理結構，便可以拿來比較。

這些評估方法之所以有效，是因為我把那些彼此競爭的機制設計得非常對稱：每一個機制組成都包括數量相等但完全對立的元素，而且這些對立元素會導致可以觀察到的結果具有互斥性。換句話說，只要觀察到某個結果，就可以排除其中一個機制，從而幫助我們判斷哪個機制更有可能正確。[146]當證據支持其中一邊的解釋時，不僅能夠證明理論有效，還能削弱另一邊理論的解釋力、強化說服力。[147]總之，每個案例研究都是圍繞著四個標準問題探討，這四個問題對應領頭羊產業機制和通用技術機制的三個面向，以及支持國家

面向	**關鍵問題**	**領頭羊產業機制論點**	**通用技術機制論點**
影響時限	技術革命何時對經濟權力格局產生最大的邊際影響？	新產業在其早期階段對經濟成長差異產生最大的影響。	通用技術出現數十年之後，才對經濟成長差異產生顯著影響。
關鍵的相對優勢階段	驅動經濟成長差異的是創新帶來的壟斷利潤，還是較為成功的技術擴散帶來的利益？	國家壟斷領頭羊產業的創新使它占得經濟領導地位。	國家成功地廣泛採用通用技術，使它占得經濟領導地位。
成長廣度	技術驅動的經濟成長廣度如何？	集中在少數領頭羊產業的技術進步驅動經濟成長。	分散在範圍廣泛的通用技術相關產業的技術進步驅動經濟成長。
制度上的輔助因素	哪些類型的制度最有利於國家在技術革命中成功？	關鍵的制度適應幫助國家在新產業占得市場和壟斷利潤。	關鍵的制度適應為通用技術的擴散擴大工程技能和相關知識基礎。

表2　領頭羊產業和通用技術機制可檢驗的論點

適應技術革命的制度（表2）。[148]

我也納入了解釋技術驅動權力移轉的其他理論。已有無數研究探討了大國的興衰。我並不是要梳理國家崛起或衰落的所有可能原因。我想做的是探究每次工業革命中技術進步如何促使經濟權力移轉，希望能找到可以更好解釋歷史案例的證據。

除此之外特定案例的混淆因素也值得探討。例如，有些學者認為，木材和金屬的大量投入，誘使美國在第二次工業革命中積極採用機器密集技術，而英國在自然資源限制下，較慢採用可互換零件的製造方法。[149]

我追蹤研究這些機制，並仰賴工業革命的大量例證，因為工業革命早已是許多跨學科研究主題。由於這些案例已經有許多人仔細研究過，我的研究主要是以二手資料為基礎。[150] 我仰賴技術史和經濟史來追溯技術突破如何以及何時影響經濟權力格局。那些應用正式統計和計量經濟學方法，來評估重大技術進步產生影響的研究，成為我的基石，這些研究被稱為經濟史上的「計量經濟史革命」（cliometric revolution），[151] 其中也有人質疑過去工業革命的主流敘事。例如，尼克・藤佐曼（Nick von Tunzelmann）發現蒸汽機在一八三〇年之前幾乎沒有推動英國生產力成長，並進一步指出早期研究傾向將蒸汽機的經濟意義與早期普及混為一談。[152]

我也利用原始資料支持這些歷史觀點。這些資料包括工業生產統計資料系列、人口普查統計資料、當代產業期刊中關於工程師的討論，以及委員會和研究團隊對技術系統跨國差異的第一手描述。在缺乏關於工程教育標準化指標的情況下，檔案證據有助於補充每個案例中通用技術技能基礎建設的細節。在第一次工業革命中，來自英國國家檔案館、英國報紙檔案館、諾丁漢大學圖書館及手稿和特別收藏館的資料讓研究更加齊全。第二次工業革命的案例分析則仰賴英國博德利圖書館（Bodleian Library）、美國國會圖書館和萊比錫大學的館藏，以及英國外交和領事報告。[153]在第三次工業革命的案例分析中，史丹佛大學收藏的愛德華．費根鮑姆文集（Edward A. Feigenbaum Papers）有助於比較美國與日本的電腦科學教育。

我的研究也大大得益於關於技術發展歷史的新資料。我利用經改良的資料集，例如麥迪遜專案資料庫（Maddison Project Database）。[154]新的資料集，例如跨國歷史性技術採用資料集（Cross-Country Historical Adoption of Technology dataset），也很有幫助。[155]有時候，令人興奮的新技術會引來大量炒作，導致評論者和歷史學家對技術採用的速度和程度的看法失準，爬梳資料有助於證實或否定這些敘事。一如重新評估過去技術的影響，這些資料是在有關技術和國際關係中權力移轉的權威著作出版之後才發表的。因此，充分使用這些資料來源有機會修正某些傳統觀念。

想要評估兩種機制，主要挑戰便是確定應該追蹤哪些關鍵技術變革。若從廣義來定義技術，便是除了技術設計，組織和管理上的創新也是技術。[156]科技政策領域的先驅哈維·布魯克斯（Harvey Brooks）將技術定義為「以可指明且可重現的方式達成特定人類目的的知識」。[157]兩種理論都強調某些技術突破以及這些技術與社會系統互動的重要性，但對哪些技術突破最為關鍵有不同的看法。因此，我們需要更深入地了解每個歷史時期在硬體和組織運作上的進步，才能分析哪些技術能引發領頭羊產業或通用技術的發展。

因為各方對哪些技術是領頭羊產業技術和通用技術看法不同，判斷技術的分類變得更困難。各方的通用技術清單經常互有衝突，讓人質疑通用技術的選擇標準。[158]這些清單的長度使某些學者擔心「通用技術概念可能失控」。[159]有一項研究回顧了十一項列出了過去的通用技術的研究，發現共有二十六項不同的創新出現，但重複的只有三項。[160]

領頭羊產業概念更容易受到這種批評，因為定義領頭羊產業的標準並不一致。雖然多數學者同意領頭羊產業是成長速度快於其他經濟領域的新興產業，但判斷標準卻顯著分歧。有些學者選擇領頭羊產業的標準，是這些產業曾在某一時期是幾個主要工業國家的最大產業。[161]另一些學者則強調領頭羊產業吸引大量研發投資。[162]為了說明這種變異，我檢視了五份分析領頭羊產業如何影響經濟權力移轉的關鍵研究，將這些學者提出的領頭羊產業清單縮窄至在三個案例研究期間出現的領頭羊產業，發現總共出現十五個產業，但重複的只有兩個。[163]

在每個歷史案例中，有幾個領頭羊產業或通用技術受到公認。為了確保沒有遺漏任何通用技術，我著眼於五份重要文獻，考慮至少選入其中兩份文獻的所有技術。[164]我使用我編製的前述清單，以相同的方法選擇領頭羊產業。

按照區分通用技術與「近乎通用技術」和「多用途技術」的分類方式，我利用一組定義標準，來判別通用技術和領頭羊產業。[165]例如，雖然有些人視鐵路和汽車為通用技術，我則不然，因為它們沒有多種用途。[166]為了確認某些領頭羊產業，我檢視了各產業的成長率。我也利用了近年一些以專利相關指標識別通用技術的研究。[167]總而言之，這些程序避免遺漏某些技術，同時可以防止通用技術和領頭羊產業的概念過於氾濫。[168]質性分析附錄概述了我如何處理與識別技術有關的問題，包括可能被我遺漏的單一用途技術，以及某些技術突破可能同時涉及兩種機制。

這些考量告訴我們，評估關鍵技術驅動因素只是案例分析第一步。為了確定這些技術突破是否真的帶來了預期的影響，我們需要仔細研究它們如何在與社會系統緊密相互作用的情況下發展和變化。

一個國家的技術強健程度取決於如何適應新技術進步的需求。我試圖以理論來解釋革命性技術突破如何影響大國的興衰。我的任務類似一名調查員，必須設法找出某艘船最快完成跨洋航程的原因。就像調查員根據信風條件和航向變化比較勝出船隻的航線與其他潛在航線，我先根據技術變革的影響時限、相對優勢階段和成長廣度，比較通用技術軌跡與領頭羊產業軌跡。調查員確定了最佳航線之後，就會將注意放在使勝出船隻得以充分利用這條快速航線的特質，例如導航設備和水手技能。在確定了通用技術軌跡是技術革命導致經濟領導地位轉變的關鍵因素之後，我也會轉而強調，通用技術技能基礎建設是決定哪個大國最能充分利用這條路線的關鍵制度因素。

第三章 第一次工業革命與英國崛起

很少歷史事件能像第一次工業革命（一七八〇至一八四〇年）那樣震撼世界。第一次工業革命的過程和結果充滿非比尋常的巨變。生產力大幅加速提升，許多人的生活水準得以持續改善，這是史上頭一遭。小城鎮轉變為大城市，新的意識形態日益強大，新興的經濟和社會階級重塑了社會結構。這些變化在國際上引起龐大回響，不但開啟了工業化大規模戰爭、使專制國家衰落，更促使了現代國際體系誕生。

有兩個現象在大時代也顯得特殊。首先是開啟第一次工業革命時期的重大技術進步。當時社會上的一切都在劇烈變化，其中特別重要的技術變革，包括水力紡紗機、蒸汽機以及攪煉法。其次是英國成為無與倫比的經濟霸權，生產力成長速度長期維持高於競爭對手法國和荷蘭的水準。毫無疑問的是，在第一次工業革命推動下，英國在十九世紀中葉成為了世界上最先進的經濟強國。

關於技術變革和權力移轉的研究不可以忽略第一次工業革命，否則就會不完整。無論是對領頭羊產業機制還是通用技術機制來說，第一次工業革命都是一個典型案例，被視為技術驅動的權力移轉典範。國際關係學術界的標準論述將英國的工業崛起，歸因於英國在第一次工業革命中主導了領頭羊產業創新，包括棉紡織、製鐵和蒸汽動力的創新。[1] 現今的學術研究與政策討論經常借用關於第一次工業革命的典型觀點，將現今資訊科技與生物科技的發展，類比為工業革命中的蒸汽動力和棉紡織技術。[2]

然而，一旦我們深入探討第一次工業革命和英國的經濟崛起，便會發現許多傳統觀點有問題。首先，我們可以看到，與製鐵技術進步相關的通用變革，要到一八一五年之後才普及到足以顯著影響總體的生產力，從時間點來說，也正是此時英國的工業化才顯著超越競爭對手。包括蒸汽機在內的其他重要技術改良，在一八一五年以前幾乎沒有影響到英國工業崛起，因為這些技術經歷了一段漫長的醞釀期才被廣泛採用。其次，第一次工業革命這個案例也證明，英國工業崛起的關鍵在於，英國能迅速地將機械化推廣至經濟體的各個角落，可見英國的強大並非因為主導棉紡織業創新，並獲得壟斷利潤。第三，歷史數據顯示，機械創新擴散到了各個領域，進一步驅動了英國的生產力成長。就這三個面向而言，第一次工業革命這個案例比較符合通用技術軌跡，而非領頭羊產業軌跡。

既然沒有任何國家壟斷冶金技術創新，而且英國的競爭對手也可以吸收國外的創新，那麼為什麼英國獲益最多？在所有國家，隨著技術突飛猛進，制度也加速調整，以便培養跟上技術改良所需要的技能。重要的是，法國和荷蘭在科學研究基礎設施和培養專業工程師的教育系統顯然與英國並駕齊驅，甚至比英國還好。但是，法國和荷蘭的制度傾向，卻產生與實際應用脫節的知識和技能。

英國的比較優勢是在另一種技能基礎建設。英國不大仰賴像詹姆斯·瓦特（現代蒸汽機的著名創造者）這種英雄發明家，而是仰賴能幹的工程師，因為他們能夠建立和維護新的技術系統，逐步調整這些系統並應用到許多不同的環境中。[3] 正如通用技術擴散論所預期，這些擴大機械工程人才基礎並傳播應用機械知識的教育系統，才是英國崛起的關鍵。這種系統建立了應用機械的共同技術語言，並且鼓勵了在眾多產業推動機械化所需要的工程師與企業家進行知識交流，這樣的環境使任何競爭對手都望塵莫及。

為了追溯這些機制，我蒐集並整理了有關第一次工業革命的大量證據。歷史記述是我所仰賴的基礎資料，包括第一次工業革命的經濟史、重要技術和產業（例如蒸汽機和製鐵業）的歷史、特定國家的歷史，以及英國、法國與荷蘭的比較史。我也受惠於那個時代對第一次工業革命制度特徵的評估，資料來源包括產業期刊、機械學會的論文集、當地報紙刊出的招募廣告，以及知名工程師的文章。這些證據來自英國報紙檔案館、英國國家檔案館，以及諾丁漢大學圖書館及手稿和特別收藏館的檔案資料。藉由參考和比較各種資料來源，我努力以工業產出估計、專利取得率和英國工程師詳細傳記資料之類的統計證據支持我的論點。

首先，我們將回頭探討英國如何崛起成為工業霸主，並分析這段時期的關鍵技術突破，分析相關技術驅動領頭羊產業產品週期和通用技術擴散這兩種軌跡的潛力。接著，再從影響時限、相對優勢階段和成長廣度這些面向，追蹤領頭羊產業和通用技術的發展，藉此評估是通用技術機制還是領頭羊產業機制更好地解釋了英國的崛起。如果通用技術軌跡是更好的解釋，那就應該有證據顯示英國的通用技術技能基礎建設優於競爭對手。

權力移轉：英國崛起的數據基礎

英國是何時崛起成為工業霸主的？這個故事眾所周知。從十八世紀中葉到十九世紀中葉，工業革命將英國推往世界頂峰。雖然當年英國不是全球最大的經濟體（在這段時期中國才是），但它確實利用工業革命的技術成為了「世界上最先進的生產強國」。[4] 當年英國經濟上的競爭對手是法國及荷蘭，但都未能跟上英國的生產力成長。

雖然大家都同意，英國在這段時期確立了傑出工業強國地位，但必須釐清此事發生的較明確時間，才可以檢驗領頭羊產業和通用技術機制的解釋力。關於英國的工業化，一種常見的觀點認為英國很快就開始持續成長。沃爾特・羅斯托認為英國的起飛關鍵在十八世紀的最後二十年。[5]與這種時期劃分一致的是，一些按照領頭羊產業傳統著述的學者聲稱，英國的工業崛起發生在十八世紀末。[6]

但也有另一種觀點認為英國沒那麼早成為工業霸主，主張英國要到一八二〇年代，經濟和生產力成長率才開始持續大幅高於競爭對手。為了釐清英國工業崛起的時間，以下幾節將探討生產力領先地位的三種指標：人均國內生產毛額（GDP）、工業化程度，以及總要素生產力。

指標1：人均GDP指標

人均GDP是生產力的標準代用指標，透過趨勢線，可以掌握英國崛起的大致輪廓。來自麥迪遜專案資料庫的證據顯示，一八〇〇年**之後**（而非之前）的幾十年是關鍵的轉變期（圖3.1）。[7]這些趨勢來自二〇二〇年版的麥迪遜資料庫，將安格斯・麥迪遜（Angus

Maddison）的資料更新，並納入了法國、荷蘭和英國在第一次工業革命期間的人均GDP估計數據。[8] 一七六〇年，荷蘭人均所得高居世界第一，比英國高出約三十五％。[9] 荷蘭在十八世紀餘下時間一直保持領先，直到一八〇八年，英國的人均GDP才首度超過荷蘭。到一八四〇年，英國人均GDP比法國高約七十五％，比荷蘭高約一〇％。[10]

必須注意的是，第一次工業革命早期的人均GDP資料不完整，有些年份沒有資料，有些年份只有部分國家的資料。就一八〇七年之前的資料而言，麥迪遜資料庫裡的荷蘭人均GDP，僅僅是根據該國荷蘭地區的數據估計出來，圖3.1呈現的經

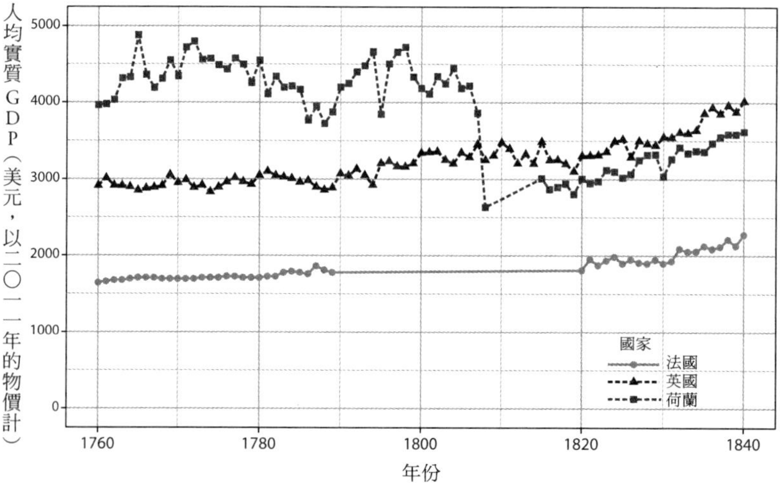

圖3.1　第一次工業革命的經濟權力移轉

資料來源：麥迪遜專案資料庫2020年版本（Bolt and van Zanden 2020）。

濟衰退，可能只是資料來源改變的假象。[11]為了確保麥迪遜資料庫的資料可以用來審視經濟興衰歷史形態，研究人員調整了不完整的資料，並且評估這些資料的代表性。[12]此外，十九世紀初以荷蘭地區為基礎的資料，已經顯示整個荷蘭的人均GDP有所衰退。雖然資料不足使我們很難準確指出英國人均GDP何時超越荷蘭，但麥迪遜資料庫仍是這段時期國民所得跨國比較的最佳資料來源。

指標2：工業化指標

英國的經濟效率何時開始持續領先？工業化指標所顯示的並不一致。經濟史學家保羅·拜羅克（Paul Bairoch）編製的一套指標顯示，英國的人均工業化水準在一七五〇年與法國和比利時接近，但到一八〇〇年已成長到比法國還高五〇％。這些估計數據是決定英國工業崛起時間軸的重要資料。[13]例如，保羅·甘迺迪就採用了拜羅克的估計，認為工業革命將英國改造為一種不同類型的世界強國。[14]

進一步檢視拜羅克的估計數據，可以發現它們對英國工業快速崛起論的支持並不是很有力。首先，拜羅克將「工業產出」的定義局限於製造業產出，因此排除了營建和採礦等重要行業，連他自己也承認這種界定「相當任意」。[15]其次，英國與法國在一八〇〇年的人均工業化水準差距，仍在拜羅克估計值的誤差範圍之內。[16]

此外，那些並非局限於製造業的工業化指標，反而成為英國工業崛起速度較慢的證明。一七〇〇年，荷蘭的工業就業人口比例（三十三％）遠高於英國（二十二％）。到一八二〇年，英國的工業就業人口比例已升至三十三％，高於荷蘭當時的二十八％。[17]一名研究歐洲前工業革命時期的專家指出，在整個十八世紀，荷蘭的工業化程度至少與英國相同，或甚至更高。[18]最後，整體工業生產趨勢顯示，一八一五年之後英國工業化程度急升，顯然證明了，英國要到十九世紀幾十年後才鞏固生產力優勢。[19]

指標3：生產力指標

總要素生產力指標反映一個經濟體將生產要素轉化為有用產出的效率，同樣證明了英國工業崛起速度較慢。一如整體工業產出趨勢，英國的總要素生產力成長要到一八二〇年之後才大幅加快。[20]事實上，英國的總要素生產力成長在整個十八世紀都非常溫吞，平均每年不到一％。[21]

雖然法國缺乏可靠的總要素生產力數據導致這段期間的跨國比較窒礙難行，但一些證據顯示，英國的總要素生產力要到一八〇〇年之後才超越荷蘭。[22]歷史學家羅伯・艾倫（Robert

Allen）比較了勞工實際人均產出，與基於一個國家可用的農業人口和土地預測的勞工人均產出，估計了一個國家的農業總要素生產力。根據該指標，一八〇〇年荷蘭的生產力高於英國和所有其他歐洲國家。[23]在幾乎整個十八世紀，荷蘭的總要素生產力絕對值也是歐洲最高。[24]

實證證據比較支持怎樣的英國工業崛起時間軸？人均GDP、工業化水準和總要素生產力指標都成為英國工業崛起較為緩慢的證據，澄清了第一次工業革命期間經濟權力移轉何時發生的問題，可以穩定的檢驗這段時期的發展。

第一次工業革命的主要技術變革

在深入評估領頭羊產業和通用技術機制之前，我們必須進一步說明第一次工業革命的技術要素。哈格里夫斯的珍妮紡織機（一七六四年）、阿克萊特的水力紡紗機（一七六九年）、瓦特的蒸汽機（一七六九年）、科特的攪煉法（一七八四年），以及許多其他重要的技術進步都是第一次工業革命期間出現的。想要探究通用技術和領頭羊產業軌跡最可能的源頭，便不能錯過原有的研究，並識別出兩者的關鍵技術和公認標準。想要看出兩種軌跡的差異，便必須將評估範圍縮窄。

領頭羊產業：棉紡織、製鐵、蒸汽動力

學者普遍認為棉紡織、製鐵，以及蒸汽動力是驅動英國崛起的領頭羊產業。[25]在這當中，歷史學家普遍認為棉紡織是第一次工業革命最初的領頭羊產業。[26]新發明驅動了產業快速發展，使紡織業占英國工業總附加值的比例從一七七〇年的二・六%大增至一八〇一年的十七%。[27]在談到棉紡織業的重要性時，經濟學家熊彼得甚至聲稱：「在一七八七至一八四二年這段時期，英國的工業歷史……幾乎可以歸結為單一產業的歷史。」[28]

如果說棉紡織是第一次工業革命的第一領頭羊產業，那麼製鐵業便緊隨其後。莫德斯基和湯普森特別挑出這兩個重要產業，並以生鐵產量和用棉量作為英國領頭羊產業成長率的指標。[29]根據傳統觀點，在一八二〇年代之前，製鐵和棉紡織是唯二「非常成功、迅速擴散的技術變革」的產業。[30]

蒸汽動力業是第三個潛在領頭羊產業。許多不同學術研究認為，蒸汽動力是英國在十九世紀領先其他國家的基礎技術。[31]但文獻大多只說蒸汽機本身是領頭羊產業，但因為領頭羊

產業專指新興產業，所以精準來說與蒸汽機技術重大進步相關的領頭羊產業是蒸汽機製造業。相對於製鐵和棉紡織業，產出和生產力成長較為緩慢的蒸汽機製造業，不一定符合我們對領頭羊產業的認知。[32]但蒸汽機製造業仍應該被視為潛在的領頭羊產業。

通用技術：製鐵、蒸汽機、工廠制

由於第一次工業革命期間通用技術軌跡的可能源頭比較不確定，我參考了先前的技術範式研究，選出了三項潛在通用技術：蒸汽機、基於鐵機械進步的機械化，以及工廠制（factory system）。[33]蒸汽機顯而易見地成為潛在的通用技術。它與電力和資訊通訊技術（ＩＣＴ）並稱「三大」通用技術。[34]要留意的是，關鍵在蒸汽機改變許多領域各種工業程序，而不是蒸汽機製造業的潛在成長。

在棉紡織和製鐵這兩個第一次工業革命的典範產業中，製鐵業更可能帶給英國通用技術效應。隨著鐵製機械的需求增加，鑄鐵廠開發出一代又一代的新工具機，例如搪缸機，並進一步催生了機械工程產業。[35]這促進了許多不同產業的生產流程機械化，包括農業、食品加工、印刷和紡織業。[36]雖然棉紡織和製鐵都在快速成長，製鐵業比較像是普遍影響經濟體的「動力分支」。[37]

此外，十八世紀末出現了集中式工廠，大大擴大了商品生產規模。工廠制改變許多產業生產技術。工廠制被廣泛引用的通用技術分類列為十八世紀末至十九世紀初的一種「組織通用技術」，[38]甚至將這種組織創新描述為「工業革命中最根本的『新陳代謝』」。[39]

鐵路也可以視為潛在通用技術，至少有兩份歷史文獻強調鐵路對第一次工業革命的重要性。[40]在我看來，鐵路是一種顛覆型進步，但它沒有發展出多種用途，要廣泛應用才符合通用技術。鐵路運載許多類型的貨物、成就了多種新商業模式，但僅限於運輸。[41]

領頭羊產業和通用技術軌跡的源頭

表3.1列出了通用技術和領頭羊產業機制的潛在技術源頭。在此有必要針對這些選擇做三點澄清。首先，候選領頭羊產業和通用技術源自類似的技術源泉。兩種機制都同意，有些發明，例如科特製造熟鐵的攪煉法，對經濟權力格局的影響十分顯見。

這兩種機制的差異在於如何發生。在通用技術的概念下，科特的攪煉法和其他製鐵技術創新有三個特點：在影響生產力成長之前會有一個相當長的滯後期；在經濟體中擴散機械化；以及許多使用機器的產業出現廣泛的互補型創新。在領頭羊產業模型下，同樣的技術源頭則會出現：影響集中在技術發展的早期階段、以壟斷鐵器出口為動力，以及局限於製鐵業的技術創新。

第二，雖然工廠制、機械化和蒸汽機這三種技術的發展相輔相成，但各自有不同的社會系統。蒸汽機之所以廣泛應用，有賴於將製程從手工轉為機械的生產系統；與此同時，蒸汽機對煤礦業的影響促進了製鐵業，進而助長了機械化。但是，一些歷史學家將英國工業革命中機械化的擴張與蒸汽機革新區分開來，因為他們認為蒸汽機產生經濟影響的時間比較晚。[42] 因此，雖然這些通用技術軌跡互有關聯，我們仍有可能在不同階段找到各種通用技術。

第三，並非所有這些技術變革都一定會決定性地導致英國維持高於競爭對手的生產力水準。我說這些技術具有潛在因子是有原因的。蒸汽機要到英國已經確立了經濟領導地位之後才廣為普及。某些技術的發展更可能與預期中的軌跡有落差。

領頭羊產業	通用技術
棉紡織業	工廠制
製鐵業	機械化
蒸汽機製造業	蒸汽機

表3.1 第一次工業革命技術軌跡的主要源頭

產業軌跡差異

當我們確定第一次工業革命中技術軌跡的可能源頭便確立了討論邊界。從這兩種機制在影響時限、相對優勢階段和成長廣度的差異，便可以推導出關於技術變革如何導致經濟權力移轉的三組對立預測。

新技術的影響時限

第一次工業革命的突破性技術何時改變了經濟權力格局？相關的重大技術進步面世於一七六〇和一七七〇年代，根據領頭羊產業機制的影響時限，棉紡織、製鐵和／或蒸汽機製造業的突破性技術應該在面世後不久，就大幅刺激了英國經濟成長。[43] 學者因此推論，領頭羊產業讓英國在十八世紀後期占得工業優勢。[44] 莫德斯基和湯普森便推測，棉紡織和製鐵這兩個領頭羊產業的成長在一七八〇年代觸頂。[45]

另一方面，如果通用技術機制也在背後施力，那麼重大技術突破就應該是緩步影響英國的工業崛起。機械化、蒸汽動力和工廠制的飛越進步，發生在一七七〇和一七八〇年代。因為通用技術在擴散和普及應用之前，會有一段相當長的滯後期，第一次工業革命的通用技術最早要到十九世紀早期，才顯著影響整個經濟體。若以一八一五年作為一個粗略的分界點，便能區分兩種機制一快一慢的影響時間軸。

相對優勢在哪裡

領頭羊產業機制非常重視技術變革的創新階段。重大突破發生在哪裡至關重要。因此，英國開創重大技術進步的能力，應該可以解釋第一次工業革命中的經濟成長差異。具體而言，領頭羊產業機制預期英國崛起是因為英國主導了棉紡織、製鐵和蒸汽機製造業的創新，以及壟斷這些產業帶來的利潤。

通用技術機制則重視技術變革相對不受關注的擴散階段。創新在哪裡擴散至關重要。新崛起的工業領導國之所以領先競爭對手，是因為採用通用技術的速度和程度顯著超過對手。通用技術機制認為，英國崛起成為工業霸主，是拜它在經濟體中擴散通用技術變革的卓越能力所賜。

各產業成長廣度

正如前面討論潛在領頭羊產業時提到，許多論述將英國工業崛起歸功於某種關鍵革新。[46]威廉·奧格本（William Ogburn）寫過一本書探討技術發展如何影響國際關係，他在書中宣稱：「蒸汽機的出現……是解釋英國在十九世紀崛起成為強國的那個變數。」[47]但根據通用技術擴散論，英國崛起成為工業霸主，有賴通用技術在許多相關領域普及應用。

這三組不同的預測結合起來，是我比較和評估通用技術機制與領頭羊產業機制的主要依據。我利用特定技術的相關資訊和英國工業化

預測1：影響時限	**領頭羊產業**	棉紡織、製鐵和／或蒸汽機製造業在一八一五年之前便影響了英國崛起。
	通用技術	機械化、蒸汽機和／或工廠制要到一八一五年之後才促使英國崛起成為工業霸主。
預測2：相對優勢階段	**領頭羊產業**	棉紡織、製鐵和／或蒸汽機製造業的創新集中發生在英國。 英國的紡織品、鐵和／或蒸汽機的生產和出口優勢對其工業優勢至關重要。
	通用技術	製鐵、蒸汽機和／或工廠制的創新並非集中發生在英國。 英國的機械化、蒸汽機和／或工廠制普及優勢對其工業優勢至關重要。
預測3：成長廣度	**領頭羊產業**	英國的生產力成長局限於棉紡織業、製鐵業和／或蒸汽機製造業。
	通用技術	英國的生產力成長遍及與機械化、蒸汽機和／或工廠制有關的廣泛產業。

表3.2　第一次工業革命案例分析的可檢驗預測

* 所有的領頭羊產業和通用技術均以「和／或」連接，因為可能只有其中一些技術驅動了發展軌跡。

的時間軸，針對第一次工業革命這個案例提出了具體的預期。表3.2列出了這些可檢驗的具體預測。

英國工業化快慢之爭

重建時序十分重要。第一次工業革命期間發生了重大技術變革，但這些變革確切何時對英國工業崛起產生作用呢？重大技術創新出現的時期，往往不會立即發揮作用（然而一些學者卻混為一談）。[48]建立一個明確的時間軸，釐清技術變革在第一次工業革命期間何時促使生產力領導地位變動，是重要的第一步。

不辭辛勞重建時序對追蹤機制十分重要。第一次工業革命期間發生了重大技術變革，但這些變革確切何時對英國工業崛起產生作用呢？重大技術創新出現的時期，往往並非變革發揮影響的外顯時期。不幸的是，一些學者從第一次工業革命中汲取關於技術如何影響國際政治的教訓時，將某些技術的立即效用與重大整體意義混為一談。[49]因此，在比較領頭羊產業與通用技術機制時，建立一個明確的時間軸，釐清技術變革在第一次工業革命期間何時促進了生產力領導地位的變化，是重要的第一步。

不同的時間軸：棉紡織業與製鐵業

想要區分棉紡織業與製鐵業的成長時間軸，就得分析占英國工業生產約六〇%的二十六個產業的產出成長。英國工業化的主要上升期發生在一八一五年之後，當時的整體趨勢成長率從二%增至一八二五年的高峰三．八%。與領頭羊產業模型的預期一致，棉紡織業在一七六〇年代出現重大技術創新之後，成長異常快速，但從一七八〇年代起，該產業的產出成長開始放慢。基於棉紡織業擴張相對快速觸頂的事實，經濟史家大衛．葛斯雷（David Greasley）和萊斯．奧克斯利（Les Oxley）得出結論：「棉紡織業看來不大可能促成一八一五年之後英國工業化暴衝成長。」[50]

製鐵業的成長則遵循截然不同的軌跡，比較符合通用技術模型。從一七八〇年代開始，英國製鐵業的成長速度加快，成長率在一八四〇年代達到約五．三%的高峰。[51] 艾斯班．莫爾（Espen Moe）寫道：「相對於棉紡織業，製鐵業的變化是漸進、逐步的，分散時間較長。」[52] 棉紡織業貢獻有限，反而是逐步擴張的製鐵業率領了英國一八一五年之後的工業上升期。總而言之，棉紡織業遵循領頭羊產業的成長軌跡，製鐵業的發展則反映了通用技術的影響時間軸。

英國機械化發生的時間與機器製造業增加用鐵有關，也符合通用技術軌跡的預期。第一批用於精密工程的金屬加工工具皆出現於十八世紀晚期，包括約翰・威爾金森（John Wilkinson）的搪床（一七七四年）和亨利・莫茲利（Henry Maudslay）的全鐵車床，但直到一八一五年左右，這些工具仍停留在「相對簡陋的狀態」。[53] 根據工程師和一八四一年機械出口特別委員會的說法，在接下來的二十年間，此類工具機的改良和標準化，帶給了機械製造業一場「革命」。[54] 機械工程業的逐步演化，證明了機械化的影響時間緩慢。一七八〇至一八四九年間的英國專利資料顯示，機械工程專利占專利總數的比例，從一七八〇年代的平均十八％，大增至始於一八三〇年代的高峰三十四％。[55]

蒸汽機和工廠制的滯後影響

相對於機械化，蒸汽機到十九世紀中葉還未在英國經濟中廣為普及，不足以顯著提振整體工業生產力。蒸汽機採用情況，迫使研究者重新評估蒸汽動力快速促進英國生產力成長的普遍假設。[56] 一項成長會計分析（growth accounting analysis）評估蒸汽替代水力的影響範圍，發現至少在一八三〇年代之前，蒸汽動力對英國生產力成長的貢獻都不大，而貢獻最大的時期是在十九世紀下半葉。[57] 這個發現與國際關係研究有衝突，國際關係普遍認為蒸汽機作為一個領頭羊產業，產生影響的速度快得多。[58]

事實上，採用蒸汽機的速度相當慢。一八〇〇年，也就是瓦特為他的蒸汽機註冊專利三十年後，當時蓬勃發展的工業中心曼徹斯特，只有約三十二台蒸汽機在運作。[59] 即使到了一八七〇年代，英國經濟許多重要領域，例如農業和服務業，都幾乎不受蒸汽機影響，因為蒸汽動力的應用集中在礦業和棉紡織業。[60] 在領頭羊產業理論所預期的蒸汽機產業成長巔峰期，事實上蒸汽機仍尚未普及。

蒸汽機要發展出範圍廣泛的各種用途，必須涵蓋一些互補型創新，而這些創新多半在瓦特蒸汽機問世多年之後才出現。六十年後，蒸汽才成為海上運輸的主要動力，而且這還是在蒸汽機功率持續增強，以及螺旋槳取代槳輪提高了蒸汽動力船的速度之後才實現的。[61] 瓦特最初設計的低壓蒸汽機消耗大量的煤，讓蒸汽機很難被廣泛應用。一八四〇年之後，在蘭開夏鍋爐等發明和發現熱力學的幫助下，可以處理較高壓力和溫度的蒸汽機變得符合經濟效益。[62] 總而言之，蒸汽動力的例子顯示，通用技術要影響總體經濟的時間很漫長。

值得評估的是，蒸汽動力技術與製鐵業和棉紡織業之間的關聯，是否可能使通用技術較快地影響總體經濟。[63] 但是，在蒸汽機發展的早期階段鮮少有向前和向後關聯。就向後關聯而言，蒸汽機製造業並沒有顯著促進製鐵業擴張。一七九〇年代末，博爾頓與瓦特蒸汽機的銷量達到高峰時，用鐵量還不到英國年度鐵產量的〇．二五％。[64]與紡織業的向前關聯也不明顯，更別提紡織業還是最可能受惠於廉價蒸汽動力的行業。一八三〇年之後，以蒸汽為動力的紡織技術發明才超越水力紡織技術。[65]當然，長遠而言，蒸汽動力是一項改變了英國經濟能源預算的關鍵技術突破。[66]但是，蒸汽機並不是在第一次工業革命中促使英國成為生產力強國的關鍵，蒸汽機帶來的大部分影響，顯著地集中在第一次工業革命之後。

工廠制（這個時期的另一項通用技術）的發展也遵循類似的時間軸。在英國建立工業優勢的時期，工廠制擴散緩慢，僅在有限的幾個行業站穩腳跟。英國紡織業是最早採用這種組織創新的行業，到一八五〇年代已經建立了近五千家蒸汽動力或水力工廠。[67]但其他行業採用工廠制的速度慢得多。在十九世紀的前幾十年，小工廠和家庭生產仍是金屬以及其他五金和工程行業的主流。[68]

此外，即使到了十九世紀中葉，工廠的規模仍相對較小，而且有些行業採用混合工廠制，將許多工序外包給在家工作的人。[69]直到蒸汽動力在一八三〇和一八四〇年代超越水力成為工廠的主要動力來源，工廠布局才重新設計，並大幅提升生產力。[70]

說到這裡，我們已經澄清了第一次工業革命中各種技術產生影響的時間軸，那麼這對通用技術和領頭羊產業機制意味著什麼呢？在這些領頭羊產業中，只有棉紡織業遵循領頭羊產業的影響時間軸：在一七八〇和一七九〇年代快速擴張，並達到產出成長的高峰。如圖3.2顯示，截至一八一四年，英國棉織品出口價值已經超過一八四〇年水準的七十五％。但是，英國維持高於競爭對手的生產力成長率，是發生在十九世紀的前幾十年。因此，棉紡織業對英國工業崛起影響最大的時期，卻不是英國工業化的主要上升期。

領頭羊產業快速發生影響，與其他技術進步顯著滯後大相逕庭。正如通用技術機制所預料，機械化、蒸汽

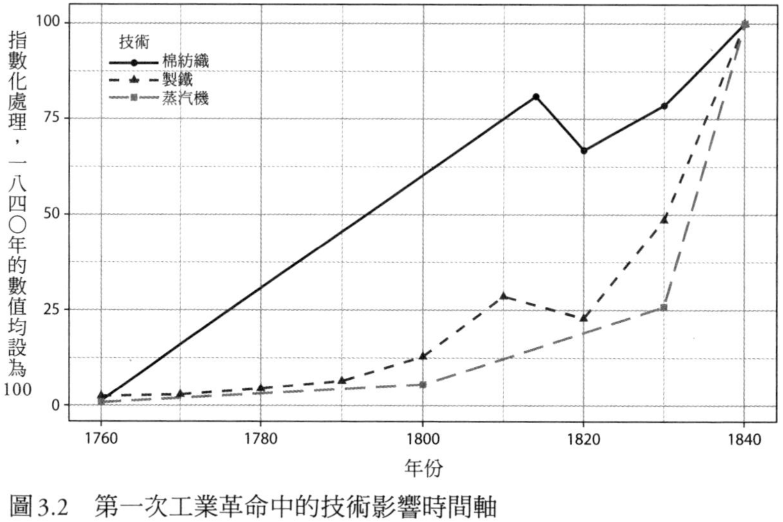

圖3.2　第一次工業革命中的技術影響時間軸

註：此圖顯示隨時間變化的英國棉織品出口、製鐵業產出，以及蒸汽機採用率。資料來源：Robson 1957, 331–35; Mitchell 1988, 280–81; Crafts 2004, 342。

機和工廠制三項通用技術要到一八一五年之後才影響了英國工業崛起。事實上，因為蒸汽機和工廠制的擴散過程非常漫長，顯然對英國崛起成為工業霸主的影響相當有限。在一八三〇年，以已安裝機器總馬力衡量的蒸汽機採用率，僅為一八四〇年水準的四分之一；而同樣在一八三〇年，製鐵業產量已達到一八四〇年的五〇%（見圖3.2）。這種情況符合各產業在十九世紀前幾十年穩步機械化的趨勢，也與英國崛起成為經濟領導國的時間吻合。

相對優勢階段：製鐵技術的擴散vs.棉紡織業的壟斷利潤

第一次工業革命中技術變革與工業化的整體時間軸已非常清楚，但通用技術軌跡與領頭羊產業軌跡還存在分歧。根據領頭羊產業預期，英國經濟崛起最重要的技術發展階段，是英國主導棉紡織、製鐵或蒸汽機技術的重要創新。通用技術機制則預料，英國在機械化、蒸汽機或工廠制擴散的優勢才是關鍵因素。

接下來我將檢驗源自這兩種機制的兩組不同預測。首先，關於第一次工業革命中重大技術突破的地理群聚，我評估領頭羊產業和通用技術的創新是否集中發生在英國。接著，分析影響英國工業優勢的關鍵，是領頭羊產業的生產和出口優勢，還是通用技術擴散的優勢。

第一次工業革命的創新群聚

英國是否主導了第一次工業革命領頭羊產業的創新？乍看之下，領頭羊產業的突破性進步無疑集中在英國。這包括瓦特的蒸汽機、阿克萊特的水力紡紗機、科特的攪煉法，以及許多其他創新。根據一項對十九和二十世紀一百六十項重大創新的分析，一八一一至一八四九年間，有四十四％的重大創新發生在英國，是第二名美國（二十二％）的兩倍。[71]

只要進一步分析英國的優勢，便可以發現情況頗為複雜。根據註明原產國的技術改良清單顯示，英國在一八二六至一八五〇年間的重大創新中僅占二十九％，但英國正是在這段時期鞏固了生產力經濟霸權。[72] 此外，此時正是歐洲許多重要創新出現的時期，包括提花梭織機、機械亞麻紡紗、氯漂白、勒布朗蘇打製造法，以及羅伯特連續造紙機。[73] 法國在化學、鐘錶、玻璃、造紙和紡織等領域也貢獻卓越。[74]

一些學者因此認為，英國的比較優勢是在小幅改良。經濟史家喬爾・莫基爾（Joel Mokyr）在探討第一次工業革命的技術創造力時指出：「英國並沒有產生特別有利的重大發明……英國技術成功的關鍵，在於在微小發明具有相對優勢。」[75] 當時的一句諺語捕捉到這種差別：「東西要完美，就必須由法國發明，然後在英國做出來。」[76]想要探索英國工業領導地位的源頭，就必須深入研究技術發展的不同階段。

壟斷利潤 vs. 擴散赤字

在決定經濟差異的技術變革階段，棉紡織業和製鐵業的發展路徑也截然不同。英國棉紡織業最可能壟斷利潤，因為它在一八〇〇年之前的成長速度快於其他產業，且多數產品賣到國外。珍妮紡織機和水力紡紗機之類的技術創新，也引發了棉織品生產效率指數成長，英國棉織品產出在一七七〇至一八一五年間增加了二千二百%。[77]從一七五〇到一八〇一年，棉織品在英國主要出口商品中所占的比例從一%大增至三十九．六%。[78]

英國的棉織品出口成長當然非同凡響，但壟斷利潤對整體經濟成長差異的影響有多大？歷史學家參考相關量化估計，普遍認為棉紡織業對增強英國貿易收支的作用，遠大於提升經濟生產力。[79]根據一項估計，在一八〇〇至一八六〇年間，英國的出口值和國民所得均增加了兩倍，而棉紡織業貢獻了前者成長四十三%，但僅貢獻了後者成長八%。[80]

整體而言，在第一次工業革命期間，出口僅占英國經濟活動一小部分。從一七七〇到一八四一年，英國出口占整體工業需求的比例僅從十三%增至十六%。[81]不過，這些數字很可能低估了第一次工業革命期間貿易對英國經濟成長推力，忽略了海外貿易利潤再投資產生的收益。[82]但是，再投資的作用有多大也飽受質疑，而且出口利潤再投資為什麼會比國內生產利潤再投資更重要呢？這個問題沒有顯而易見的答案。[83]

製鐵業對英國經濟崛起的影響，並不是靠技術創新帶來壟斷利潤。從一七九四到一七九六年，製鐵業占英國製造業出口的十一％。到了一八一四至一八一六年，該比例降到只有二％，然後維持到一八三〇年代。[84]此外，英國在十八世紀晚期是否擁有鐵器出口相對優勢也被質疑，但在領頭羊產業的預期中，此時英國應該已經利用壟斷利潤來驅動工業化。[85]但事實上，直到十九世紀之後頗長一段時間，英國各行業仍仰賴從瑞典和俄羅斯進口的高品質鐵。[86]

通用技術軌跡捕捉到了另一路徑，假定英國的優勢來自鐵製機械在各行各業的擴散。為了追蹤這個軌跡，我們必須更關注「作為『最佳實踐』技術的創新，與創新擴散成為『代表性』技術」之間的差距（一名研究第一次工業革命歷史的著名學者便曾提到這個現象）。[87]

英國的機械化普及顯著優於競爭對手。那個時代的歐洲觀察家經常談到英國很有能力消除最佳技術與代表性技術之間的差距。[88]一七八六年，法國觀察家拉羅什富科—利昂庫爾公爵便在著作《山區旅行》（*Voyages aux Montagnes*）中，評論了英國的相對優勢：

在機械的運動、持久性和精確度上，他們的製鐵技術賦予了巨大優勢。所有的驅動輪以及幾乎所有東西都是由鑄鐵製成，而那些鐵非常精緻堅硬，擦拭後像鋼鐵一樣光亮。毫無疑問，製鐵是最基本的行業之一，也是我們最不足的一個行業。[89]

但是，當年法國在鐵製機械落後，並不是因為無法取得重要的創新技術。事實上，從十八世紀末到一八三〇年代，法國一直是世界科學中心。[90]正如以下引文指出，英國的競爭對手在「普及一般技術」和「技術變革的廣泛有效傳播」落後。經濟史學家彼得・馬蒂亞斯（Peter Mathias）寫道：

像是蒸汽機這種「戲劇性」新技術，它們的正規知識傳播速度非常快，速度令人驚訝。就連技術的最佳運用案例，都可以迅速出口。然而，真正的障礙在於將技術變革廣泛且有效傳播出去。重要的是普及一般技術，而不是廣為人知的「戲劇性」機器的個別最佳實踐技術。[91]

技術進步使煉鐵技術不再僅限於提高資本財生產效率的產業。上游資本財產業與技術應用產業的交流擴大了技術應用範圍，相關技術變得更通用。內森．羅森柏格強調十九世紀的美國工具機產業是創新的資本財產業。[92]在這個例子中，英國的金屬加工廠便是關鍵。具體而言，煉鐵技術進步被引進金屬加工產業，並將類似的生產製程向外擴散應用。[93]華威大學歷史教授馬克辛．伯格（Maxine Berg）指出，這些產業是「技術擴散的主要機制」。[94]

學者也認為瓦特改良的蒸汽機是產業領頭羊與通用技術擴散的可能源頭。前述已經提到，蒸汽機和工廠制擴散速度太慢，無法有意義地影響經濟權力移轉。我們很難證明蒸汽機製造業的成長讓英國創造了可觀的壟斷利潤。一七七五年，擁有獨家專利的瓦特和馬修．博爾頓（Matthew Boulton）成立了一家公司來銷售蒸汽機。[95]但是，從一七七五到一八二五年，該公司僅賣出一百一十台蒸汽機給海外客戶。[96]到了一八二五年，法國和美國生產的瓦特蒸汽機和高壓蒸汽機，價格已經比英國產的蒸汽機便宜許多，英國蒸汽機的海外需求因此急跌。[97]瓦特公司的國際銷售成果，大大削弱了蒸汽機創新的壟斷利潤這種說法。[98]

總結來說，英國在鐵器、蒸汽機和棉織品這三個領頭羊產業的生產和出口優勢，對整體工業化和生產力進步的影響不大。第二，煉鐵和蒸汽動力技術突破對英國工業崛起的影響，比較符合通用技術擴散相對優勢，而非源自創新的壟斷利潤。

成長廣度：製鐵的互補型創新vs.棉紡織業的溢出效應

第一次工業革命期間的成長廣度是領頭羊產業與通用技術軌跡最後一個分歧。當年英國工業崛起，仰賴的是由特定範圍內領頭羊產業的技術變革，還是廣泛互補型創新？我們可以從生產力成長的產業源頭、貿易流量和專利的資料來評估。

廣泛的生產力成長

要評估第一次工業革命期間技術變革廣度，理所當然地會估算各產業對英國生產力成長的貢獻。戴爾德麗．麥克洛斯基（Deirdre McCloskey）的估算奠定了生產力成長來源廣泛理論。雖然棉紡織業貢獻了英國整體生產力成長的十五％，但大部分的生產力成長（五十六％）仍由非現代化工業推動。[99]

製造業貿易數據是另一依據。如果紡織和製鐵以外的其他製造業在十九世紀頭五十年技術停滯，那麼英國其他產業的競爭力應該是下降了。如果英國工業崛起仰賴少數領頭羊產業，英國應該會進口領頭羊產業以外的工業製品。但是，彼得．特明（Peter Temin）的分析卻發現情況截然相反。在整個十九世紀上半葉，英國製造業出口走勢與棉織品出口成長情況相若。[100]在多數製造業，包括武器和彈藥、馬車、玻璃、機械和金屬，英國明顯比較有優勢。這暗喻了跨行業變革的一種普遍模式，正如特明總結道：「激勵棉紡織業的精神也延伸到各行各業的活動，包括五金、縫紉用品、軍火和服飾之類。」[101]

專利紀錄也反映了技術變革擴散的有多大。[102]從一七八〇到一八四〇年，約八〇%的專利發明來自紡織業和金屬業以外的領域。[103]查閱一七五〇至一七九九年的英國專利資料後，克莉斯汀·麥克勞德（Christine MacLeod）指出，多數資本財專利來自紡織機械和動力來源以外的領域。[104]正如歷史學家布魯蘭（Kristine Bruland）所總結，歷史證據支持「這個經驗事實：當年這個經濟體經歷了廣泛的技術變革，這些變革並非局限於領頭羊產業或備受矚目的活動領域。」[105]

通用技術與互補型創新

說到這裡，第一次工業革命中技術創新跨產業廣泛擴散的跡象，應該還無法充分證實通用技術擴散的價值。基礎廣泛的成長可能源自總體經濟因素，例如強健的財政和貨幣政策或勞動市場改革，而非某種通用技術發展。[106]要證明英國經濟中的技術變革擴散，背後有某種通用技術在發揮作用，必須有證據將技術擴散與機械化聯繫起來。[107]

投入產出分析可以揭示各產業之間的關聯，顯示第一次工業革命期間製鐵技術進步具有廣泛的經濟意義。為了了解工業革命期間各產業之間的相互關係，霍雷爾（Sara Horrell）、亨弗里斯（Jane Humphries）和維爾（Martin Weale）整理了一八四一年英國經濟投入產出表。在他們分析的十七個產業中，與機械化關係最密切的兩個產業（金屬製造業和金屬製品業）的向後和向前關聯總分數最高。[108] 這兩個領域是「關聯效應的關鍵」。[109]

專利指標也支持這些分析結果。如果按照標準產業分類法為專利分類，會發現紡織業貢獻了一七一一至一八五〇年間十五%的專利，是創造力最強的產業。[110] 但是，如果按一般技術而非產業為專利分類，同樣的資料也揭示了機械技術的基本驅動力，因為在這段期間，英國近五〇%的專利，都跟機械技術有關。[111]

根據前述分析，通用技術機制的成果顯而易見。首先，機械化的緩慢發展與英國工業化滯後的時間軸吻合。其他的領頭羊產業和通用技術不是太早達到頂峰（棉紡織），就是太晚發力（蒸汽機、工廠制）。第二，英國的工業霸主地位源自廣泛採用製鐵技術和相關機械。第三，這種通用技術優勢帶來的好處在整個經濟體中流通，而不是一直集中於鐵工業。

關於第一次工業革命如何導致權力移轉的標準解釋是領頭羊產業機制，並藉由分析技術變革，來探討為什麼有些產業成長速度較快。但歷史證據揭示了這種產業分類的局限。我們發現英國崛起成為工業霸主，其實是拜生產機械擴散的優勢所賜——這是一種涵蓋廣泛經濟活動的變革模式。[112]

制度互補：通用技術技能基礎建設

既然英國工業崛起與機械化相關通用技術有關，但為何英國擁有這樣的條件？如果處於技術前緣的其他國家也能在國內培育機械創新和吸收國外的創新，為什麼英國的競爭對手未能同等受惠於金屬加工技術的擴散？

哪些類型的技能培養制度最有利於第一次工業革命？一種常見的說法認為英國的領導地位根植於個別創新者（例如詹姆斯．瓦特）的才能，而這種才能在第一次工業革命期間並不能迅速跨國移轉。[113]雖然最近的學術研究已經削弱了這種觀點，許多有影響力的歷史敘事還是以工業革命的「英雄」發明家為中心，[114]聚焦於有助激勵英國英雄發明家創新的制度，例如專利制度的發展。[115]

機械化推動英國工業崛起的途徑則強調另一組技能形成制度。根據通用技術擴散論，英國在第一次工業革命中的相對成功，要歸功於機械師、器具製造者和工程師，因為他們可以依藍圖製造機器，並根據應用情況加以改進。根據這個觀點，最重要的是訓練「微調者」和「執行者」的制度，而不是那些培養天才發明家的制度。[116]

擴大機械「微調者」和「執行者」的人才基礎

起初，金屬精密加工技術的快速發展，讓應用機械技術人才的短缺現實被曝露在陽光之下。從一七七〇年代開始，英國地方報紙上出現尋找「引擎製造師」或「機械製造師」的大量招聘廣告。[117]英國土木工程師學會會長思考這個技能錯配問題時指出，使用鑄鐵製造機器零件，「需要的工人，比技師階層的總數還要多」。[118]

制度上的一些調整，提供了英國掌握機械技術的微調者和執行者。英國起初受益於靈活的學徒制度，該制度使相關領域的工人能夠接受應用機械培訓。[119]因此，為了培養勞動力來建造和維護第一次工業革命需要的機械，英國可以從大量的鐵匠、技師、槍匠、鎖匠、器具製造師、機械師和工具製造師中招募人才。[120]

此外，致力於擴大機械專業知識基礎的機構，也有助於普及製鐵和機械製造技術。從一七九〇年代開始，私人和非正式倡議創造了一系列的同業公會，支持新的機械和土木工程師，並協助接軌科學學會和企業家。[121] 重要的中心包括格拉斯哥的安德森學院（Andersonian Institution）、曼徹斯特文理學院（Manchester College of Arts and Sciences）、愛丁堡的技工學院、倫敦的機械學院（Mechanical Institution）、有用知識普及協會（Society for the Diffusion of Useful Knowledge），以及數以百計的技工學院。[122] 這些機構有助於英國從外國出版物吸收科學與工程知識、從各行各業招募新的機械工程師並提升技能，以及更廣泛地傳播機械工程知識。[123]

值得注意的是，這些制度特色，顯然有別於迎合「英雄發明家」模式的制度。英國的棉紡織業是第一次工業革命的典型領頭羊產業，輔助其成長的制度，與擴大機械專業基礎的教育訓練制度大相逕庭。拉夫・梅森札爾（Ralf Meisenzahl）和喬爾・莫基爾整理了來自英國工程師傳記、線上資料庫和詳細的經濟史資料，建構了一個七百五十九名英國人的資料庫，這些人在工業革命期間漸進改良了既有發明。[124] 值得注意的是，他們分析了致力於改良的微調者與制度環境如何互動，發現紡織業特別重視保護智慧財產權，也特別不願意分享關於新技術的資訊。在紡織業，與普羅大眾分享知識或加入專業學會的微調者，比例不到十分之一；而在機械相關領域，多達三分之二的微調者這麼做。[125] 主要活躍於紡織業的微調者超過八〇%取得了至少一項專利，比整體比例高二〇%。[126]

這些應用機械趨勢突顯了「集體發明」對英國機械化的重要性。集體發明過程涉及企業之間自由分享資訊，以及工程師在期刊上發表技術程序，讓實踐技術的最佳做法得以快速傳播。根據一項分析，若我們逐一確認不同地區如何適應工業化早期階段，便會發現，奉行集體發明的地區往往發展出「比高度依賴專利制度的地區強得多的技術活力」。[127]

英國贏在哪？

當年英國的競爭對手也明白英國廣闊的機械技能基礎非常重要。雖然在專利說明書、科學學會之間的全球交流以及外國觀察家大量參訪英國工場和工廠之下，記錄性知識在西歐和北美之間交互流通，但歐洲大陸卻難以吸收內隱知識（tacit knowledge），更別提吸收英國機械從業人員的技術訣竅。[128]法國和荷蘭大力挖角英國工程師，因為要掌握大規模煉鐵和機器製造的內隱知識，英國技術工人幾乎不可或缺。[129]彼得．馬蒂亞斯認為：「與製鐵和工程這些策略性新產業相關的技能，正是英國領先其他國家最明顯的地方。」[130]

為什麼英國的這種工程技能積累，比競爭對手更成功？越來越多證據顯示，英國的制度使技術人才配置更能迎合機械化。英國的制度優勢植根於知識傳播系統，建立了工程師與企業家、城市與鄉村、以及不同的社會階層的交流橋樑。培養機械師的學院使眾多協會蓬勃發展，而這些協會是十九世紀初英國傳播技術知識的重要推手。[131]到十九世紀中葉，英國有一千零二十個協會，會員總數約有二十萬，如果想解釋人力資本與英國工業崛起的關聯，顯然不能忽略這些網絡。[132]相對於歐洲同業，英國的機械從業人員有更多機會取得科技刊物。[133]因此，十九世紀初的英國，具有「技術素養」的人才數量十分驚人。[134]

相較之下，法國缺乏受過高等教育的工程師與在地企業家之間的聯繫與合作。[135]雖然巴黎綜合理工學院等學校培養出精英工程師，但就擴大機械技能基礎而言，法國培養的實踐者太少。[136]例如，拿破崙在十九世紀初針對法國高等教育體系的改革，鼓勵為了有限的政治和軍事目的培養專家，結果反而限制了受訓者建立產業聯繫的能力。[137]這些改革和其他產業政策，將法國的工程師引向與奢侈產業和軍事專業有關的工作，而相關計畫「往往被鎖在成本高昂的特殊飛地，與其他經濟領域隔絕」。[138]例如，截至一八三〇年代中，只有三分之一的巴黎綜合理工學院畢業生進入了私營公司。[139]法國傳播機械知識與技能的系統遠遠不如英國。

荷蘭也未能發展出能夠將科學研究與實際應用聯繫起來的機械技能基礎。荷蘭人在某些機械科學領域創造了許多可用創新，甚至開創了最終改進蒸汽機的關鍵突破。[140]但是，荷蘭人難以將這些科學成就轉化為實用工程知識，因為他們的制度環境不如英國，無法形成促進應用機械知識普及的社會。荷蘭教育系統缺乏紀錄、沒有足夠的協會能舉辦機械學習講座和示範，以及技術學院圖書館的資料缺漏，以上種種全都「反映荷蘭人對應用機械的興致缺缺」。[141]阿姆斯特丹自由大學榮譽教授卡雷爾・戴維斯（Karel Davids）指出，在十八世紀前七十五年，「荷蘭的科學界與產業界未能充分合作，而正是在這段時期，英國科學界與產業界的關係迅速變得密切」。[142]

英國在通用技術擴散的優勢，並非植根於高等教育體系，因為在第一次工業革命期間，英國的高等教育體系遠遠落後於法國。[143]在法國大革命之前，法國已經有超過二十間大學。從十八世紀末到一八三〇年代，法國的高等技術教育體系堪稱無與倫比。高等學院（Grande Écoles）系統，包括精英的巴黎綜合理工學院（成立於一七九四年），培養了擔任高階產業經理和政治人員的專業科學家和工程師。[144]若把視角轉向英國，直到一八二六年，英國僅建立了牛津和劍橋兩間大學，而英國的大學也沒有大量培養出工業化需要的勞動力。一項研究著眼於一七〇〇至一八五〇年間出生的四百九十八名英國應用科學家和工程師，結果發現只有五十人曾在牛津或劍橋接受教育，而有三百二十九人沒有接受過大學教育。[145]

說到這裡，好奇心自然引導我們思考這問題：為什麼英國會有通用技術技能基礎建設的優勢？出於時間和篇幅的實際限制，我未能深入探討英國的制度顯然快速迎合機械化技能需求的深層原因。但我在第二章指出了政府著眼長遠和做跨期交易的能力。在第一次工業革命這個案例中，還有兩個具體因素值得考慮。有些研究將英國後來的成功歸功於工業化前的培訓實踐，認為英國的學徒制度使英國人能夠靈敏地適應技能需求變化，尤其是在機械業。[146]還有一些學者追溯更久遠的歷史，探究英國機械技能的地理源頭，強調英國在中世紀早期採用水磨後的長期影響。[147]

解釋英國崛起的其他說法

第一次工業革命的歷史當然不可被忽視，相關文獻熱烈辯論英國崛起的各種可能原因。一些論述將英國的早期工業化與各種因素聯繫起來，包括人口成長、[148]需求和消費標準、[149]從殖民地獲得原材料、[150]奴隸制，[151]以及貿易。[152]我們擔心的是，是否有哪些背景因素，可能導致領頭羊產業和通用技術機制的分析失效？

我不是在重寫第一次工業革命的歷史，而是著重於關於第一次工業革命一個特別有影響力且被廣泛接受的觀點，也就是技術進步驅動英國工業崛起，然後研究技術變革和制度適應如何產生此一結果。因此，我關注的是那些對技術和制度如何共同演化以成就英國工業霸權的不同解釋論述。雖然我主要關注領頭羊產業機制與通用技術擴散論，但其他解釋也值得進一步研究。

地緣政治威脅

威脅論認為外部威脅是激勵國家致力創新和普及新技術的必要因素。英國的技術領導地位是否歸功於戰爭和英國軍隊現代化？在第一次工業革命期間，英國捲入了法國革命與拿破崙戰爭（一七九三至一八一五年），此時法國正與其他歐洲國家之間連續不斷地衝突。如果威脅論在第一次工業革命這個案例中成立，那麼歷史紀錄應該顯示，這些戰爭促使英國採用鐵器和機械化。

一些證據支持這個論點。一八〇五年，英國政府出於戰爭需要，消耗了十七％的全國鐵產出。[153] 戰時對製鐵的需求，促使鐵製鐵路、鐵船和蒸汽機改良。[154] 特別值得注意的是，軍方投資槍械製造，促使了紡織和工具機產業生產重要衍生品，最著名的例子就是瓦特仰賴約翰・威爾金森的大炮鑽孔技術，製造了蒸汽機的冷凝器汽缸。[155]

另一方面，戰爭的破壞很可能抵銷了戰爭對英國機械化的刺激。除了威爾金森的大炮鑽孔裝置和一些漸進式改良，戰時壓力並沒有帶給民用經濟任何重大技術突破。[156] 軍事需求占用了英國民用經濟的生產人力，導致勞動力短缺。[157]因此導致營建、農業和其他工業的許多投資擱置，戰爭也限制了英國國內的用鐵需求。此外因為對外貿易中斷，戰爭也限制了外國對英國鐵的需求。歷史學家查爾斯・海德（Charles Hyde）指出：「如果沒有戰爭，對鐵的整體需求可能會高於實際水準。」[158]

此外，戰時英國製鐵業得到的任何短暫利益，也會隨著戰爭結束而化為烏有。歷史學家湯瑪斯・阿什頓（Thomas Ashton）在他一本著作中，回顧了十八世紀的每一場戰爭（包括法國革命與拿破崙戰爭）如何影響英國的製鐵業。[159]他觀察到，每一場戰爭都出現類似的情況。一開始，戰爭爆發刺激了軍備對鐵的需求，貿易中斷則保護國內生產商免受外國競爭。但是，隨著製鐵業適應戰後情勢，最初的興旺成為過去，業界遭遇重挫、陷入蕭條。要求鑄鐵廠從生產大炮改為製造犁頭，會帶來嚴重損失，而由於戰爭助長了無法長期持續的「狂熱」發展，損失反而變得更加慘重。[160]

威脅論根本上無法解釋英國的崛起，因為英國經濟上的競爭對手也捲入了戰爭，而且往往是與英國的戰爭。荷蘭在第四次英荷戰爭（一七八〇至一七八四年）和拿破崙戰爭中與英國交戰。[161]當然，在這段期間，法國是英國的主要軍事對手。因此，由於荷蘭和法國同樣面臨外部威脅，戰爭對經濟成長差異的淨影響應該微不足道。[162]而且，因為這段期間法國必須應付的戰線比英國多很多，威脅論的支持者理應預期法國會出現更有效和廣泛的鐵製機械普及。但這個預期結果顯然不正確。

資本主義類型差異

既然前一個不管用，那英國獨特的資本主義類型可以解釋技術崛起嗎？資本主義類型論假定自由市場經濟體特別利於突破性創新。國際政治經濟學家強調，英國的自由市場經濟促使了快速變化的技術領域發展，例如消費品、輕型工具機和紡織品。[163]第一次工業革命期間，英國開始發展有利於鞏固自由市場經濟模式的制度，包括分權式集體協議制和高度公司化。[164]與通用技術擴散論最相關的是，資本主義類型論預期英國這種自由市場經濟體擅長培養通用技能，有助通用技術相關知識和技巧在企業之間流傳。

因此，衡量這段時期英國的通用技能人力資本，便可掌握英國的技術先行者地位是如何鞏固。然而，若從識字率和受教率來看，英國作為工業領導國，普遍人力資本水準顯著偏低。[165]英國男性的識字率在一七五〇至一八五〇年間相對停滯，而英國的平均識字率遠低於荷蘭，在十九世紀初只有略高於法國。[166]事實上，英國人的普遍教育程度，以平均受教年數來分析，更從一七四〇年的約一點四年降至一八二〇年的一點二五年。[167]與資本主義類型論的預期相反，英國在這段期間並沒有通用技能優勢。

資本主義類型論可以用來來解析英國的程度，恰恰也因為英國很難說是這段時期唯一的自由市場經濟體而撞牆。一如英國，當年荷蘭也是相對開放的經濟體，傾向經濟自由化，但卻未能適應和擴散重大技術變革。[168]雖然法國現在被視為協調型市場經濟體，但在十九世紀初，法國因為實施資本市場改革和貿易自由化，也具有一些自由市場經濟體特徵。[169]因此，資本主義類型論難以解釋為什麼荷蘭和法國適應機械化的能力，很難與英國並駕齊驅。

英國特有因素

在第一次工業革命的其他特有因素中，有些解釋會強調英國幸運的地理環境，有些經典的說法是，煤礦資源豐富是英國工業化的必要條件。[170]這些自然資源稟賦使英國得以擴張大量用煤的產業，例如製鐵業。這也解釋了為何英國的煤比歐洲其他地方便宜，以及為什麼英國能夠率先維持生產力領先。[171]

然而，煤促使工業化的發展，並不一定會排擠通用技術。首先，理論上英國的競爭對手也可以有效地利用煤礦資源，像是荷蘭南部省分就靠近比利時的煤田。[172]在十八世紀，荷蘭工業基本上已捨棄泥煤，轉為以煤作為主要能源。[173]即使英國的工業競爭對手因為必須進口煤而成本較高，採用新技術所帶來的生產力進步，應該也可以抵銷這些額外成本。此外，通用技術技能基礎建設也可能有影響，因為英國善於金屬加工技能，進而促進了煤礦相關新技術，並強化了煤礦資源豐富與經濟成長的關係。[74]

第一次工業革命是一場劃時代變革。一如耶穌誕生之於公曆，第一次工業革命對許多歷史趨勢來說，是一個區分「之前」與「之後」的轉折點。不過，在本書中，第一次工業革命是說明技術革命如何影響大國興衰的一個典型案例。爬梳各大國對技術變革的不同適應方式，有助我們思考通用技術擴散論與領頭羊產業機制。

總而言之，通用技術擴散論解釋了英國為什麼得以領導歐洲工業轉型。因為英國的制度強項，有利於擴大機械技能和知識基礎，有效地推動通用改良。這樣的國家因為能夠更成功地適應改變生產力的通用技術，而從技術革命中高度獲利。一如這種預期，英國比對手更成功地維持了長期經濟成長，成為英國在十九世紀早期和中期的霸權基礎。

另一方面，第一次工業革命也削弱了領頭羊產業的思考邏輯。領頭羊產業推測英國生產力成長的時間，與英國工業化起飛的時間不一致。製鐵技術和相關生產機械廣為普及，對英國經濟崛起的影響，顯著大於棉紡織業的壟斷利潤。關鍵的制度輔助因素，並不是那些促進偉大發明的體制（英國的競爭對手各有優勢），而是那些將應用機械知識普及的制度。

這些發現在技術與地緣政治動盪的其他時期是否成立？第一次工業革命成果非凡，但並非唯一被冠上「工業革命」稱號的時期。為了進一步探究這些動態，我們會進一步研究人稱「第二次工業革命」的時期。

第四章　第二次工業革命與美國崛起

在十九世紀末和二十世紀初，正值技術和地緣政治格局轉變之際，對當今關注這些議題的人來說，這種轉變尤其熟稔。「ＡＩ是新的電力」這是現在常見的說法，將目前機器智慧進展，比作一百五十年前的電氣化創新。當年那些顛覆性突破，結合了鋼鐵、化學和工具機等領域革新，引發了一八七〇至一九一四年間的第二次工業革命。[1]有不少關於現在的技術進步將如何改變權力格局的研究，便參考了第二次工業革命期間角逐技術領導地位的地緣政治競爭。[2]

雖然光芒不如第一次工業革命，但想要研究技術革命與經濟權力移轉的因果關係，就不得漏掉第二次工業革命。因為因果明確，可以有效檢驗通用技術和領頭羊產業機制。第二次工業革命初期出現了非凡的技術創新，包括萬能銑床、發電機、合成靛藍染料，以及內燃機。一些學者認為，這是歷史上重要技術進步最密集的時期。[3]第二次工業革命走入尾聲時，權力格局已轉成英國衰落以及德國和美國崛起，一名歷史學家說這是「從君主制到寡頭制，以及從一國工業體系到多國工業體系的轉變」。[4]第二次工業革命期間的英國工業衰落，可說是第一次世界大戰的根本原因。[5]

國際關係學者認為，第二次工業革命是領頭羊產業產品週期導致權力移轉的典型案例。[6]根據這種觀點，英國的競爭對手在重大技術創新的快速成長，壟斷了電力、化學和鋼鐵等新興產業市場。[7]學者認為德國在第二次工業革命中超越英國，是因為德國在這些關鍵領域「率先引進最重要的創新」。[8]現在一些學者分析新興技術與當前崛起的強國，便是將現今中國的科技能力與當年德國的重大化學創新相提並論。[9]因此，第二次工業革命的背景和既有理論解釋，成為理解領頭羊產業機制的經典案例。

然而，歷史證據質疑了傳統敘事。在當年沒有任何國家壟斷了領頭羊產業的創新，包括化學、電力、鋼鐵和汽車皆然。美國在第二次工業革命期間超越英國成為生產力領導國，但美國的生產力成長並非仰賴幾個以研發為基礎的產業。此外，領頭羊產業論特別重視電力和化學的重大突破，但這些突破需要先在許多領域擴散，經過漫長的普及化才顯露影響，也因此不大可能是一九一四年前美國經濟崛起的主要驅動因素。

與傳統論述相反，第二次工業革命正證明了通用技術擴散理論的核心。隨著工具機發明，被稱為「美國製造體系」的可互換零件工業生產，正是當年的關鍵通用技術。[10]美國並未生產全球最先進的機械，但若與英國相比，美國在幾乎所有工業產業都採用了工具機。雖然美國製造體系的擴散需要一段漫長的醞釀期，但發展時間軸恰恰吻合了美國工業崛起的時間。由於十九世紀中葉工具機專業化程度不斷提高，可互換零件在製造業各領域的普及應用，成為美國在第二次工業革命期間經濟相對成功的主要驅動力。[11]

一個國家適應技術革命的效率，取決於制度配合新興技術需求的彈性有多高，因此不能將第二次工業革命強調的制度因素，與標準論述比較。領頭羊產業論傾向強調德國制度有利於科學教育和工業研發。[12]相對之下，案例分析則強調美國能夠發展出廣闊的機械工程技能基礎，並將機械工程的典範做法標準化。美國的授田大學（因為美國聯邦政府將土地贈與各州而興辦或得到資助的大學）和技術學院重視實務技術教育，使美國比競爭對手更能善用可互換製造法。

在追溯這段時期的技術軌跡和經濟權力移轉輪廓時，我仰賴了技術史、長週期文獻的分類方式、經濟史學家論述，以及經修正的生產力歷史數據。我利用美國教育專員年度報告、英國外交和領事報告、技術擴散的跨國資料、德國工程期刊，以及受託研究相關議題的考察小組提供的第一手資料，研究當年領先經濟體的制度與技術需求的契合程度。[13]我的分析得益於英國博德利圖書館馬可尼檔案（Marconi Archives）、美國國會圖書館和萊比錫大學的檔案資料，以及英國外交部的紀錄。

我先回顧第二次工業革命期間發生的經濟權力移轉，以澄清是美國而非德國崛起成為工業霸主，接著探討那段時期的關鍵技術突破，並根據與通用技術和領頭羊產業軌跡的關係來分類。我從影響時限、相對優勢階段和成長廣度這三個面向分析，證明通用技術軌跡更能解釋第二次工業革命如何造就美國經濟崛起，並評估各國通用技術技能基礎建設的差異，看這是否能夠解釋美國在可互換製造的優勢。其他解釋則留至章末。[14]

權力移轉：美國崛起的數據基礎

首先，釐清經濟權力移轉**何時**發生至關重要。一八六〇年，英國的工業力量仍處於頂峰。[15] 多數歷史學家認為，英國的工業優勢是在十九世紀後期受到侵蝕。到一九一三年，美國和德國的工業和生產基礎，都已經成為英國的強大競爭對手，這兩者是決定國力的關鍵。根據保羅．甘迺迪有影響力的論述，在第一次世界大戰之前，英國「位居第三」，「英國的工業實力已經被美國和德意志帝國超越了」。[16]在更多的資料幫助下，工業產出和效率的各種指標，證實了第二次工業革命的經濟權力移轉時間軸。

在第二次工業革命這個案例中，釐清**哪個國家**在經濟效率上超越了英國特別重要。在第一次工業革命中，英國脫穎而出，而在第二次工業革命中，美國和德國都挑戰了英國的工業力量，但對第二次工業革命的研究往往忽略了美國的崛起。權力移轉相關文獻特別關注德國超越英國是否引發了第一次世界大戰的爭論，因此主要著眼於英德兩國角逐經濟領導地位的競爭。[17]一些領頭羊產業論僅解釋德國在這段時期的崛起，沒有研究美國的崛起。[18]

以某些經濟實力指標衡量，當年德國和美國都超越了英國，但美國成為了明確的生產力領導國。因此，對這段時期技術領導國興衰的任何解釋，都必須以美國的經驗為中心。以下利用了有關生產力領導地位的一系列指標，包括人均ＧＤＰ、工業化水準、勞動生產力和總要素生產力，追溯第二次工業革命的經濟權力移轉輪廓。

指標1：人均ＧＤＰ指標

第二次工業革命期間ＧＤＰ總量的變化，有助於了解生產力格局的波動。在一八七一年，德國經濟產出規模約為英國的四分之三；到第二次工業革命結束的一九一三年，德國經濟產出約比英國多十四%。美國經濟成長甚至更突出，同一時期，美國的整體經濟產出從英國GDP總量的一・二倍大增至約三・四倍。[19]這三個國家的整體GDP成長幅度，證實了生產力格局的變化趨勢。在一八七〇至一九一三年間，美國GDP增加了四・三倍，德國增加了二・三倍，英國增加了一・二倍。[20]

各國的整體經濟產出規模，成為角逐經濟強權的根基，但最重要的是經濟效率能持續多久。儘管實質人均GDP趨勢線呈現的趨勢，與產出總量大致相同，但也有兩個重要差異（圖4.1）。首先，雖然以總產出衡量，美國在一八七〇年已經是最大的經濟體，但在一八七〇年代，英國的實質人均

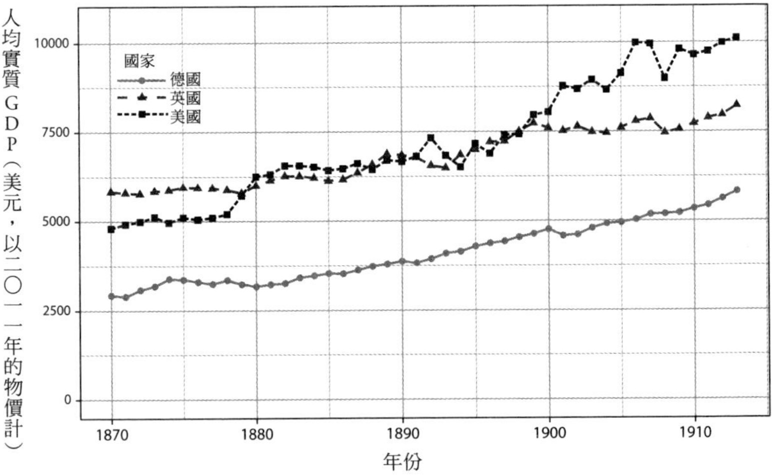

圖4.1　第二次工業革命期間的經濟權力移轉

資料來源：麥迪遜專案資料庫2020年版本（Bolt and van Zanden 2020）。

GDP仍略高於美國。在這十年間，英國的人均GDP平均值較美國高約十五%。[21] 在整個一八八〇和一八九〇年代，美國的人均GDP大致與英國持平，但從一九〇〇年開始，美國開始大幅領先。[22]

與經濟產出總量趨勢線不同的是，德國人均GDP在第一次世界大戰前並未超越英國。德國確實拉近了與英國的差距，人均GDP從一八七〇年相當於英國人均GDP的五〇%左右，至第一次世界大戰爆發前幾年，已上升至七〇%左右。但在這段期間，德國人均GDP甚至從未接近英國，更別提超越了。[23] 這個重要差別證明了，必須聚焦於美國在第二次工業革命期間的技術成就，因為超越領先者的難度與追上技術前緣截然不同。

指標2：工業化指標

工業化指標與人均GDP資料分析趨同。美國成為傑出的工業強國，光是一九一三年工業總產出便占全球三十六%，超過英國與德國的總和。[24] 更重要的是，美國成為了工業生產高效國，一九一三年人均工業化水準比英國高約一成。[25]

如果強調生產力而非總產出，我們會再次看到德國與英國的經濟差距縮窄，但未能追上英國。一九一三年，德國工業總產出占全球的比例增至十六%，超越了英國，而英國占全球工業產出的比例從一八七〇年的三十二%降至一九一三年的十五%。[26]但是，德國的工業效率並沒有超越英國。一九一三年，德國人均工業化水準約為英國的七十五%。[27]這個差距與人均GDP的兩國差距大致相同。

指標3：生產力指標

最後，各種生產力數據也是重點。斯蒂芬・布勞德伯利（Stephen Broadberry）從「生產力競賽」切入，全面且嚴謹地評估了英國、德國和美國的生產力水準。[28]結果顯示，勞動生產力的比較統計也符合趨勢（圖4.2）。在一八九〇或一九〇〇年代，美國的整體

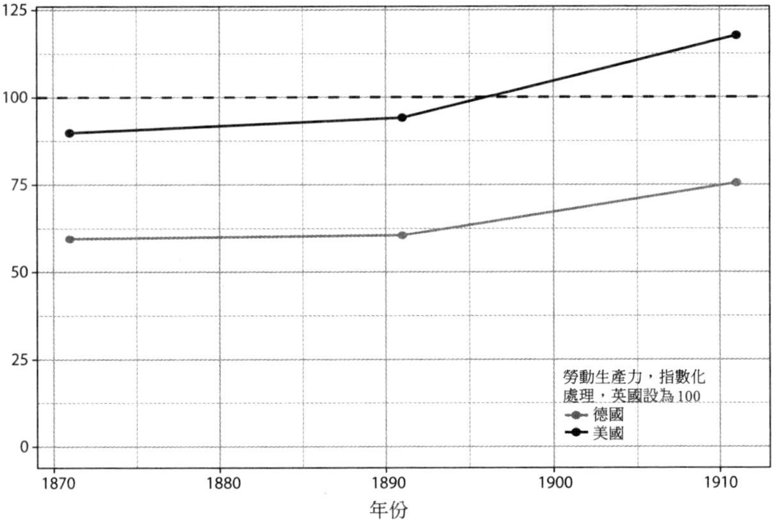

圖4.2　第二次工業革命期間的比較勞動生產力水準

資料來源：Broadberry 2006, 110。

勞動生產力超越了英國，德國的整體勞動生產力則是追上英國，但在第二次工業革命期間並未超越英國。[29]

另一組生產力指標是安格斯．麥迪遜著名且常被引用的每小時工作GDP，與布勞德伯利的研究成果相同。[30]麥迪遜估計了一八七〇至一九一三年間生產力平均成長率，指出相對於英國經濟，美國和德國經濟的生產力都在成長：美國每小時工作GDP的成長率為一．九%，德國為一．八%，英國則只有一．二%。[31]

值得注意的是，英國依然是這段時間總要素生產力的冠軍。一九〇九年的數據（第一次世界大戰一九一四年爆發前的最後數據）顯示，美國的整體總要素生產力為英國的九〇%多一點。到一九一九年，美國的整體總要素生產力比英國高接近一成。[32]美國的整體總要素生產力，可能在一戰爆發前就已經超越了英國，但沒有既有數據佐證。不過，總要素生產力數據大致吻合其他經濟效率指標，包括美國總要素生產力在一八九〇和一九〇〇年代顯著成長，以及英國與德國的總要素生產力差距在這段期間持續縮小。但是，由於這段時期的資本存量估計數據遇到了可得性、可靠性與可比性問題，因此不能太過解讀依賴總要素生產力趨勢。[33]

雖然還有一些必須注意的問題，但相關證據證實了美國在二十世紀初超越了英國，成為生產力領先國。德國的生產效率顯著追上英國，但並未超越英國。釐清結果有助我們評估領頭羊產業和通用技術機制。不同於那些聚焦於英德競爭的論述，以下將重點解釋為什麼美國成為首要經濟強國。此外，如果通用技術擴散論在這段時期成立，也應該可以解釋為什麼美國在這段時期比德國更成功，能夠在生產力上大步邁進。

第二次工業革命的主要技術變革

哪些技術變革可能引發第一次世界大戰之前的經濟權力移轉？第二次工業革命的技術突破令人眼花撩亂，諸如發電機（一八七一年）、第一台內燃機（一八七六年）、托馬斯煉鋼法（一八七七年），以及合成靛藍染料（一八八〇年）等重大突破，都在此時接替登場。[34] 想要追蹤每一項技術進步如何影響英國、德國和美國之間的經濟成長差異非常困難。既有學術研究協助我將分析範圍縮小至領頭羊產業和通用技術軌跡最可能的源頭。在確認符合領頭羊產業和通用技術的既定標準之後，這些技術驅動因素便成為有效參考指標。

領頭羊產業：化學品、電氣設備、汽車和鋼鐵產業

在既有的研究基礎上，可以看見二次工業革命的領頭羊產業可能是化學品、電氣設備、

汽車和鋼鐵產業。前三個產業與化學和電氣重大發現以及內燃機的發明息息相關，是解讀第二次工業革命的標準論述。[35]研究技術革命如何影響權力格局的學者，幾乎一致認為化學品和電氣設備是這段時期技術先進、快速成長的產業。[36]一些學者也認為汽車業是這段時期的關鍵產業。[37]但也有一些學者認為，汽車業要到稍後時期才成為一個領頭羊產業。[38]

第二次工業革命期間，汽車、化學品和電氣設備產業全都驚人地成長，因此被視為領頭羊產業。美國統計資料顯示，一八九九至一九〇九年間，化學品、電氣設備和汽車產業的製造附加值成長百分比，全都遠高於所有產業的平均水準。事實上，在這段期間，在市場規模超過一億美元的產業中，汽車和電器設備業的附加值成長百分比最高。[39]

除此之外，鋼鐵業也可能是領頭羊產業產品週期的可能源頭。我們很難忽視德國和美國鋼鐵業的爆炸性成長：一八七〇至一九一三年間，德國鋼鐵業成長了超過一百倍，美國鋼鐵業則成長了約四百五十倍。[40]此外，也有許多學者認為鋼鐵業是第二次工業革命期間影響經濟權力格局的領頭羊產業之一。[41]沃爾特・羅斯托認為鋼鐵是「偉大領頭羊產業」的典型。[42]

通用技術：化學化、電氣化、內燃機和可互換製造

這段時間的潛在通用技術包括化學化、電氣化、內燃機和可互換製造，其中電氣化是典型的通用技術，是「被一致視為通用技術的歷史典範」。[43]當你想要談到歷史上的通用技術時，必然不會漏掉電力、蒸汽機以及資訊與通訊技術。[44]電氣技術改善空間很大，可應用於各種產品和流程，而且能結合其他技術發展。利用專利資料識別通用技術便證實了，電氣化在第二次工業革命期間成為一種通用技術。[45]

一如電氣技術的進步，許多化學品和內燃機創新不但促進新產業快速成長，還成為通用技術軌跡的潛在源頭。技術史學家指出，化學化和電氣化是二十世紀初改變生產方式的兩個核心。[46]歷史專利資料證實，化學發明可能影響各種產品和製程。[47]

一如其他的通用技術分類，我也視內燃機為通用技術，因為內燃機有可能取代蒸汽機，成為許多工業製程的原動機。[48]在內燃機問世之後，許多人認為內燃機特有的小型與可分割特色，將改變所有既有製程。[49]

最後一項通用技術是可互換製造技術。工具機創新出現後，便進一步促成了可互換製造技術。雖然工具機產業既不是新興產業，也沒有成長特別快，但確實促使將第一次工業革命孕育的機器製造機械化趨勢。可互換製造技術或「美國製造體系」的擴散，主要歸功於六

角車床、銑床，以及提高金屬切割和成形精度的其他工具機改善。內森．羅森柏格研究了美國工具機產業與金屬使用產業之間的「技術融合」，他便強調金屬加工機器的創新，如何改變了各種產業的製程。[50] 根據羅森柏格的詮釋，歷史學家認定工具機與機械化的關係，是這段時期的關鍵技術軌跡。[51]

產業源頭

只要相關技術發展符合標準，我都希望納入分析。[52] 既有的研究成果，成為篩選的關鍵，使我得以好好比較和評估。[53] 這個篩選過程是評估的重要初始步驟，雖然還必須比較深入地挖掘歷史證據，才可以確定我選擇的技術和產業是否符合標準。

如表4.1所示，第二次工業革命的候選通用技術與領頭羊產業大量重疊，但要注意兩個重要差別。首先，通用技術納入了工具機（歸入「可互換製造」）。既有著眼於領頭羊產業的國際關係研究，忽略了工具機的影響，原因可能是工具機產業的產出規模不夠大，以及創新相

領頭羊產業	通用技術
鋼鐵業	可互換製造
電氣設備業	電氣化
化學業	化學化
汽車業	內燃機

表4.1　第二次工業革命技術軌跡的主要源頭

對漸進。[54]一八五〇至一九一四年間工具機技術發展的調查報告，便描述為「基本上是一系列的微小調整和改良」。[55]類似的事情是，通常被視為領頭羊產業的鋼鐵業，並不被視為候選通用技術。然而，若從通用技術機制來看，鋼鐵業的創新與由工具機進步驅動的通用技術軌跡密切相關。

第二，雖然有些技術驅動因素（例如電力）既被視為領頭羊產業，又被視為通用技術，但兩種機制對這些技術領域的發展**如何**推動為經濟權力移轉有不同的解釋。就電力而言，領頭羊產業軌跡著眼於電氣設備業對市場和出口的控制，通用技術軌跡則著眼於電氣化的逐步普及。兩種軌跡分道揚鑣，之後我們將討論電力到底走了哪一條路。[56]

通用技術與領頭羊產業軌跡比較

影響時限：影響產業格局的關鍵時間點

通用技術擴散論和領頭羊產業產品週期論對第二次工業革命技術驅動因素的影響時限

看法矛盾。領頭羊產業機制預期根本技術突破，會在初始階段帶來爆炸性成長。因此，隨著第一台實用的發電機（一八七一年）、現代內燃機（一八七六年）和靛藍染料合成（一八八〇年）出現劃時代突破，新的領頭羊產業在一八七〇和一八八〇年代蓬勃發展。[57]然後，根據領頭羊產業機制的預期，這些新產業在初期便大幅刺激經濟成長，在一戰爆發前改變了產業權力格局。[58]

通用技術軌跡則提出一個不同的時間軸，主張重大技術突破造就的生產力進步，要一段時間後才會影響總體經濟。一八八〇年代出現的通用技術，需要數十年的應用領域互補創新和人力資本提升，才能夠顯著刺激總體經濟成長。在一戰爆發前，這些通用技術並沒有影響美國工業崛起，或者是到第二次工業革命很後期才發揮影響。

然而有一項通用技術尤其不同，也確實影響了經濟成長。不同於其他通用技術，可互換製造是基於工具機改革孕育而出，例如六角車床（一八四五年）和萬能銑床（一八六一年）。[59]因此，到了十九世紀末，可互換製造應該已經廣泛應用，大幅促進美國工業生產力增長。

相對優勢階段：何時讓經濟強權獲得優勢？

在說明第二次工業革命如何導致經濟權力移轉時，兩種機制強調的技術變革階段也不同。根據領頭羊產業機制，英國工業勢力衰落，是因為未能主導第二次工業革命新興產業的創新，美國和德國則因為在電器設備、化學品生產、汽車和鋼鐵地創新而獲得壟斷利潤。德國的工業崛起被過度解讀，許多基於領頭羊產業機制的論述，將德國的崛起歸因於主導化學工業創新，將該產業稱為「第一個以科學為基礎的產業」。[60]另一些人則強調，美國是一八五〇年之後領導了全球基本創新，成為美國主導新興產業的基礎，更促使美國成為第二次工業革命中的領先強權。[61]

然而，通用技術機制的解讀非常不同，哪個國家更有效地採用創新技術，比哪個國家率先引進創新技術更重要。根據這個觀點，英國失去工業優勢是因為美國更有效地將第二次工業革命的通用技術普及化。

成長廣度：經濟的成長範疇

領頭羊產業軌跡預期特定範圍內的現代化產業決定了該國的生產力差異，通用技術軌跡則認為是範圍廣泛的許多產業決定了生產力差異。美國的成長形態有助於檢視兩種解讀，

預測1：影響時限	**領頭羊產業**	鋼鐵、電氣設備、化學品和／或汽車產業在1914年之前對美國崛起成為生產力領導國產生了重大作用。
	通用技術	電氣化、化學化和／或內燃機要到1914年之後才對美國崛起成為生產力領導國產生重大作用。 可互換製造普及在1914年之前對美國崛起成為生產力領導國產生了重大作用。
預測2：相對優勢階段	**領頭羊產業**	鋼鐵、電氣設備、化學品和／或汽車產業的創新集中發生在美國。 德國和美國在電氣設備、化學品、汽車和／或鋼鐵生產和出口的優勢，對其工業優勢至關重要。
	通用技術	工具機、電氣、化學品和／或內燃機的創新並非集中發生在美國。 美國的可互換製造普及優勢，對它成為生產力領導國非常重要。
預測3：成長廣度	**領頭羊產業**	美國的生產力成長局限於鋼鐵、電氣設備、化學品和／或汽車產業。
	通用技術	美國的生產力成長遍及與可互換製造相關的廣泛產業。

表4.2　第二次工業革命案例分析的可檢驗預測

* 所有的候選領頭羊產業和通用技術均以「和／或」連接，因為可能只有其中一些技術驅動了該時期的發展軌跡。

因為美國在這段期間超越英國成為經濟領導國。

這兩種解釋對技術變革如何導致經濟權力移轉看法不同，攸關新技術的影響時限、產生相對優勢的技術變革階段，以及技術驅動的成長廣度。根據領頭羊產業機制與通用技術機制的差異，可以推測出三組不同解讀（參表4.2）。

新突破的影響速度

評估領頭羊產業與通用技術機制的第一步，是確定第二次工業革命引人注目的技術進步實際上何時對主要經濟體產生影響。追蹤第二次工業革命所有候選領頭羊產業和通用技術的發展時間軸，可以得出兩個明確的結論。首先，與電氣、化學和內燃機有關的創新，要到一九一四年之後才推動美國的生產力。第二，工具機和鋼鐵（分別為通用技術和領頭羊產業）的發展，在一戰前影響了美國經濟。因此，兩者影響美國經濟的時間，恰恰符合美國超越英國成為首要經濟強國的時間。

滯後影響：化學、電氣和內燃機

化學、電氣和內燃機的發展，便否定了領頭羊產業論。如果領頭羊產業機制在第二次工業革命期間發酵，化學技術進步應該在一戰之前就影響了美國的生產力。[62]但是，截至一九一四年，美國只有七家染料生產公司。[63]直到一九一〇年代，美國的主要化學公司才像德國同業那樣建立工業研究實驗室。[64]泰瑞．雷諾茲（Terry Reynolds）曾在美國化學工程師學會史中總結：「美國的工業研究實驗室要到一戰後才廣泛聘僱化學家。」[65]因此，在一九一四年之前，化學創新幾乎不可能影響美國與英國之間的經濟成長差異。

乍看之下，德國化學工業的成長符合領頭羊產業預期。德國率先將科學研究融入化學生產，在一八八〇年之前合成了許多人造染料。[66]德國超越英國成為化學工業領導國，一九一三年生產出十四萬噸染料，占全球總量超過八十五％。[67]

雖然德國合成染料業的快速成長令人印象深刻，但化學技術進步要到一九一四年之後，經由「化學化」才開始推動經濟成長——所謂化學化，是指化學製程在陶瓷、食品加工、玻璃、冶金、石油提煉以及許多其他產業的普及。[68]在一九二〇年代的化學工程大幅進展前，工業化學家不大重視統一不同產品的製造原理。相對於之前的合成染料發展，這些化學工程改善，才大大影響了二十世紀化學相關產業的快速擴張。[69]源自化學化的這些滯後溢出效應相當可觀，大幅提升德國化學工業在戰間期的成長率（相對於一戰爆發前的二十年）。[70]

一如化學化，電氣化也促進美國生產力快速成長。學者一致認為，一九一四年之後美國生產力快速成長，是拜製造業電氣化的滯後作用所賜。[71]在一八八〇至一九三〇年間，動力和配置系統逐漸從由中央蒸氣機或水車驅動的軸和皮帶驅動系統，演變為由電動機驅動個別機器的單元驅動。單元驅動之所以能在一九二〇年代成為主流，有賴多種條件配合，包括相關技術協會激烈辯論優劣，大型公用事業公司出現使廉價電力變得比較容易取得，以及出現與電動機相容的互補型創新（例如工具機）。[72]

量化指標也證實，電氣技術革新出現後，電氣化才顯著提升了生產力。經濟地理學家瑟吉歐·佩特利亞（Sergio Petralia）研究過美國個別郡縣採用電機電子技術（電機電子專利活動），與人均所得成長之間的因果關係，便發現一九一四年之前，採用電機電子技術幾乎沒有促進經濟成長。[73]其他指標包括美國經濟的能源效率、電動機占製造業馬力的比例，以及電力促進經濟成長的總估計值，都指出相似的結論。[74]

內燃機在各領域的應用普及也很緩慢。雖然最初看似前景大好，但在一八六九至一九三九年間，內燃機占美國製造業總馬力產生量的比例從未超過五％。[75]一九〇〇年，整個美國只有約八千輛汽車，而美國汽車工業要到一九〇四年才超越法國，成為全球最大的汽車業。[76]此外，汽車大量生產的轉捩點，也就是福特為了製造T型車而引進移動式裝配線，要到一九一三年才出現。[77]

工具機與鋼鐵業的關鍵時刻

人們在談論全球事務的革新多大程度上歸功於某些技術時，對新技術的敬畏往往蓋過了對舊技術的認可。根據前面的分析，電氣、化學和內燃機的新突破不大可能促進了第二次工業革命期間的經濟權力移轉，我們反而看到了更早之前便發展的工具機持續推動經濟成長。[78]第二次工業革命期間，工具機技術逐步且持續的改良，反而推廣了十九世紀中葉出現的蛻變突破，例如六角車床和萬能銑床。[79]

主要應用領域和相關量化指標證實，工具機影響時限正沿著通用技術機制的預期發展。內森・羅森柏格認為一八八〇年是「美國工業界開始洶湧採用新工具機」的時候，他概述了縫紉機、自行車和汽車這三個應用領域，如何在一八八〇至一九一〇年間接連採用經改良的金屬切割技術。[80]隨著美國製造體系扎根，潛在的工具機使用者人數增加了十四倍，從一八五〇年的九萬五千名工人增至一九一〇年的近一百五十萬人。[81] 專利資料顯示，十九世紀的最後三分之一，是工具機產業及其應用領域出現廣泛技術融合的時期。[82]

圖4.3呈現了可互換製造方法、電氣化和化學化的影響時間軸，彼此差異明顯。從一八九〇到一九一〇年，機器密集度（公式：製造業安裝的機器馬力／雇員人數衡量）大幅提高。相對之下，美國的發電量和化學品產出要到一九一〇年之後才顯著成長。

鋼鐵業的突破性創新影響經濟體的時間，最符合領頭羊產業機制的預期。一如一七八〇年代是棉織品生產

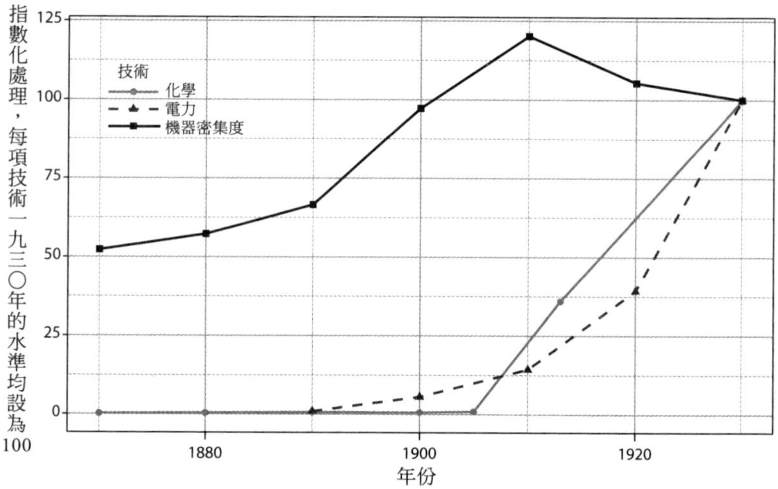

圖4.3　第二次工業革命的技術影響時間軸

註：圖中所示為美國化學品產出、來自中央發電廠的馬力，以及機器密集度隨時間的變化。

資料來源：Murmann 2003; US Census Bureau 1975。

技術條件改變的時期，十九世紀中葉成為鋼鐵業的關鍵節點，產業出現重大突破，例如西門子馬丁平爐（一八七六年）和貝塞麥轉爐（一八五六年），使大量生產鋼鐵變得可行。[83]在第二次工業革命期間，美國和德國迅速利用這些鋼鐵生產技術的突破，大幅提高了鋼鐵產量。時間。[84]

德國和美國的鋼鐵產量在一八九〇年代初均超越了英國，符合英國整體經濟衰落的時間。[84]保羅．甘迺迪指出，當年德國鋼鐵產量蒸蒸日上驅動了該國工業崛起，因為到一九一四年，德國的鋼鐵產出已經超過英國、法國和俄國的總和。[85]美國的鋼鐵產出也出現類似的快速成長，從一八七一年相當於英國產出的五分之一，大增至一九一二年幾乎是英國的五倍。[86]在這些數據之下，我們可以進一步探討美國和德國的鋼鐵生產優勢。

美國製造體系的擴散

通用技術與領頭羊產業軌跡不同的第二個面向，是如何解讀美國在第二次工業革命中相對成功的技術變革。跨國歷史證據顯示，相對於其他先進經濟體，美國擁有穩固的比較優勢，關鍵就是吸收和擴散技術的能力。

鋼鐵、電力、化學品或汽車領域的創新群聚

當年工業強國美國、德國、英國和法國都在九年內建造了第一個中央發電廠、電車系統和交流電力系統，激烈地角逐創新龍頭。[87]不過，美國擴散的能力顯然拔得頭籌：一九一二年，美國的人均發電量是第二名德國的兩倍以上。根據這項電氣化指標，英國僅達到美國的二〇%。[88]

英國的電氣化顯然落後於人，雖然英國人發明了最重要的電氣創新。[89]例如在一八八四年，英國發明家查爾斯·帕森斯（Charles Parsons）展示了第一台實用的蒸汽渦輪機，是電力商業化的關鍵一步，但其他國家更快速、更廣泛地採用了這項技術。[90]英國電機工程師學會在一八九二年的一項決議中，很好地捕捉到此一現象：「儘管我國同胞在電氣科學的發明才華首屈一指，但電氣科學實際應用於國家工業和社會需求的水準，相對於其他國家仍大為落後。」[91]

從美國和德國化學工業成就看來，沒有一個國家壟斷了創新。德國的合成染料業之所以表現突出，不是因為完成了苯胺紫染料製程的最初突破（那些製程其實是英國開創的），而是因為完善了製程並從中獲利。[92]美國化學工業發展雷同。[93]

領頭羊產業的重大創新，通常與美國無關。在第二次工業革命期間，化學、電力、汽車和鋼鐵的重大創新來自許多國家（表4.3）。[94]在四個領頭羊產業中，美國企業的創新不到三〇％。與領頭羊產業機制的預期相反，鋼鐵、電力、化學和汽車的創新，分散在當時的主要經濟體。

此外，電氣設備和化學品出口對美國經濟成長的影響有限，也使人更加懷疑率先創新帶來的壟斷利潤，是否真有那麼重要。[95]一九一三年，英國的化學品出口占全球的比例，幾乎是美國的兩倍。[96]整體而言，一九一三年美國只有八％的國民所得來自對外貿易，而英國則高達二十六％。[97]雖然美國的經濟電氣化速度最快，但德國卻占全球電氣產品出口一半左右。[98]

如果說，有個領頭羊產業的創新群聚帶來了壟斷利潤，促使美國和德國的工業崛起，那一定是鋼鐵業。在

	化學	電力	汽車	鋼鐵
法國	2	1	1	1
德國	3	3	3	0
英國	1	3	1	1
美國	2	3	1	0
其他國家	0	1	0	2
美國所占比例	25%	27%	17%	0%

表4.3 領頭羊產業1850至1914年間重大創新的地域分布

資料來源：Van Duijn 1983, 176-79（整理了十九和二十世紀出現的160項創新）。

這段期間，這兩個國家的鋼鐵總產量都大幅成長，學者通常以粗鋼產量作為英國衰落以及一戰爆發前工業權力格局轉變的關鍵指標。[99]因此，在確定了電氣設備、化學品和汽車產業影響滯後之後，鋼鐵業便成為解釋領頭羊產業機制的重要產業。

英國確實有效利用了許多鋼鐵製造創新，包括對生產平爐鋼不可或缺的塔爾波爐。[100]此外，貿易形態顯示，一八九九至一九一三年間，英國仍是鋼鐵出口大國。[101]但德國仍是鋼鐵總產出最高的國家，這要如何解釋？

普遍認為，鋼鐵總產量數據證明美國和德國的鋼鐵生產技術和效率較高。[102]但事實上，新的煉鋼製程創造出兩個截然不同的鋼鐵業。英國轉向生產品質和價格都比較高的平爐鋼。根據英國鋼鐵產業協會的資料，一八九〇年英國平爐鋼產量約為德國的四倍。[103]另一頭，德國生產廉價的托馬斯鋼，並以傾銷價大量出口，德國更有部分鋼材出口到英國，在英國加工成品質更高的鋼材後再出口。[104]總之，這樣的證據恰恰質疑了「一戰前後德國鋼鐵業的技術優勢和傑出生產力神話」。[105]

美國工具機：通用技術擴散優勢

雖然多數將焦點放在電力和化學等新興產業，但技術採用率差異之所以會影響第二次工業革命經濟權力移轉，關鍵便是工具機的發展。英國歷史學家霍布斯邦（Eric Hobsbawm）先是強調電力與化學產業的重要，再進一步提到工具機：「但是，外國（主要還是美國）的飛躍成長成為決定性關鍵。」[106]

當我們比較數據，便可以發現二十世紀初美國的機械化程度大幅領先。一九〇七年，美國的機器密集度是英國和德國的兩倍以上。[107]一九三〇年，也就是有雇員採用工具機比例數據可查的第一年，德國整個製造業的雇員採用工具機的比例，落後美國近一成，如果只看對大量生產用工具機，差距顯然更大。[108]

這種機械化程度差異，並不是因為美國獨享工具機的特殊創新。在整個第二次工業革命期間，英國的工具機品質優於美國的工具機。[109]德國企業也擅長精密動力技術相關的特定領域技術。[110]美國工具機產業獨特之處在跨產業推廣。[111]英國和德國都曾經派員前往美國考察。德國觀察員前往美國，學習競爭對手美國，並成功模仿了美國的可互換製造方法。[112]英國考察團的報告則指出，美國的競爭優勢源自「將特殊設備改造應用於幾乎所有工業分支的單項操作」，[113]以及「幾乎每個工業產業都熱切尋求使用機械」。[114]

有趣的是，一段批判美國創新能力不足的言論，反而適切地突顯了美國強大的技術擴散能力。一八八三年，美國科學促進會副會長亨利・羅蘭（Henry Rowland）在一次會內演講中，強烈批評美國科學界偏重新技術商業化。羅蘭反感媒體報導，因為這些報導歌頌「卑微的美國人竊取過去偉大人物的構想，將其應用於本國目的，使自己發財」，相對之下貶低了「那些偉大構想的創造者，他們若足夠庸俗，可能早就想出數百種類似的應用」。[115]但是，正是這種技術擴散能力把美國推向首要經濟強國，即便這樣的能力卑微和庸俗。

可互換製造的廣泛應用

第二次工業革命期間的美國生產力成長源自哪裡？因為美國在第二次工業革命期間超越英國，成為生產力領導國，美國的經濟成長形態最值得探究。

關於經濟成長的廣度，領頭羊產業軌跡預期美國的生產力成長集中在特定現代化產業，而通用技術軌跡則認為，美國生產力成長分散在範圍廣泛的許多產業。總要素生產力成長的估計數據，便成為評估這些不同觀點的證據。

廣泛的生產力成長

歷史數據支持通用技術擴散論對美國生產力成長源頭廣為分散的預期。約翰・肯德里克（John Kendrick）指出這段時期美國生產力成長分布相對均衡。在他研究的產業中，近六〇％的產業在一八九九至一九〇九年間，每人每小時產出平均成長率介於一％至三％之間。[116]在領頭羊產業之外，美國經濟的廣泛領域也經歷了技術變革。例如，服務業（包括營建、運輸、批發和零售業）便使美國逐漸追上與英國的生產力差距。[117]

研發產業並不是美國經濟成長的主要引擎。在最近對肯德里克估計數據的更新中，研究人員估算了美國生產力成長有多少仰賴「偉大發明產業」，而這些產業大致上就是前述的領頭羊產業。[118]他們發現，在一八九九至一九〇九年間，這些產業僅貢獻了總要素生產力成長的二十九％。[119]雖然在一九二〇年，化學工業雇用了四〇％的研究科學家，但在接下來十年裡，該產業僅貢獻了美國總要素生產力成長的七％。[120]

工具機與廣為分散的生產力成長

美國經濟生產力成長基礎廣泛，不代表跟通用技術有關。這種結果可能源自總體經濟因素，或互不相關的各種生產力成長。因此，如果通用技術軌跡捕捉到第二次工業革命的成長廣度，那麼我們可以從歷史上看到美國廣為分散的生產力成長與工具機發展的關聯性。

美國製造體系普及促成了廣泛的生產力成長。應用這種特殊工具系統，改變了許多物品的製程，包括槍械、家具、縫紉機、自行車、汽車、香菸、時鐘、靴子和鞋、科學儀器、打字機、農具、火車頭，以及海軍軍械，[121]影響涵蓋「需要重複使用某些物品的幾乎所有產業」。[122]美國工具機最早的完整調查資料顯示，一九三〇年美國有近一百四十萬台金屬加工機器分散用於二十個工業部門。[123]研究這段時期美國生產力成長的肯德里克便認為，「機械和服務生產者的其他產業所開發的、具有跨產業廣泛用途的某些新產品」，是「促進整體經濟效率的廣泛、普遍力量」的關鍵源頭。[124]

工具機生產力外溢的範圍並非漫無邊際。使用機器的產業仍是製造業少數，製造業本身貢獻的國民所得不到四分之一。[125]但是，使用新工具機的產業並非僅限於製造業。技術密集的服務業，例如鐵路和蒸汽運輸，也顯著受惠於金屬加工技術進步。[126]就連農業領域，專用工具機也使收割機等農業機械得以引進，徹底改變了農業生產力。[127]

內森·羅森柏格在描述工具機產業如何成為美國經濟的傳播中心時，曾將這個產業形容為一個技能和技術知識的寶庫，可以幫助使用機器的各領域。也就是說，當某個產業解決了特定技術問題後，這個解方就會進入這個寶庫中，之後任何領域部門只要稍作修改，便可以應用到其他產業。[128] 主要工具機公司的銷售紀錄顯示，許多應用產業購買了相同類型的機器。一八六七年，也就是萬能銑床面世僅五年後，布朗&夏普（Brown and Sharpe）製造公司不但將這種機器賣給為製造各種工具的機械公司，還賣給其他二十七家公司（業務涉及生產彈藥、珠寶等各種物品，類別多元）。[129] 羅森柏格指出，工具機產業因此成為了「機械製造型經濟中，獲取和傳播新技能和技術的中心」。[130]

事實上，工具機革新影響了整個經濟體。社會節約法（social savings method）曾假設某種新技術並未出現，藉此估算該技術對經濟成長的貢獻。[131] 經濟史學家喬爾．莫基爾引用這種方法來分辨新技術的影響力，他認為美國製造體系是最重要的：

> 純粹以經濟觀點來看，我們可以說最重要的發明不是另一種化學染料或更好的引擎，甚至不是電力……但從二十世紀的「社會節約」估算的角度來看，有一項創新必然效益顯著。這個創新，便是所謂的美國製造體系利用大量生產的個別零件組裝出複雜的產品。如果沒有可互換的零件，現代製造業根本不可能存在。[132]

制度互補：通用技術技能基礎建設

若我們確認了第二次工業革命的技術變革形態，那各個主要經濟體又是如何適應？為什麼美國比英國和德國更成功地迎合了可互換製造的需求？根據通用技術擴散論，歷史證據應該顯示美國擅長教育和培訓體系，藉此擴大機械工程技能基礎，並將這些技能系統化。這些制度適應，解決了可互換製造擴散的兩大瓶頸：機械工程人才短缺，以及工具機製造商與用戶協調不足。

擴大機械工程人才的基礎

哪些技能養成制度推升了美國利用工具機新技術的能力？關於第二次工業革命期間大國之間的經濟競爭，過往的討論很常聚焦於科學新興產業重大創新有關技能。這些研究強調德國善於培養科學研究人員，並將德國的技術成就，歸功於投資研發設施和先進科技教育。[133] 這些結論與二十世紀初英國人對德國日益成長的商業能力的解讀雷同，不是稱讚德國高等教育體系頒發工程博士學位，就是誇獎德國科學研究品質很好。[134]

美國採用可互換製造方法的程度首屈一指，這有賴一套不同的技能養成制度。養成制度的革新，與新的科學前緣和工業研究實驗室不盡然有關。[135] 事實上，美國的科學成就和人才培育都比不上英國和德國。[136] 美國機械化之所以普及，有賴廣闊的機械工程技能基礎。

在整個十九世紀，隨著工具機的自動化和精確程度提高，這種機械化新軌跡尤其仰賴具有專業知識的機械師和機械工程師。在一八七〇年之前，美國企業仰賴小型工場的非正式學徒制度，來培養設計和使用工具機的人才。[137] 與此同時，獨立技術學校和傳統學院及大學的工程教育並不重視培養機械工程師，而是以土木工程教育為重心。[138] 但是，工藝時代的方法和技能，無法操作這麼精密的工具機。[139] 因此，在十九世紀中葉，美國的機械化潛力，反而因為需要更正式的機械工程技術教育導致成長受限。

在接下來幾十年裡，授田大學、技術學院和標準化工作三方面發展，填補了對擴大機械工程人才基礎的需求。一八六二年，美國國會通過了第一部《摩利爾土地撥贈法》（Morrill Land-Grant Act），資助設立了專門提供農業和機械技術教育的授田大學。雖然其中一些學校教學品質不佳，而且最初僅提供農業課程，但相關資助也支持了許多重要的工程學院，例如麻省理工學院和康乃爾大學。[140] 美國工程學院的數量從一八六二年《摩利爾法》通過時的六所，暴增至一九一七年的一百二十六所。[141] 這些學校成為擴大專業機械工程師的基礎。一九〇〇年，在美國高等教育機構攻讀機械工程的所有學生，高達八十八%就讀於授田大學。[142]

設立技術學院也有助填補機械工程訓練的不足，例如一八六八年成立的伍斯特理工學院（Worcester Polytechnic Institute）和一八七〇年成立的史蒂文斯理工學院（Stevens Institute of Technology），這些純技術學校開發了機械工程課程，後來成為大學工程課程的範本。[143] 技術學院與當地和區域企業合作，提供學生實驗室實習機會，使他們熟悉現實世界的技術和設備，這些技術學院和授田大學「共同相信需要提供實踐導向的技術教育」。[144]

機械工程知識傳播的另一個重要發展，是出現了創建產業標準的專業工程協會。其中最著名的是一八八〇年成立的美國機械工程師協會（ASME）、一八九八年成立的國際材料試驗協會美國分會，以及在第二次工業革命開始時成為美國主要技術協會的富蘭克林研究所（Franklin Institute）。[145] 隨著這些協會協調分享機械工程的典範做法，讓工具機產業與應用產業的交流更加頻繁。[146] 各種機械製程和零件（例如螺紋）的標準化，也有助於將機械化擴展到不同的市場和社群。[147]

這些努力撐開了機械工程的範疇，有效地培養了機械化所需要的技能和知識。授田大學、技術學院和專業協會提供的機械工程教育，使更多學生成為「普通工程師」，而不是「持續產生自栩的精英」。[148] 最近的研究發現，這種分散的工程能力長期以來都讓美國工業化更加完善。威廉・馬洛尼（William Maloney）和費利佩・凱塞多（Felipe Caicedo）蒐集美國郡縣詳細的工程人才密度資料，從而捕捉到一八八〇年美國各的工程人才分布，並分析了工程能力對數十年後工業成果的影響。他們發現，一八八〇年的工程人才密度，與數十年後的工業化水準息息相關。[149]

美國的勝利

英國和德國的技能基礎建設遠遠追不上美國。英國的機械工程人才嚴重不足，教育機構和專業團體極力維護學徒傳統。[150]例如，牛津大學要到一九〇八年才設立工程教授席。[151]與此同時，美國的工程師則受惠於大學與技術學院的訓練，有系統地參與訓練機器設計實驗。

這造成了技能養成的顯著差異。一九〇一年，英國大概有兩千六百名學生在接受全日制高等技術教育。[152]如果僅計算這當中讀到第三或第四年的學生（這一點很重要，因為不同於德國和美國，英國的許多課程不超過兩年），那就只剩下大約四百人。[153]相對之下，光是機械工程課程，美國在一九〇〇年就有四千四百五十九名學生在接受相關高等技術教育。[154]即使考慮人口規模差異，以每十萬名男性勞工有多少人受過大學教育的工程師來衡量，美國的工程人才密度仍遠高於英國。[155]

德國發展出比英國來得實用和容易獲得的高等技術教育。從一八七〇到一九〇〇年，德國的技術學院（technische Hochschulen）學生人數增加了一點四倍，從一萬三千六百七十四人增至三萬二千八百三十四人。[156] 連同技術中學（類似美國的職業學校和低級工程學院的中級技術學校），德國的技術學院培養出大批機械工程師。[157] 德國的技術教育體系吸引了來自世界各地的支持者。有些人前往德國的學校學習，還有一些人去研究德國的學校系統如何運作，希望能借鏡德國模式。[158]

德國的問題是，機械工程教育幾乎沒有跟產業應用聯繫。德國主要的標準組織和技術學院重視科學和理論教育，相對忽略了培養實用技能，而這種傾向「在機械工程上特別明顯」。[159] 相關研究專家便指出：「直到一戰爆發，機械業才出現全國性標準制定運動。」[160] 德國工程教育專家有意改革技術教育，使工程師得到更多現場組織和專案管理的經驗，因此提出一些建議，例如與工程協會合作提供實務訓練課程。[161]《德國工程師協會期刊》便有文章慨嘆，技術學院和工業大學沒有讓學生掌握在工廠和車間操作和管理所需要的實務技能。[162] 這些問題拖慢了德國採用可互換零件和先進工具機的步伐。

柏林工業大學的阿洛伊斯．里德勒（Alois Riedler）教授在一八九〇年代受普魯士教育部委託參訪美國的工程學校時，便看清了美國與德國的工程教育差異。里德勒指出，提供廣泛的實務訓練以及車間和實驗室的應用經驗，是美國工程教育的特色。為了具體說明兩國工程學校在實務教學上的差異，里德勒分析了四年制課程中理論和實務教學的時間占比。[163]相對於德國學生，美國學生花在機械技術實驗室練習和其他類型的實習訓練上的時間多得多（圖4.4）。在柏林工業大學，實驗室和車間實習時間僅占不到六%。[164]另一方面，康乃爾大學的工程系學生花超過三分之一的時間在實驗室學習和車間作業。因為里德勒等人的報告，德國院校在一九〇〇年左右開始建立機械工程實驗室。[165]

我們必須釐清，美國對可互換製造帶來的新機會的制度

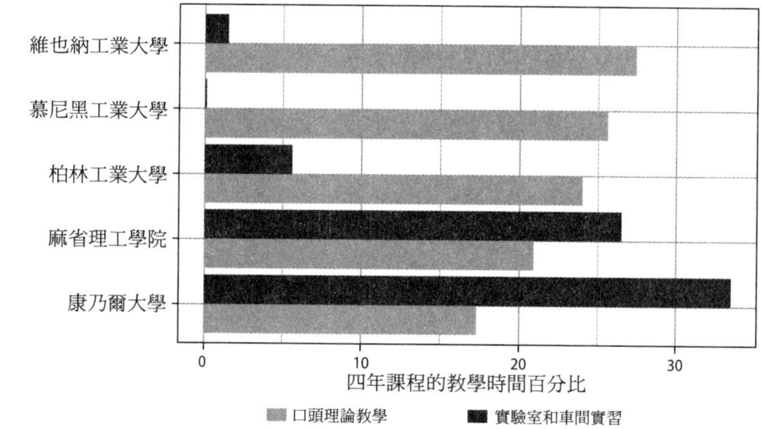

圖4.4 1893年德國與美國工程學校的課程比較

資料來源：US Bureau of Education (BOE) 1895, 684-86。

註：在美國教育局這份報告中，德國的學校標示為奧地利技術大學、普魯士技術大學和德國南部技術大學。根據背景研究，我們可以合理地假定它們分別指維也納工業大學、柏林工業大學和慕尼黑工業大學。雖然維也納工業大學位於奧地利，但具備影響德國學校的聲望，因此被用來說明德國工程教育的趨勢。

適應，並不是植根於培養高技術科學人才。最優秀的美國科學家都在歐洲的大學深造。[166]即使是美國工程教育的支持者也認為，「美國技術學院的純科學和智性教育」甚至比不上德國「中等工業學校的平均水準」。[167]致力於德美兩國交流的德美技術專家全國協會（National Association of German-American Technologists），便指出相對於美國的技術學院，德國的技術學院各種機械工程技術的研究更厲害。[168]

美國的制度更有效地配合了技能養成需求，但深層原因在此無法充分探究。《摩利爾法》無疑影響深遠，與此無關的多制度適應也是關鍵，包括像富蘭克林研究所這種獨立組織、技術高中、專業協會，以及既有大學開設的專門工程課程，這些制度適應成果，推動了美國的技能養成。[169]美國的通用技術技能基礎建設之所以那麼強盛，可能也包括更多元因，例如開放外國技術人員以及美國邊疆獨特的挑戰與文化。[170]

領頭羊產業與化學工程

分析促進化學進步的教育和培訓體系，有助於判斷怎樣的制度最有可能幫助國家在技術革命中拔得頭籌。[171]領頭羊產業論通常指出，德國的創新能力是掌握化學領域的關鍵決定因素，尤其掌握了非常重要的合成染料生產。[172]為了擴大在合成染料領域的領先優勢，德國借助領先世界的工業研究實驗室和科學教育機構——這些機構雇用了世界頂尖的學術化學家，並產生了全球約三分之二的化學研究成果。[173]

相較之下，美國在化學的創新能力薄弱。在一九〇一至一九三〇年間，只有一名美國研究人員獲得諾貝爾化學獎，而德國和英國獲得了近四分之三的諾貝爾化學獎。[174] 一八九九年，有半數美國化學期刊引用德國刊物，比例約為美國刊物的兩倍。[175] 與此同時，美國的學術研究幾乎不曾出現在歐洲的化學期刊上，當時最好的研究都發表在歐洲期刊上。英國權威評論期刊《化學研究進展年報》（*Annual Reports on the Progress of Chemistry*）的參考文獻分析顯示，一九〇四年美國出版物僅占引用量的七%。[176]

一如工具機，美國之所以可以迅速適應化學新技術，有賴不同的制度能力。雖然美國的化學突破和頂尖化學人才都不如德國，美國仍開創了化學工程這個學科，促進了許多產業逐步化學化。讓美國躍進的關鍵是「單元操作」問世，將化學程序分解為一系列的基本操作（例如冷凝、結晶、電解），而這些操作可以利用在各行各業，包括陶瓷、食品加工、玻璃、冶金和石油提煉。[177] 美國的高等教育機構，尤其是麻省理工學院，很快就採用了單元操作模式，協助建立了化學工程的共同語言和專業社群。[178] 正如內森．羅森柏格和愛德華．斯坦繆勒（W. Edward Steinmueller）總結道：「美國即使在遠離科學研究前緣之時，就已領先世界將新工程學科引入大學課程，其中以二十世紀初的化學工程學科的引入最為成功。」[179]

相對之下，德國很慢才開始建立支援化學工程師的基礎建設。一直到第二次世界大戰爆發前，化學工程專業都「未能在德國凝聚起來」。[180]直到二戰之後，化學工程在德國才成為一個獨特的學術領域。[181]因為德國的大學沒有幫助化學家掌握工程技能，因此為化學家培養工程技能的責任落在企業身上。[182]此外，德國化學工業維持嚴格分工，化學家與機械工程師之間壁壘分明。技能沒有系統化，導致業界存在較多秘密、業者之間溝通交流不足，以及未能利用建立共同化學製程，推動更多外溢效應。[183]

在化學化過程中，美國的技術融合優勢，不僅是因為培養了大量的化學工程師，還因為強化了學界與產業界的聯繫，並且將化學工程技術標準化。[184]如果沒有讓化學實驗室與應用產業資訊流通的連結組織，大量的化學工程師仍不足以成事。例如，在戰間期，英國成功培養了大量化學工程師，但是，由於英國教育機構與產業界之間聯繫薄弱，技術知識的傳播受限，單元操作的概念沒有像在美國那樣牢牢確立。[185]此外，美國的專業工程協會（包括美國化學工程師學會）促進了化學工業標準化，英國要到十年後才模仿美國的做法。[186]不同於美國同業，英國的化學工程師要到二戰之後才視自己為「一個專業團體的成員，團體成員的共通性便是跨越許多產業界線」。[187]

由於這些化學突破帶來的顯著總體經濟效益，要到第二次工業革命結束之後才逐步顯現，所以這些討論仍有一定局限。儘管如此，追蹤哪個國家在二戰爆發前最善用化學創新，還是可以證明工具機制度輔助因素。[188]化學技術與技能養成制度共同演化，進一步說明了迎合通用技術軌跡的制度適應，與領頭羊產業軌跡有多不同。

其他因素

一如第一次工業革命，第二次工業革命也是無數研究的主題。學術界已經徹底研究了英國的衰落以及美國和德國的崛起，研究涉及了移民形態、文化和世代因素、自然資源稟賦以及勞資關係。[189]我無意梳理英國衰落的所有可能原因，只是想追蹤第二次工業革命的技術突破是如何導致經濟權力移轉。因此，若有任何有可能導致通用技術擴散解釋失效的背景，便是那些針對重大技術變革如何導致美國取代英國的經濟地位提出的其他解釋。除了我們已經詳細檢視過的領頭羊產業機制，國際安全威脅的影響和資本主義類型論值得討論一下。

國際安全威脅的影響

外部威脅如何影響第二次工業革命期間的技術領導地位？一些學者認為，美國因應重大戰爭威脅而動員的軍事投資，對許多通用技術的發展至關重要。[190]一些研究認為，十九世紀初美國國家軍械庫補貼民間生產使用可互換零件的小型武器，讓美國製造體系在十九世紀下半葉擴散到其他產業。[191]

雖然槍械生產成為機械化生產的重要實驗場，軍方的支持對美國製造體系的發展並不是必要的。一項研究便質疑政府的資助和補貼對美國製造體系普及的必要性，並將可互換製造的發展歸功於四個民用產業：時鐘、斧頭、打字機，以及手錶。[192]其中，時鐘業尤其推動了機械化生產技術擴散。時鐘製造商比小型武器製造商更了解民用經濟動態，這些製造商證明了，可互換製造可以大幅降低成本和提高銷售額。[193]大衛・韓瑟爾（David Hounshell）在研究美國可互換零件製造史中總結道：「縫紉機和十九世紀下半葉借用了小型武器生產技術的其他產業，要感謝時鐘業多過槍械業。」[194]

軍事投資和政府委託生產合約，並未成為長期需求來源。[195]在第二次工業革命期間，小型武器工業對美國製造業的影響下滑，在一八五〇至一九四〇年間總共占美國工業附加值不到〇・三%。[196]因此，以軍事投資為中心的論點忽略了，要了解第二次工業革命如何促進經濟權力移轉，最重要的是美國製造體系的擴散，而非最初的育成。[197]

另一種威脅論則認為，外部威脅甚於內部對立的國家，會產生更多技術成就。[198] 但是，在第二次工業革命這個案例中，美國相對不受外部衝突影響，英國和德國則面臨更多外部威脅（包括兩國對彼此的威脅）。[199] 此外，在第二次工業革命開始時，美國受內部對立威脅更甚於外敵，因為內戰剛結束。[200] 因此，上述說法看來不適用於第二次工業革命。

美國的自由市場特點

美國的資本主義類型與經濟崛起是否有關係？一種解釋認為，美國因為具有自由市場經濟的特點，特別適合採用第二次工業革命的突破性創新。通用技術擴散論與資本主義類型論最直接的衝突，出現在關於技能養成的觀點上。後者認為像美國這樣的自由市場經濟體應該擅長培養通用技能，這可能是美國在通用技術擴散領先的原因。[201]

不過，實證證據反駁了這種解釋。在二十世紀初，主要國家的初等和初等後教育的入學率相當接近。一九一〇年，美國五到十九歲兒童的入學率比英國低十二%，僅比德國高三%。[202] 一八七〇至一九二九年間，英國與美國的每名勞工受教育年數增加幅度基本相同（前者為增加一點二倍，後者為增加一點三倍）。[203] 兩個國家的人均高等教育支出大致相同。[204] 通用技能養成的差異，無法解釋美國在這段時期的領導地位。[205]

此外，美國有多符合自由市場經濟標準也有爭議。有些研究視美國為這段時期的管理資本主義（managerial capitalism）模範，認為美國的產業治理結構，造就了巨型管理主義企業的崛起。[206]這類解讀主要是透過美國政治經濟體系中最顯眼的行動者（汽車、鋼鐵和電氣產業的寡頭），來判斷美國如何成為霸主。但是，美國企業結構十分多樣。雖然許多巨型企業確實因為大規模生產（例如汽車業），得以利用規模經濟和資本要求來搶占市占率，但中型企業網絡仍主宰這些新興產業的一些重要環節，例如電動機生產。美國最大的五十家製造廠有三分之一生產定製和特製商品。[207]在一八九九至一九〇九年間，仰賴批式和定製生產的行業，包括工具機，也就占了製造業附加值的三分之一。[208]沒有任何特定類型的資本主義能夠滿足所有領域的生產需求。[209]

另一種傳統解釋強調，美國自然資源豐富是美歐機械化差異的關鍵。相對於歐洲的競爭對手，美國得益於豐富的自然資源（例如充裕的木材供應），製程因此偏向標準化生產。[210]關於這段時期不同的機械化取向，一項受重視的研究聲稱：「美國轉向大規模生產是很自然的。」[211]

然而，這種說法也飽受質疑。例如德國的工程師和工業家就無懼自然資源差異，經常使用美國的工具機，並且模仿美國的生產技術。[212]事實上，大約在二十世紀初，德國工業界的機器密集度已逐漸趕上美國工業界。[213]美國與德國的機械化差異，主要是因為德國尚無法熟練使用先進工具，而不是因為德國基於自然資源而選擇了不同的生產方法。使用新機器的技能養成和鑲嵌性知識（embedded knowledge），才是影響美國資本密集型技術利用效率的關鍵。[214]

關於第二次工業革命的地緣政治餘震，標準論述強調德國崛起挑戰了英國的權力。根據這種論述，德國的相對經濟崛起，源自強大的工業研究和科學基礎建設，使德國能夠從電氣和化學等新興產業中得益。但是，一系列的指標突顯的事實是，在這段時期，超越英國的是美國，而非德國。美國在第二次工業革命期間的工業崛起，說明了，主導領頭羊產業的創新，無法決定大國興衰。英國衰落不是創新失敗，而是因為無法擴散技術。正如著名經濟學家威廉・亞瑟・路易斯（William Arthur Lewis）曾經想到的：「如果英國只是模仿德國和美國的創新，想必會有夠好的表現。」[215]

事實上，第二次工業革命這個案例進一步證實了，廣泛擴散通用技術的能力，才是長期經濟成長差異的關鍵驅動因素。美國成功培育了擴大機械工程人才，成為在各行各業應用工具機的關鍵。一如所有通用技術軌跡，這是一個漫長的過程，但相對於化學、電力和汽車等領域的重大突破，它更符合美國超越英國成為生產力領導國的發展時間軸。為了進一步探討領頭羊產業機制以及通用技術機制，接下來將討論美國與日本在二十世紀的高科技競爭，也就是某些人所說的第三次工業革命。

第五章 日本在第三次工業革命中對美國的挑戰

在前面兩個案例中，工業革命使全球領導地位易手。英國在十九世紀初登上經濟領導大國，美國則是在十九世紀末取而代之。在二十世紀的最後三分之一（一九六〇至二〇〇〇年），技術環境出現了類似第一次和第二次工業革命的革新。與電腦和半導體劃時代突破相關的一系列資訊技術，顛覆了許多產業基礎。從工業系統到以資訊為基礎的電腦化系統，這種時代性轉變，被稱為「第三次工業革命」和「資訊時代」。[1] 在這場巨變中，許多人認為日本將像當年的英國和美國那樣，成為「第一」技術強國。[2]

在競相利用第三次工業革命的國家中，日本的電子與資訊技術革新，得到了不成比例的大量關注。羅伯·吉爾平寫道：「隨著日本在一個又一個產業鞏固領先地位，較為先進的經濟體，正圍繞著第三次工業革命的電腦和其他高科技產業重組經濟。」[3] 在一九八〇年代末和一九九〇年代初，大量著作哀嘆美國的技術領導地位被日本奪走。[4] 在一本關於美日關係的暢銷書中，美國前貿易談判代表克萊德．普雷斯托維茨（Clyde Prestowitz）宣稱：「日本已經……成為無可爭議的世界經濟冠軍。」[5]

日本主導第三次工業革命的領頭羊產業，被視為危及國際安全和美國整體地位的徵兆。[6]美國前國務卿季辛吉和其他重要思想家提出警告，日本將會把經濟實力轉化為危及他國的軍事力量。[7]一九九〇年《紐約時報》的一項民意調查顯示，五十八％的美國人認為，相對於蘇聯的軍事力量，日本的經濟實力更威脅美國安全。[8]

這些憂慮的背後，是令人不安的歷史先例。美國的執政者擔心，關鍵技術落後於日本，最終將導致經濟權力移轉，使美國像以前的首要強國那樣相對衰落。保羅．甘迺迪和具有史觀的其他思想家，將美國在一九八〇年代的處境與一個世紀前落後的英國相提並論，認為這兩個工業霸主都逐漸失去領導地位。[9]這些比較往往暗中訴諸領頭羊產業機制，強調日本在特定產業的領先，包括正經歷重大技術變革的消費電子和半導體產業。大衛．莫威里（David Mowery）和內森．羅森柏格一九九一年就寫道：「當年德國支配染料業的力量如此迅速又壯大，讓德國一舉成為歐洲最強工業大國。這與日本近幾十年在電子業的策略驚人相似。」[10]

許多人呼籲美國模仿日本的產業組織「經連會」制度，並採取積極的產業政策，認為這是日本領頭羊產業崛起的關鍵。[11]甘迺迪的《霸權興衰史》將日本高科技產業的全球市占率激增，歸功於研發投資和該國通商產業省（國際貿易與產業部）。[12]日本是如何在資訊革命中，培育出得以領先全球的基礎？這些說法利用領頭羊產業產品週期，篩選出了最重要的制度因素。

但是，許多人擔心的經濟權力移轉從未發生。日本企業確實主導了一些高成長產業，如半導體和消費電子等關鍵領域。此外，日本經濟確實以非凡的速度成長，一九八三至一九九一年間總要素生產力年均成長二・四%。但是，日本在一九九〇年代經歷了「失落的十年」，總要素生產力陷入停滯，年均僅成長〇・二%。到二〇〇二年，日本與美國的人均GDP差距甚至大於一九八〇年的水準。[13]成為世界領先的高科技產業生產國，並沒有促成日本成為超越美國的領先經濟體。

第三次工業革命這個案例，特別不利於領頭羊產業這種理論。日本把握第三次工業革命的機會，壟斷了技術先進的新興產業市場，滿足了領頭羊產業機制認為日本成為首要經濟強國的必要條件。但是，正如案例研究證據顯示，即便所有條件都存在，經濟權力移轉依然沒有發生。因此，日本在二十世紀最後三分之一時間對美國技術領導地位的挑戰，主要是領頭羊產業機制的一個異常或證偽案例。[14]

第三次工業革命並沒有損害通用技術機制。因為日本的通用資訊技術擴散，並**沒有**領先美國，通用技術機制的經濟權力移轉條件沒有出現。由於可能原因很多，找不到有效的負面案例可以解釋技術驅動的經濟權力移轉。儘管如此，第三次工業革命的案例證據顯示，領頭羊產業論之所以會預期一個沒有發生的結果（美日之間的經濟權力移轉），部分原因在於忽略了美國成功地擴散通用技術。美國的這種優勢，來自有效地培養了推動電腦化所需要的電腦工程人才。這個異常案例可以更好地解釋通用擴散技術。[15]

很少學者回頭檢視那些宣稱日本的領頭羊產業領先，將帶領該國成為經濟霸主的說法。[16] 數十年的事後觀察研究不僅產生了新觀點，還使值得研究的資料增加。估計數據和更多資料有助於更仔細了解兩國的生產力變化。為了精準找到關鍵技術軌跡，我拼湊了半導體和其他關鍵技術的歷史、美國和日本的技術發展比較史，以及第三次工業革命的一般經濟史。此外，我還運用文獻計量技術，來估計兩國有多少大學能夠提供基本品質的軟體工程教育。日本電腦使用率、在國際會議上日美分析師關於電腦科學教育的報告、愛德華．費根鮑姆文集中的文件，以及史丹佛大學東亞圖書館的《日經電腦》（*Nikkei Computer*）過期刊物，全都有助於具體掌握第三次工業革命的通用技術技能基礎建設狀況。

美日經濟權力移轉並未發生。回顧第三次工業革命技術突破，我們可以整理出該時期的領頭羊產業和通用技術，並檢視促成通用技術或領頭羊產業機制理論要素，是否真的存在於兩國之中。因為這個案例並未出現經濟權力移轉，找出機制失效原因便非常重要。在第三次工業革命中，領頭羊產業機制的所有要素都存在，但通用技術機制未能運作，因為日本擴散資訊技術的能力追不上美國。透過這個案例，我們可以看到植根於領頭羊產業軌跡的制度面解釋為何無法令人信服。不過，在檢視其他因素和解釋之前，必須先分析通用技術技能基礎建設是否讓美國維持經濟霸權。

未竟的權力移轉：日本的崛起與停滯

在一九八三年為美國《遊行》雜誌（*Parade*）撰寫的文章中，曾榮獲普立茲獎的記者大衛·哈伯斯坦（David Halberstam）將日本工業崛起形容為美國「在本世紀餘下時間最棘手的挑戰」，而且將是「一場比之前與蘇聯的政治軍事競爭更激烈的競爭」。[17] 但是，到了二十世紀末，日本取代美國成為技術霸主的可能性已經幾乎不存在，遑論擔心。[18] 伴隨著第一次和第二次工業革命的經濟權力移轉從未發生。事實上，多數指標都呈現了明確的趨勢：日本經濟在一九八〇年代顯著追上美國，但在一九九〇年代陷入停滯，最終未能超越美國經濟，奪得生產力領導大國之位。

指標1：人均GDP指標

一九六〇年之後的三十年間，日本經濟經歷了非凡的成長，一九九〇年的人均GDP達到當年美國的八十一%。但在接下來的十年，也就是日本所謂的「失落的十年」，日本人均GDP陷於停滯。到二〇〇七年，日本人均GDP已回落至相當於美國的七十三%（圖5.1）。

指標2：工業化指標

工業化統計數據情況類似。

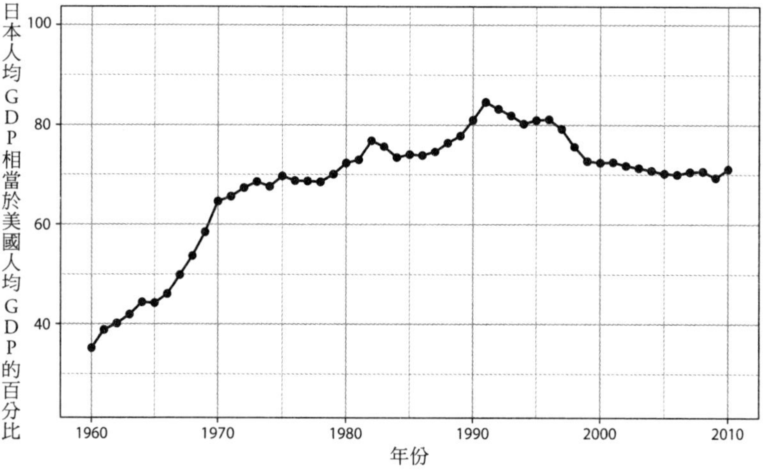

圖5.1　日本人均GDP從1960年起大幅縮窄與美國的差距，但在1990年代不進反退

註：數據為實質人均GDP（美元，以2011年的物價計）。

資料來源：麥迪遜專案資料庫2020年版本（Bolt and van Zanden 2020）。

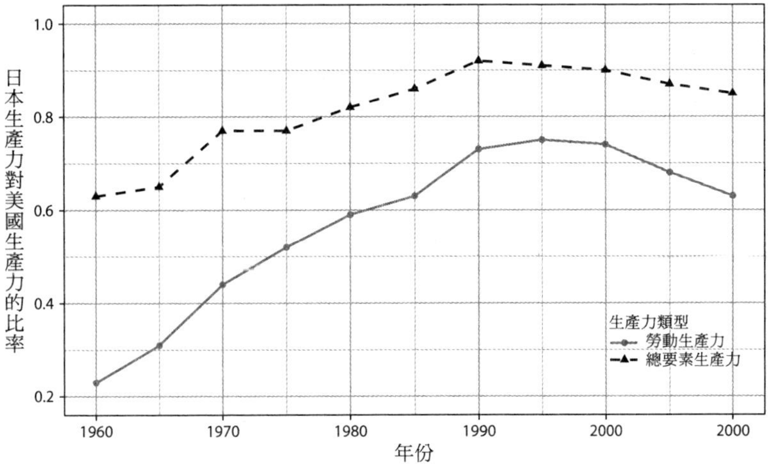

圖5.2 日本在生產力方面大幅縮窄與美國的差距，但在1990年代陷於停滯

資料來源：Jorgenson, Nomura, and Samuels 2018, 18。

以全球製造業產出比例而言，日本在一九七〇和一九八〇年代和美國的差距不斷縮小，到一九九〇年代初占全球製造業產出二〇%，幾乎已追上美國。日本占全球製造業產出的比例，隨後降至二〇一〇年的一〇%左右，美國的比例在一九九〇年代則有所上升，並維持在二〇%直到二〇一〇年。[19]在一九九五至二〇〇四年間，日本製造業的勞動生產力年均僅成長三・三%，美國的年均成長率則有六・一%。[20]

指標3：生產力指標

生產力數據也呈現類似的大趨勢。

一九五五年，日本的總要素生產力僅為

美國的一半，隨後穩步成長。到一九九一年，美國與日本的生產力差距只有五％。一如人均GDP和工業化水準，日本的生產力成長隨後大幅放緩，與美國的差距在一九九〇年代擴大了（圖5.2）。日本的總要素生產力在十年間年均僅成長〇．二％。[21]到二〇〇九年，日本的總要素生產力降至只有美國的八十三％。美國與日本的勞動生產力差距也符合相同趨勢。[22]

第三次工業革命的主要技術變革

解析不同的技術變革軌跡是必要的第一步，然而第三次工業革命出現重大技術變革，包括出現第一台微處理器（一九七一年）、DNA重組技術（一九七二年）、VHS錄影格式（一九七六年），以及第一台個人電腦（一九八一年），種種創新都讓解析科技變得複雜。為了分析哪些產業屬於領頭羊產業、哪些屬於通用技術，本章參考既有對資訊革命關鍵節點的闡述，以及分析領頭羊產業和通用技術的指標，評估第三次工業革命期間影響美日經濟權力格局的關鍵技術驅動因素。

領頭羊產業：電腦、消費電子和半導體

當技術格局不斷變化，最有可能成為領頭羊產業軌跡源頭的是資訊通訊技術（ＩＣＴ）。當然，許多產業都可能出現促成領頭羊產業的技術發展，包括雷射和機器人。[23]儘管如此，日本成功發展電腦、消費電子和半導體產業，讓日本具有超越美國成為首要經濟強國的潛力。在這三個領頭羊產業，日本都主導了關鍵零組件的生產。[24]

這三個相對新的產業，都在技術突破後成長驚人，符合領頭羊產業的既定標準。在一九八〇年代的美國經濟中，電腦和資料處理服務是以新增就業機會衡量成長最快的產業。[25]日本通產省一九七一年將半導體和電腦列為戰略性產業，這兩個產業在隨後二十年內極高速成長。[26]美國電子產業在二十世紀末也出現一波飛越成長，某些估計顯示，其成長速度是其他製造產業的三十倍。[27]其他先進工業國家的電腦與電子產業也有雷同的趨勢。[28]

通用技術：電腦化、半導體與網際網路

因為第三次工業革命常被稱為「資訊革命」，資訊通訊技術的創新自然最可能是通用技術軌跡的源頭。研究該時期通用技術者特別強調電腦、[29]半導體，[30]以及網際網路。[31]這些技術領域都有很大的改進空間，與其他技術互補性也很大。

因為電腦、半導體和網際網路的發展密切相關，我將這三個領域的技術發展視為「電腦化」——指得是電腦接手資料儲存和管理等工作的過程，因此資訊通訊技術可被視為通用技術。[32] 軟體密集型系統日益普及，使電腦變得更加通用。電腦化也得益於半導體與網際網路的進步，前者降低了資訊技術設備的投資成本，後者則是將電腦連結成高效率的網路。[33]

領頭羊產業和通用技術軌跡的源頭

總括而言，第三次工業革命的領頭羊產業和通用技術全都圍繞著資訊通訊技術（表5.1）。此外，雷射、新能源和生物科技技術進步可能也是源頭之一，但我沒有追蹤這些技術的發展，因為至少就第三次工業革命期間的美日經濟競爭而言，這些技術的潛力基本上還沒發揮出來。

雖然領頭羊產業和通用技術都是圍繞著資訊通訊技術，但關鍵軌跡顯著有別。通用技術論強調企業將工作和活動交給電腦的過程，領頭羊產業論則強調關鍵產業的成長。舉例來說，消費電子產業規模龐大且成

候選領頭羊產業	候選通用技術
電腦業 消費電子業 半導體業	電腦化

表5.1　第三次工業革命技術軌跡的主要源頭

長快速，但與其他產業的聯繫有限，這正是典型的領頭羊產業（例如汽車和棉紡織業）模式。不過盤點領頭羊產業和通用技術只是初步篩選，關鍵在領頭羊產業論和通用技術論，對這些技術如何影響美日經濟競爭的解釋有何不同。

資訊通訊技術為何未能在日本經濟擴散？

在第一次和第二次工業革命中，技術革命促成了全球經濟領導地位易手。分析兩者的目的，是釐清歷史證據到底比較符合通用技術機制還是領頭羊產業機制。第三次工業革命期間也出現了革命性技術突破，但經濟權力移轉從未發生。因此，如果案例研究顯示日本主導了電腦、消費電子和半導體產業的創新，這便否定了領頭羊產業機制的預測。同樣地，如果歷史證據顯示這段期間日本的電腦化程度獨步全球，也將無法解釋通用技術擴散論的適用性。

日本主導主要領域生產

第三次工業革命期間，領頭羊產業機制運作所需要的條件一應俱全。從二十紀中葉到一九八〇年代，半導體、消費電子和電腦的重大技術突破，讓日本的相關產業全球市占率不斷提高。動態隨機存取記憶體（DRAM）晶片是半導體產業中產量最高的領域之一，而日本企業控制了七十六%的全球市場。[34] 美國聯邦跨機構工作小組估計，從一九八〇到一九八七年，美國在超過七十五%的半導體關鍵技術失去了領先優勢。[35]

日本企業在消費電子產業拔得頭籌。在一九八四至一九九〇年間，隨著日本企業接手生產許多電子產品，在三十七類電子產品中，有三十五類的美國企業全球市占率降低了。[36] 日本主導了彩色電視機和DVD的全球生產。[37] 日本也是第一個將高畫質電視系統商品化的經濟體，而這正是消費電子市場中備受吹捧的產品。[38]

電腦也有類似的趨勢，尤其是電腦硬體組件，例如平板顯示器。[39] 美國與日本的電腦貿易收支從一九八〇年的順差變成一九八八年的逆差六十億美元。[40]《世界電子產業資料年鑑》（*Yearbook of World Electronics Data*）的資料顯示，一九九〇年日本占全球電腦產出的比例，超越了曾為全球第一的美國。[41]

領頭羊產業成長率的比較也顯示，日本看來勢必將超越美國，成為經濟領導強權。在一九九〇年發表於《國際組織》（*International Organization*）的一篇文章中，威廉・湯普森指出，主要經濟體的領頭羊產業，平均年成長率預示了經濟領導地位移轉。在十九世紀，英國領頭羊產業的成長率在一八三〇年代觸頂，隨後在一八六〇至一八九〇年間陷於停滯，而在此期間，美國和德國的領頭羊產業成長率超越英國。[42]最重要的是，湯普森的資料顯示，從一九六〇到一九九〇年，日本領頭羊產業的成長率高於美國。[43]綜合這些歷史趨勢，湯普森認為日本是美國「系統領導地位」的主要競爭對手。[44]

全面評估日本相對工業實力後，很容易認同上述說法。美國政府、學術界和產業界曾發表大量報告，警告日本掌握關鍵科技產業的全球市占率，以及不斷成長的出口量。回顧一九八七至一九九一年間發表的六份報告，越來越多人認為，相對於日本，美國許多技術領域能力正在衰退。[45]一九九〇年美國商務部曾發表十二項新興技術趨勢報告，包括超級電腦、先進半導體設備和數位影像技術，報告預測在二〇〇〇年之前，美國大部分技術將落後日本。[46]一九八九年麻省理工學院工業生產力委員會出版的《美國製造：重拾生產優勢》（*Made in America: Regaining the Productive Edge*），很精準地評估日本的領頭羊產業地位。[47]該書認為美國在八個製造領域正在輸給日本，包括消費電子、半導體和電腦。正如商業史學家理查德·朗格盧瓦（Richard Langlois）所總結：「到一九八〇年代中期，多數說法認為美國已經『失去了』消費電子業，而且面臨即將失去半導體和電腦產業的危險。」[48]

有些人認為，日本在這些領頭羊產業的優勢植根於某些制度安排。一些觀察家經常指出，日本以大型綜合企業集團為基礎的經連會系統，是日本在高科技產業成功的關鍵制度因素。例如，麻省理工學院委員會的《美國製造》報告就質疑美國的產業組織體系，能否與「非常強大且組織穩健的日本競爭對手」抗衡。[49] 一九八〇年代中期更普遍出現「美國公司應該變得更像日本公司」的說法。[50]

也有些人則指出，由通產省協調的日本產業政策，是支持日本大獲成功的關鍵制度。學者和政策制定者推動美國模仿日本的產業政策，認為日本的產業政策之所以有效，是因為通產省能夠策略性地協調關鍵技術領域的研發投資。[51] 例如學者認為通產省一九八二年啟動的「第五代」全國性計畫，是日本創造最先進電腦的基石。[52] 相較之下，美國對工業政策的厭惡以及分散的經濟決策機構，不利於第三次工業革命的新技術創新。

到了千禧年，已經不再有人提出這種論點。雖然日本在一九八〇年代主導了主要領頭羊產業，並且迅速縮窄與美國的差距，但最終並沒有超越美國成為領先經濟體。與領頭羊產業機制的預期結果相反，日本雖然控制了半導體和消費電子等關鍵產業，但並沒有促成強勁和持續性經濟成長。這個結果質疑了領頭羊產業機制的有效性。

缺席的通用技術機制

第三次工業革命的證據是否也否定了通用技術機制？如果一如領頭羊產業機制，通用技術機制的要素也在第三次工業革命中出現，這將會削弱通用技術擴散論的解釋力。但是，不同於主要領頭羊產業的大爆發，日本採用電腦技術的比例遠不如美國。因此，若我們從通用技術擴散來解釋，就會發現日本在第三次工業革命中不可能超越美國。

為了解釋美國為何能維持經濟領導地位，我們將分別從影響時限、相對優勢與成長廣度三個面向，來追蹤美國和日本在第三次工業革命期間的發展。首先，相對於領頭羊產業機制的預期，第三次工業革命的技術突破需要更長的時間才能發揮影響。資訊通訊技術革新，要到一九九〇年代才廣泛應用於許多經濟領域。第二，雖然日本在電腦和電子產品生產表現突出，但整個經濟體的電腦化速度落後美國。最後，日本的優勢集中於小範圍的資訊通訊技術生產，美國則受惠於基礎廣泛的生產力成長。

影響時限：何時推動經濟成長？

一如過去的通用技術軌跡，電腦化需要一段長時間的組織適應，並搭配互補創新。若要探討電腦化這種通用技術的起點，最合理的時間便是一九七一年，因為這一年英特爾推出了微處理器，大大擴展了電腦功能。[53]也是在這一年，資訊技術設備和軟體在美國經濟淨資本存量占比達到一%。[54]在此之前的一九六〇年代，由積體電路驅動的大型電腦只能用在有限的商業用途，例如製作銀行對帳單和管理航空訂位。隨著一九九〇年代網際網路興起，新的資訊和通訊網路進一步助長了電腦化，使這種通用技術擴散到更多商業模式，例如電子商務。[55]因應這些互補型技術進步，企業需要時間來增加積電腦資本和重組業務流程，以滿足應用資訊技術的要求。[56]

電腦的普及應用非常漸進緩慢。到了一九八〇年代末，許多觀察家哀嘆電腦革命未能促成生產力激增。一九八七年，著名經濟學家羅伯·梭羅（Robert Solow）以一句著名的俏皮話概括這個生產力矛盾：「電腦隨處可見，但在生產力數據中就是看不到。」[57]但十年後，資訊技術日益普及，使美國生產力顯著加速成長。[58]雖然花了一些時間，但此時電腦的威力才終於顯露在美國的生產力統計數據中。

如果將電腦廣泛普及應用的漫長過程考慮在內，美日技術競爭格局會顯得很不一樣。日本在一九七〇和一九八〇年代控制了資訊通訊技術關鍵領域的生產，但在相關通用技術的擴散顯得無力。只要把時間拉長就可以看到，電腦化的滯後作用發生時，美國生產力領先日本的幅度也一併擴大了。一九九五年之後，在日本經濟陷入停滯之際，美國的勞動生產力和總要素生產力開始快速成長，甚至長達十年。美日不同之處，在於美國大大受惠於資訊通訊技術驅動的生產力加速。[59]

相對優勢階段：美日之間的差異起點

如果日本在第三次工業革命中的崛起，符合通用技術機制，那麼日本的電腦化程度應該要領先美國。雖然日本在某些電腦架構和設備的生產，的確幾乎與美國並駕齊驅，但在跨產業應用卻遠遠落後美國。如圖5.3顯示，美國與日本的電腦化差距在一九九〇年代擴大了。事實上，雖然韓國的電腦系統創新落後日本，但其電腦使用率在一九九〇年代超越了日本。綜合這些指標，日本的問題應該是在通用技術擴散，

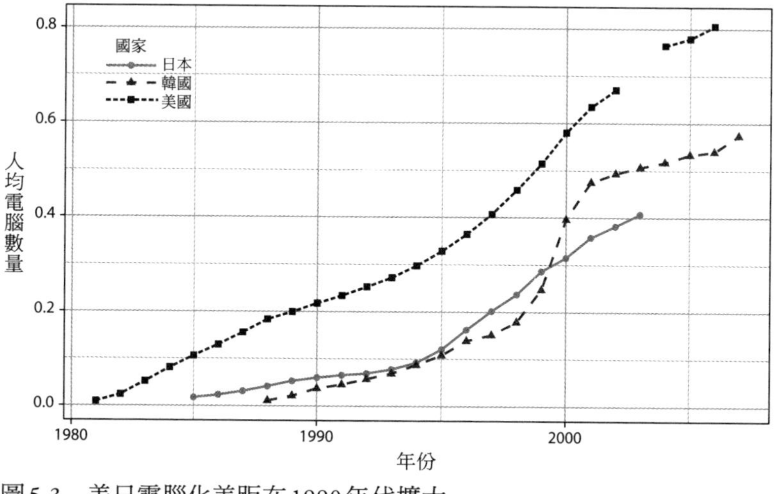

圖5.3　美日電腦化差距在1990年代擴大

資料來源：Milner and Solstad 2021; Comin 2010, 381。

而非創新。

資訊通訊技術影響美日生產力差距的方式，尤其能夠說明問題。在**生產**資訊通訊科技產品的產業，日本的總要素生產力成長趨勢與美國相似；但是，在密集**使用**資訊技術的產業，日本的總要素生產力成長遠遠落後於美國。[60] 美國使用資訊通訊技術的服務業尤其適應電腦化。就這些產業的勞動生產力成長而言，從一九九〇年代前半期到後半期，美國的進步幅度是所有經合組織國家中最大的。[61] 相對之下，從一九九〇年代前半期到後半期，使用資訊通訊技術的服務業對生產力成長的推升力反而下降了。[62]

日本的生產力成長，最終依然與通用技術軌跡有關。一如處於技術前緣的所有先進經濟體，日本可以使用與美國相同的技術資源。笛木琢治與川本拓治便以週期來研究為何日本於二〇〇〇年後，會出現總要素生產力成長復甦，發現關鍵是資訊通訊技術革命擴展到更廣泛的資訊技術使用產業。[63] 但是，此時日本的電腦化程度至少落後了美國五年。

成長廣度：經濟成長的幅度

隨著資訊通訊技術在美國經濟中廣泛普及應用，美國的生產力成長來源也廣為分散。

在美國，資訊通訊技術進步產生了外溢效應，尤其是在服務業，促進了整個經濟體的總要素生產力成長。產業層級的總要素生產力成長形態顯示，美國的生產力成長基礎在一九九五年之後顯著變寬，更在二〇〇〇年之後加速飆升。[64]

相對之下，日本在第三次工業革命中的優勢，集中於範圍狹窄的產業。一九九五年之後，日本的生產力成長依然集中在少數產業，直到二〇〇〇年之後才擴散到較廣泛的領域。[65]提到主要經濟體的國家競爭力，麥可・波特（Michael Porter）指日本是個「對比強烈的案例」，有些產業的國際競爭力首屈一指，但也有一些產業競爭力極差。[66]日本在領頭羊產業的成就被大肆宣傳，導致一些分析師誤以為表現傑出的幾個產業，可以含括代表日本的整體競爭力，忽略了日本那些陷入困境的產業。[67]

領頭羊產業機制與溫特爾主義

一些國際政治經濟學者將美國的競爭力趨勢分為一九八〇年代在領頭羊產業（消費電子、電腦硬體，以及半導體產業某些部分）的相對衰退時期，以及一九九〇年代在新的領頭羊產業（軟體電子）的興旺期。[68]這種時期區分，或許可以解釋日本的優勢為何沒有促成經濟權力移轉，但是，即使是這種寬容的解釋也未能捕捉到第三次工業革命的動態。[69]

先來回顧領頭羊產業機制的重要核心：強調美國在適應「溫特爾主義」的優勢，而溫特爾主義便是一種最適合軟體電子技術新發展的產業結構。溫特爾主義的英文Wintelism源自Windows（微軟視窗）和Intel（英特爾）這兩個詞，是指電腦產業從垂直整合的寡頭壟斷結構，轉變為一種水平分割結構，主導者為控制架構標準的零組件供應商如英特爾和微軟。[70]相對於日本，美國的制度環境比較支持軟體電子業的水平向、專業化價值鏈。有論者認為，日本無法適應溫特爾主義產業制度，是日本無法超越美國的原因。[71]

但溫特爾主義論也未能解釋領頭羊產業機制面臨的一般問題。[72]一如領頭羊產業論，溫特爾主義論在解釋一九八〇年代日本半導體和消費電子產業的優勢時，還是過度重視生產資訊通訊科技產品的產業。在全球軟體電子業獲得多數利潤，並不等同於將軟體電子技術的新發展轉化為整體經濟成長。[73]從新技術到整體生產力成長，中間所涉及的關鍵，絕非只是微軟和英特爾等公司的成功。

事實上，隨著通用技術廣泛擴散，大型壟斷者可能會阻礙通用技術與應用領域之間的協調。例如，微軟和英特爾都經常限制分享技術路線圖，因而妨礙了互補型創新和汽車等應用領域採用微電子技術。監理和技術力量不只需要限制主導業者，也需要鼓勵互補型技術發展，因為互補型技術的發展是拓寬電腦化應用的關鍵。[74]如果美國電腦業不是由兩家控制關鍵架構標準的公司主導，美國的電腦化程度會更高。

整體而言，想要從領頭羊產業機制，來解釋日本在第三次工業革命中的制度優勢，從事後看來非常困難。雖然將制度能力用來解釋特別重要的技術軌跡非常合理，但這樣的論述未能捕捉到技術變革如何創造出經濟權力移轉。日本的產業結構和產業政策收獲了短期利益，而且僅限於特定產業。[75]不過，要搞懂美國為何可以藉由電腦化獲得持久且基礎廣泛的優勢，我們必須探討一組不同的制度輔助因素。

制度互補：通用技術技能基礎建設

擴大電腦工程技能和知識基礎的制度適應，是美國在第三次工業革命中維持技術領導地位的關鍵。[76]電腦化不僅需要創造出新軟體架構的創新者，也需要主要從事軟體工程例行工作的程式設計師。美國的電腦化步伐快於日本，正是因為它可以利用的後一種人才資源比較豐富。

擴大電腦工程人才基礎

新的通用技術使我們得以克服既有技能限制，推動跨領域的全面變革。歷史上各工程學科發展出一些程序，用來調整和應用與通用技術相關的新知識，以滿足各種在地需求，並且使廣大的群眾能夠習得這些知識。一如之前的情況，第三次工業革命中，美國通用技術技能基礎建設的關鍵要素是建立和發展一個新學科——這一次是電腦科學，是因應通用技術面世而興起的嶄新工程學科。[77]

美國教育體系有效地適應了電腦化趨勢帶來的轉變。電腦科學系早早出現在美國高等院校且快速成長，彰顯了電腦科學被視為一個獨立學科，推動電腦普及應用所需要的知識系統化。[78]在頂尖大學和計算機協會（ACM）帶領下，美國學府試辦了新的電腦科學課程。一九六八年，計算機協會發表了一份影響力和前瞻性十足的課程大綱，幫助各院校組織電腦教育。[79]這些行動將電腦和軟體突破者所累積的實務經驗，轉化為通用和容易習得的知識。[80]

這種通用技術技能基礎建設的發展遇到了重大障礙。在一九七〇年代，美國的電腦科學學科無法滿足軟體工程教育的需求，找不到如何適當平衡理論教學與程式設計實習。[81]因應這種情況，計算機協會在一九七八年修訂課程大綱，將電腦科學教育導向以應用為基礎的訓練，並認為程式設計實習是一種「提供了貫穿所有課程作業的學科哲學」。[82]產業界的壓力以及美國國防部的軟體工程研究所成立（一九八四年與卡內基梅隆大學合作成立的機構），使大學軟體工程專業數量激增。[83]教學能力是另一個限制。因為無法找到足夠的教學人員以滿足激增的學生，許多院校的電腦科學系不得不限制課程註冊人數，結果是一九八〇年代中期電腦科學學生人數下降了。[84]

雖然這個過程並非無所不利，但整體趨勢顯示，美國成功擴大工程技能和知識基礎並促進電腦普及。從一九六六到一九九六年，美國一年頒發的電腦科學本科學位，從八十九個大增至約兩萬四千五百個。[85]一九八六年的高峰期，電腦科學占美國頒發的所有科學和工程學位的十二．五％。[86]軟體工程教育和訓練工作組評估，二〇〇三年美國院校提供的軟體工程學士學位課程約占全球三分之一，[87]美國也受惠於開放引進外國軟體工程人才的制度。[88]

美國的優勢

日本未能在資訊通訊技術普及應用上與美國並駕齊驅，決定性因素是否為通用技術技能基礎建設？因為美日資料報告習慣不同，尤其是日本的大學將電腦科學納入較廣泛的工程類別，因此我們很難精確地量化美日兩國在軟體工程技能差距。[89]一九八〇年代後期流行的一種說法，將日本在高科技製造業的成功歸功於工程師數量。美國國家科學基金會（NSF）的報告和雷根總統的兩次國情咨文報告都認同此一看法。[90]例如NSF在一九九七年關於日本科技能力的特別報告宣稱：「到一九九四年，日本以美國約一半的人口，培養出多於美國的工程與電腦科學學士。」[91]這種聲明將電腦科學學位與所有類別的工程學位混在一起。

電腦科學的資料揭露了美國擁有更多的資訊通訊技術人才。日本資訊技術促進機構（獨立行政法人情報處理推進機構）的資料顯示，二〇〇九年日本頒發了約一萬六千三百個電腦科學和數學學士學位，同年美國頒發了六萬三千三百個此類學位。[92]日本資訊技術服務產業協會的調查發現，一九九〇年四月進入日本資訊服務業的大學畢業生，只有三・六％具備電腦科學系學位。[93]有一項研究計算了進入電腦相關專業的外來移民，以及資訊通訊技術軟體與硬體領域的大學畢業生總數，藉此估算出每年流入美國與日本資訊通訊技術人才數量。一九九五年，流入美國資訊通訊技術人才庫的人數比日本多六十八％。到二〇〇一年，兩國的人才年流入量差距已達到接近三〇〇％。[94]因此，在美國資訊通訊技術擴散最迅速的那些年裡，美國與日本在電腦與軟體工程人才差距進一步擴大了。[95]

此外，日本與美國的電腦科學學位提供的訓練並不一樣。首先，日本的大學未能快速適應電腦科學新趨勢。在一九九七年和二〇〇七年，日本資訊處理協會（情報處理學會）修訂了電腦課程大綱，兩次參考的藍本都落後美國六年。[96]日本頂尖學府東京大學要到一九九一年才成立獨立的電腦科學系，比史丹佛大學晚了二十六年。[97]大學過於集權的治理方式，也抑制了電腦科學作為獨立學科發展。[98]正如傑佛瑞．哈特（Jeffrey Hart）和金相培於二〇〇二年總結道：「美國的大學的電腦科學組織和學科靈活性，是所有與美國競爭的經濟體都無法比擬的。」[99]

軟體工程帶給日本更特別的挑戰。一九八八年，日文產業期刊《日經電腦》做了一項調查，訪問了六千家使用辦公室電腦的日本公司。這些公司不屬於電腦產業，涉及的領域相當廣泛，包括材料製造、金融、服務、政府，以及教育。超過八〇%的受訪公司表示，面臨程式設計師和軟體設計人員不足的問題。[100]平均而言，這些公司裡四分之一的資訊技術人員是外包，其中程式設計師、系統設計師和應用管理人員尤其依賴外包廠商。[101]日本一個非營利的資訊通訊技術發展基金會在一九九一年也提到了類似的電腦應用障礙。該調查發現，日本企業非常依賴其他組織臨時派遣的電腦人員，尤其是外包軟體工程師。[102]中小型軟體公司無法負擔在職訓練，而日本缺乏正規軟體工程教育，更讓這件事雪上加霜。[103]

統計文獻可以幫助證實美國與日本在軟體工程技能基礎建設的差距。我分析了自一九九五年以來，WoS期刊論文資料庫的「電腦科學、軟體工程」類別中約七千份出版物。[104]為了評估軟體工程機構訓練的廣度，我計算雇用了至少一名出現於上述資料的研究人員的日本和美國大學數量。根據我的估算，美國每百萬人有一點五九家大學有聘雇相關人員，符合基本品質標準，而日本每百萬人只有一點一七家。兩者的差距約為四〇％。

最後，在電腦科學領域，產業界與大學聯繫薄弱，讓相關教育基礎建設難以伸展。日本文部科學省對大學的集中控管，抑制了新成立的資訊科學系與集結大量電腦人才的企業實驗室合作。[105]日本研究人員經常抱怨文部科學省的補助金規模，以及該部會限制他們尋求其他經費來源。一九九二年，日本用於大學設施的整體預算水準與一九七五年相同。額外的政府資金流向獨立的卓越中心，因此能用來擴大軟體工程培訓機構基礎的資源就更少了。[106]

解釋美日競爭的其他因素

針對美日競爭這個案例，其他解釋是否成立？除了通用技術技能基礎建設，一系列的其他因素也可能導致美國與日本應用資訊通訊技術的速度顯著有別。在這當中，外部威脅和資本主義類型都提出了國家適應第三次工業革命的其他機制。

地緣政治威脅

外部威脅的理論難以解釋美國與日本在這段時期的技術表現差異。在這段時期，日本領導層努力應對東亞緊張局勢和一九七〇年代的石油危機，受「脆弱狂熱」（cult of vulnerability）波及。[107]另一方面，美國的「國家安全體制」（national security state）在冷戰危機助長下成長，成為「美國創新的祕訣」。[108]在創造性不安框架下，馬克．泰勒認為日本和美國都是第三次工業革命時期的模範，兩國技術的成功某程度上都有賴於不安全的國際環境帶來的刺激。[109]因此，一般的威脅論無法解釋美國與日本的技術表現差異，也就是無法解釋為什麼美國在資訊通訊技術普及應用比日本成功。

相關論點指出美國軍事採購對電腦化的重要性。一如第二次工業革命期間軍方對美國製造體系的影響，美國軍方提供了電腦和半導體的初始投資需求。在一九四〇和一九五〇年代，美國軍方是電腦技術突破背後的主要支持者。[110]在軍方保證大量採購的情況下，致力創新的公司做了高風險基礎研究，最終帶來了許多溢出效應。例如，第一台多用途電子數位電腦，是賓州大學的電子數值積分器和計算器（ENIAC），開發期間就恰巧是第二次世界大戰。ENIAC由美國陸軍彈道研究實驗室資助，執行的第一個程式是模擬氫彈點火。[111]

除了軍方，其他機構是否也能成為資訊通訊技術的主要需求來源？貝爾實驗室和

IBM等商業機構也研發出資訊通訊技術的重大突破。經濟學家提莫西．布雷斯納漢（Timothy Bresnahan）和曼紐爾．特拉登伯格（Manuel Trajtenberg）認為，美國政府的需求並沒有真的影響半導體的發展，一切「只是巧合」。[112]另一些人則認為，如果沒有軍方資金，半導體和電腦的商業發展很可能還是會發生，但是會慢很多。[113]

怎麼看這個爭論，取決於個人對電腦化關鍵階段的看法。那些強調軍事採購的人，通常會強調美國電腦產業的先行者優勢至關重要。[114]但是，在美國軍方幫助開發出第一批電腦和電晶體數十年之後，日本在許多相關產業壟斷了市場。如果以通用技術的擴散（而非其出現）作為出發點，軍事採購的重要性就會降低。到一九六〇年，也就是第三次工業革命開始時，美國的資訊通訊技術發展已經大大減少對軍方的依賴。在一九九五年，光是兩大電話網絡對貝爾電晶體的需求，就已經幾乎是所有軍事專案總和的十倍。[115]事實上，隨著資訊通訊技術的發展越來越仰賴商業驅動，軍方的參與可說是阻礙進步，因為不同的技術文化之間關係緊張。[116]

總的來說，軍方在美國電腦化過程中最重要的作用，是支持通用技術技能基礎建設。美國軍方確實參與孕育了電腦科學學科。從一九六〇年代開始，美國國防機構就支持電腦科學的學術研究，例如之前提到的軟體工程研究所創造了一些卓越中心，並擴大了電腦科學教育基礎。[117]從一九七七年到一九八〇年代中期，國防經費支持了超過一半的電腦科學學術研發。[118]但與此同時，軍方對電腦科學的投資並非沒有弊端。軍方資助集中在電腦科學尖端的精英研究型大學，例如卡內基梅隆和史丹佛，而國防以外的政府資助則支持範圍較廣的大學電腦科學教育。[119]關於軍方資助電腦科學研究的影響，史丹佛大學教授特里・威諾格拉德（Terry Winograd）曾寫道：「這造成了非常不平等的情況，少數學校幾乎壟斷了所有資源。雖然這可能在短期內促成更有效的研究，但這也是導致訓練有素的電腦研究人員長期嚴重短缺的因素之一。」[120]

資本主義類型差異

資本主義類型論或許也可以解釋為什麼相對於日本經濟，美國經濟從第三次工業革命的創新中得益更多。[121]根據資本主義類型論，協調型市場經濟體的企業提供比較有利於漸進式創新的特定產業培訓，自由市場經濟體的勞工則接受比較有利於突破性創新的通用技能培訓。這一派的學者指出，關於第三次工業革命期間，一些國際創新形態便是這套理論的證據。根據一九八三至一九八四年和一九九三至一九九四年的專利資料，政治經濟學家彼得・霍爾（Peter Hall）和大衛・索斯凱斯（David Soskice）發現，屬於協調型市場經濟體的德國專注於漸進式創新技術，屬於自由市場經濟體的美國則專注於突破性創新領域。[122] 因此，資本主義類型論會預期，像德國那樣屬於協調型市場經濟體的日本，無法在第三次工業革命中跟上美國的發展，因為電腦軟體和生物技術等高科技產業需要突破性創新。[123]

這個資本主義類型論，無法完整解釋第三次工業革命。首先，針對協調型市場經濟體和自由市場經濟體創新表現的全面實證研究，尤其是關於日本的突破性創新，便降低了資本主義類型論的解釋力。霍爾和索斯凱斯的初步分析，僅基於美國和德國四年的專利數資料。馬克・泰勒做了比較全面的分析，涵蓋所有自由和協調型市場經濟體三十六年（一九六三至一九九九年）的專利數和被引證數，結果發現實證資料並不支持資本主義類型論的預測。[124] 事實上，與資本主義類型論的預期相反，日本是突破性創新的佼佼者，以被引證數加權的專利數（突破性創新表現的一個有力指標）衡量僅次於美國。[125]

第二，資本主義類型論並不區分不同類型的通用技能，而這些不同類型的技能對各個國家的重要性各有不同。以基礎學校教育提供的通用技能培訓而言，日本當年在平均就學年數、入學率和接受高等教育機會都在顯著進步。[126] 通用技術擴散論則明確指出，第三次工業革命中的關鍵通用技能最有利於電腦普及應用。一如這些預期，美國與日本在軟體工程技能的差距，是美國成功推動廣泛電腦化的關鍵。

美日的特有因素

第三次工業革命特有的其他因素值得審視。在這些另類解釋中，一種流行的說法是日文漢字系統是日本電腦化速度緩慢的原因之一。[127]日文書寫系統專家馬歇爾．昂格爾（Marshall Unger）強調，以電腦化格式顯示漢字，必須先克服不少困難，讓使用電腦儲存日文資料和處理日文文字的成本增加。[128]美國的電腦只需要處理九十五個可列印字元，日本的個人電腦則需要處理六千個日文字元。[129]語言差異不僅提高了日本電腦的成本，還導致日本人無法使用來自美國、不支援日文功能的現成電腦。

雖然日文的特殊性最初可能阻礙了日本的電腦化，但我們也應該避免誇大這種語言障礙的影響。另一位計算語言學（computational linguistics）專家指出，昂格爾過度強調日文書寫系統造成的額外間接成本和速度代價。[130]此外，假以時日，電腦使用者和企業也會適應。到了一九八〇年代末，處理器技術進步使電腦得以支援比較大的日文文字需求。[131]因此，在美日電腦化差距擴大的關鍵時期，日文漢字系統的影響已經顯著降低。

在二十世紀後期，至少在許多分析師和學者看來，日本成為世界經濟霸主只是遲早的問題。根據領頭羊產業機制的假設，他們預期日本在消費電子、半導體零組件和電腦硬體等新興產業的優勢，將促成經濟權力移轉。然而在日本生產力成長放緩了十年之後，幾乎已經沒有人討論日本超越美國成為首要經濟強國的可能。

回顧這段時期，人們很容易得出這種結論：歷史已經證明過去那些為日本即將崛起成為科技霸主的說法貼上「印象主義」標籤[132]的批評者是對的，而且那些批評這種預測「言之過早」[133]的回顧型分析也是正確的。

然而，問題不在於領頭羊產業論的預測過於急切或過於主觀。真正的問題是，這些預測的假設是錯誤的。事實上，第三次工業革命正恰恰否定了領頭羊產業機制，揭示了經濟權力移轉的預期結果之所以沒有發生，部分原因是美國的通用技術擴散非常成功。一如通用技術擴散論所預期，美國的電腦普及應用相對成功，背後便是擴大電腦工程技能基礎的制度。美國成功地擴散通用技術，解釋了領頭羊產業論預期的經濟權力移轉為何沒有發生。

第六章　軟體工程技能基礎建設與電腦化的統計分析

技術變革的形態在大國興衰研究中常被忽視。多數研究者以各種制度因素解釋為什麼有些國家比其他國家經歷更多科技進步。本書的一個核心見解，就是制度因素是否影響技術領導地位，取決於關鍵技術的成長軌跡，比較符合通用技術擴散論還是領頭羊產業產品週期論。通用技術擴散論認為，通用技術技能基礎建設（擴大與通用技術相關的工程技能和知識基礎的能力）比較好的大國，可以比較有效地適應技術革命。

我們的預期是，一個國家如果有廣泛的機構可以培養與特定通用技術相關的工程人才，通用技術將會更有效率地普及應用。本章利用關於國家電腦化的資料，以及估算一個國家可以提供合格軟體工程教育的大學數量的一種新方法，首先以一九九五至二〇二〇年間十九個先進經濟體和新興經濟體的時間序列橫斷面資料，檢驗通用技術技能基礎建設與通用技術採用情況兩者的關聯。此外，以另外兩項檢驗補充這項縱橫資料分析（panel analysis）：關於七十六個國家達到某個電腦化門檻的速度的所需時間模型，以及對一九九五至二〇二〇年間一百二十七個國家平均資料的橫斷面迴歸分析。歷史案例研究驗證了大國之間的關係，大樣本量（large-n）量化分析則使我們得以檢視通用技術擴散論的適用程度。

在此先講結論：證據支持通用技術擴散論。能有效擴大軟體工程技能基礎的國家，電腦採用率比較高。即使考慮可能影響電腦化速度的其他因素，以及自變量和因變量的不同設定，上述關係仍然成立。接下來將先說明如何設定電腦化程度和軟體工程技能基礎建設的指標，然後以統計方法檢驗這兩個變量之間的關係。

設定自變量：軟體工程通用技術技能基礎建設

關鍵自變量是與電腦化相關的技能基礎建設。電腦是典型的通用技術，也是這類研究的好選擇，因為過去的許多其他通用技術在許多國家都沒有相關的工程教育資料。[1] 此外，電腦化時間已經夠長，有足夠多的資料供我們分析。我們的統計分析聚焦於軟體工程技能養成機構的效力，而軟體工程是負責培養電腦技術通才的電腦科學學科。[2] 具體而言，本章對通用技術技能基礎建設的測量，捕捉到一個國家的軟體工程技能和知識基礎的廣度。

測量軟體工程技能基礎建設的工作面臨三方困難。首先，目前還沒有跨國測量電腦科學人力資本的標準方法。聯合國教科文組織統計研究所（UIS）蒐集關於各領域技術人員和研究人員的可跨國比較資料，但這個資料並不包含明確關於電腦科學的資料，而且涵蓋的時間範圍有限。[3]第二，各國的電腦科學教育形式各有不同，一些或許可用的指標（例如電腦科學課程的本科學生人數）因此變得不大適用。在某些國家，電腦科學教育被納入一個廣泛的工程教育類別，沒有獨立的學位課程。[4]最後，電腦科學教育的比較也很難考量這種教育的品質。大學電腦科學課程的國際排名獲得媒體報導，但這些排名依賴關於聲譽的主觀調查，而且主要集中於精英大學課程。[5]

我對通用技術技能基礎建設的測量盡可能處理了這些困難。目標是為工程導向的電腦科學教育設定一個具體指標，可以跨國標準化，並且能夠顧及電腦科學教育在形式和品質上的跨國差異。我的新方法是**估算各國理論上能夠提供達到基本品質的軟體工程教育的大學數量**。為了替每個國家算出這個數字，我計算了一國之內有多少大學聘雇了至少一名曾在被WoS期刊論文資料庫的「電腦科學、軟體工程」類別收錄的刊物發表文章的研究人員。WoS在這個類別的引文資料庫可追溯至一九五四年，而且可以根據已發表論文和會議論文集的機構隸屬關係進行可靠的跨國比較。[6]這種方法也不會因為某些學位可能被歸入「電腦科學」或「一般工程」類別而失準。個別大學的課程命名方式不影響估算，因為只要一間大學至少有一名研究人員發表過軟體工程領域的論文，通用技術技能基礎建設指標就會納入該大學。

為了蒐集世界各地參與軟體工程技能養成大學數量，我分析了WoS期刊論文資料庫的「電腦科學、軟體工程」類別中，發表於一九九五至二〇二〇年間的四十六萬七千一百九十八篇論文，並使用Bibliometrix開放源碼軟體得出這些論文的機構和國家隸屬關係。[7]具體而言，我蒐集了這數十萬篇論文的作者所屬的大學和國家資料。針對每個國家，我計算**不同**的大學

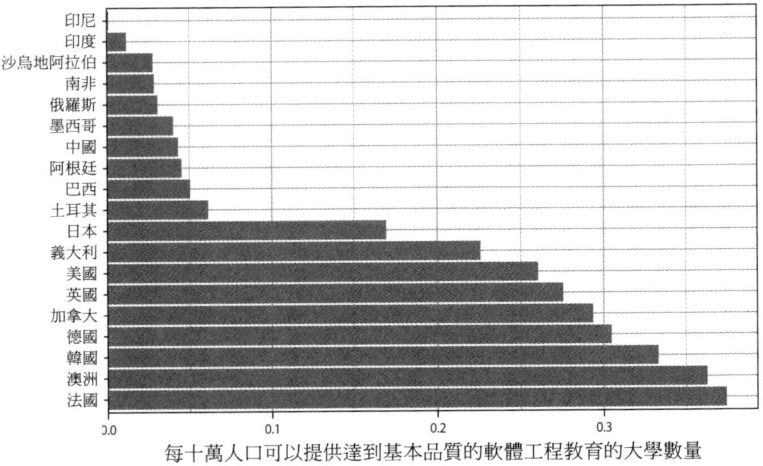

圖6.1　各國的軟體工程技能基礎建設（2007年）

資料來源：作者根據Web of Science Core Collection資料庫所做的計算。

數量。假設這個資料集當中的X國研究人員全都集中在一個卓越中心，那麼即使它比Y國擁有更多研究人員，我給予它的指標也只有一分，很可能低於Y國的得分。就跨國比較而言，不同大學的數量是一個更好的指標，可以顯示一個國家有多少機構可以提供軟體工程技能培訓，而這是通用技術技能基礎建設的核心。

我對一個國家某年的通用技術技能基礎建設的估算，是將這一年的得分與之前兩年的得分加起來算出平均值。這個步驟可以防止某一年的特殊事件（例如某個學術會議被取消）導致指標失去代表意義。各國在這個指標上的表現可以參考圖6.1，呈現了於資料集的一個中間年分，在二十國內各有多少大學符合我的軟體工程技能養成標準。

一如所有的文獻計量研究，因為資料集裡面的論文主要是以英文撰寫，我的方法可能會低估非英語國家的論文數量。[8]好在我的資料集是由工程和數學論文構成，所以受社會科學論文常見之語言偏差影響的程度相對輕微。[9]減輕這種偏差的另一個因素，是我設定的工程教育品質標準非常低。即使某個機構的研究人員以英文以外的語言發表頗大比例的論文，只要有一篇文章出現在WoS的「電腦科學、軟體工程」類別裡，我的通用技術技能基礎建設指標仍將計入這個機構。

我也考慮過軟體工程技能的其他指標，但都不適用於此類分析。國際電訊聯盟蒐集的電信業全職等值（full-time equivalent）員工人數資料，某程度上反映了各經濟體的資訊通訊技能水準。這個指標反映電訊營運商為了提供固網電話、行動通訊、網際網路與數據服務而雇用的總人數。[10] 使用這個指標的理由是，這個關鍵的資訊通訊服務業雇用的員工人數，可以反映一個國家的軟體工程人才基礎。但是，這個指標主要反映開發電腦和其他資訊通訊技術以及安裝相關設備的專家人數，忽略了在工作中大量使用資訊通訊技術的許多工程師，即使他們不參與開發軟體和電腦工具。[11]

其他指標涵蓋的時間範圍有限。例如，國際電訊聯盟有關資訊通訊技能（例如數位環境中的程式設計或編寫技能）的資料庫只可以追溯到二〇一九年。[12] 世界經濟論壇的「全球競爭力指數」調查企業主管對所在國家民眾數位技能的看法，但這個資料系列二〇一七年才開始。[13]

設定因變量：電腦化程度

國家之間的科學和技術能力差異吸引了許多學者研究。本書關注的是各經濟體的通用技術整體採用率，而另一方面，許多學者和政府機構積極量化國家創新程度，通常是以專利活動、論文發表和研發投資的資料為基礎。[14] 相較之下，特定技術擴散情況的跨國資料相當少。[15] 跨國歷史性技術採用（CHAT）資料集記錄了世界各國採用十五項歷史上重要技術的情況，有助於解決此一不足。[16] 關於技術採用跨國差距的另一些研究，則量化了網際網路的普及和政府使用資訊技術的情況。[17]

衡量電腦化程度的主要標準是擁有電腦的家庭比例。這些資料來自國際電訊聯盟的世界電訊通訊指標（WTI）資料庫。[18] 在這個資料集中，擁有電腦包括使用桌上型電腦和可攜式電腦，但不包括使用具有一定運算能力的其他裝置如電視和手機。[19] 藉由估算一個國家中有多少比例的家庭可以使用電腦，可以闡明電腦化程度的跨國差異。雖然有些國家的資料從一九八四年開始，但一九九五年之前的資料涵蓋範圍有限，而本章詳述的資料蒐集以一九九五年為始。

國際電訊聯盟除了提供關於世界各地資訊通訊技術普及使用情況指標，也追蹤各國的個人電腦數量，因為資訊通訊技術普及使用是聯合國二〇〇〇年設定的其中一個千禧發展目標。[20] 國際電訊聯盟利用兩種方法得出電腦使用數據。首先，如果有國家或超國家統計機構（例如歐盟統計局）提供相關調查資料，就會採用這些資料。雖然千禧發展目標倡議鼓勵各國統計機構協助國際電訊聯盟監測資訊通訊技術使用情況，資料涵蓋範圍仍不完整。如果某個國家某年沒有擁有電腦的家庭數目資料，國際電訊聯盟會根據電腦銷售量和進口資料估計，並調整數據以反映電腦平均使用壽命和其他相關指標（例如電腦使用人數）。例如，拉脫維亞的電腦使用指標二〇一三年來自歐盟統計局，二〇一四年來自國際電訊聯盟的估算，二〇一五年來自拉脫維亞中央統計局。

雖然國際電訊聯盟的電腦化指標有其限制，但我還是認為該指標好過其他相關指標。弗朗切斯科·凱塞利（Francesco Caselli）和韋伯·約翰·科爾曼（Wilbur John Coleman）研究了一九七〇至一九九〇年間許多國家的電腦採用決定因素。為了估算擴散的集約邊際（intensive margin），他們以一個國家每名勞工的電腦設備進口值代表該國每名勞工的電腦投資規模。[21]但是，只看一個國家的進口會漏掉該國由國內電腦業供貨的電腦投資，而這個問題在資料集的後期變得比較嚴重。[22]

更好的指標會估算企業取得和使用電腦的情況，因為這種經濟活動比家庭使用電腦更有可能提高生產力。我檢視了幾個或許可用的指標。CHAT資料集提供各國的人均個人電腦數量資料，這是該資料集的創造者所強調，可反映通用技術使用情況的三個指標之一。[23]但是，這個指標還是無法反映生產流程的電腦化程度，而且涵蓋的時間範圍比國際電訊聯盟的家庭電腦化指標來得有限。[24]經濟合作暨發展組織蒐集一些關於企業取得和使用資訊通訊技術的資料，但這項工作二〇〇五年才開始，而且僅涵蓋經合組織國家。[25]

幸運的是，一個國家的家庭採用電腦的情況可以作為該國商業活動電腦化程度的代用指標。在本書附錄中，我將進一步說明這個說法的根據。比較二〇〇五至二〇一四年間二十六個國家關於家庭和企業電腦化程度的資料，我發現這兩個變量有很強的相關性（相關係數為零點八）。[26]

主要模型設定概述

回顧一下，本章要檢驗的是：制度有利於擴大相關工程技能和知識基礎的國家，通用技術是否會更密集、更快速地擴散？我的第一個假說（H1）如下。

H1：軟體工程技能基礎建設水準較高的國家會維持較高的電腦化程度。

以國家年為分析單位，我估算出十九個國家二十六年間的時間序列橫斷面（TSCS）模型。量化分析使我們得以將研究範圍擴大到案例研究涵蓋的大國以外的國家。一如第二章所述，通用技術技能基礎建設的差異，對那些有能力吸收並應用來自全球科技前緣新突破的經濟體最有意義。[27] 因為相對落後的經濟體通常仍在努力建立進入科技前緣所需要的實體基礎設施和知識基礎，這些國家之間的通用技術技能基礎建設差異比較不顯著。因此，我將樣本限制在二十國集團的十九個國家（被剔除的成員是歐盟），它們代表了全球多數主要工業國和新興經濟體。

在建構TSCS迴歸分析之前，我先探究了軟體工程技能基礎建設與電腦化程度的關係。在加入任何控制變量之前，我畫出自變量與因變量的總體圖，以衡量關於通用技術技能基礎建設作用的假說是否成立。結果這個雙變量圖顯示，這兩個變量之間可能有很強的正相

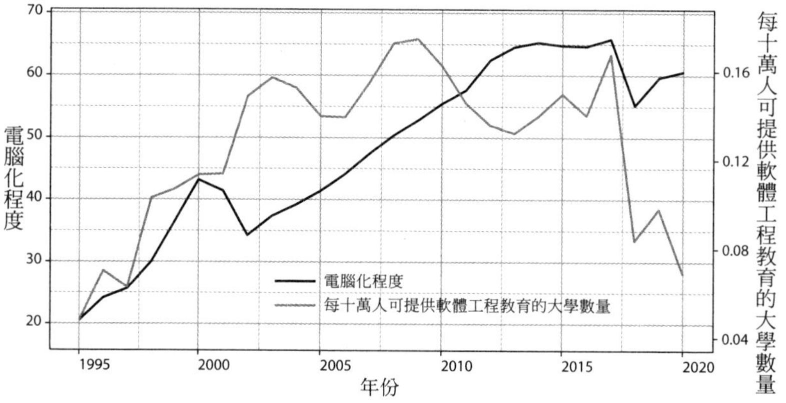

圖6.2 軟體工程技能基礎建設與電腦化程度

資料來源：本書作者的計算，資料在Harvard Dataverse：https://doi.org/10.7910/DVN/DV6FYS。

關（圖6.2）。[28]

圖6.2呈現的基本趨勢，證實了電腦科學技能基礎建設較佳的國家，電腦化程度比較高。雖然這些初步結果顯示這兩個變量之間明顯正相關，但我們還需要進一步檢驗以排除可能造成偽相關和影響關係強度的潛在干擾因子。TSCS迴歸分析有助我們深入探討通用技術技能基礎建設與電腦化程度的關係。

為了控制那些可能扭曲電腦相關技能基礎建設與電腦化程度之間關係的因素，我為基準模型納入了一些控制變量。富裕國家可能有能力花更多錢在電腦科學教育上；此外，它們也能夠相對輕鬆地承擔採用新技術的費用——已開發國家與開發中國家在資訊技術投資水準上的巨大差異便證實了這一點。[29]將人均GDP納入模型，是考慮到經濟發展程度可能是一個干擾因子。我使用當前購買力平價（PPP）基礎上的支出面實質GDP，它最適合用來比較各國的相對生活水準。國家**人口總數**是另一個控制變量，處理的問題是人口較多的國家可能比較容易受惠於網絡效應和規模經濟，而這兩者均與技術採用呈正相關。[30]我還加入了反映政體類型的政體分數。研究顯示，民主政府比較能為技術擴散提供有利環境，而研究也證實了網路技術特定情況下的這種關聯。[31]

最後，基準模型還納入兩個控制變量，反映關於技術變革如何影響先進經濟體的其他理論。首先，我在迴歸分析中加入**軍事支出**占GDP的比例。本書的案例研究已經審視了軍事採購是通用技術採用的重要刺激因素這個觀點。[32]藉由檢視許多國家的軍事支出與電腦化程度的關係，我們得以利用統計分析再一次檢驗上述觀點。此外，資本主義類型論認為自由市場經濟體特別有利於養成有助通用技術跨產業普及的通用技能。因此，基準模型也納入一個控制變量，來反映一個國家根據資本主義類型分類法是否屬於自由市場經濟體。[33]

在模型設定，我採用了追蹤校正標準誤差（panel-corrected standard errors）並校正自相關，這是分析TSCS資料的典型方法。[34]因為自相關和異方差（heteroskedasticity）皆存在，我使用兩步式Prais-Winsten可行一般化最小平方程序，估算出縱橫資料結構的線性模型。[35]

時間序列橫斷面結果

表6.1列出了三個初始模型的結果，進一步支持理論預期。[36]模型一納入了與經濟規模和發展水準相關的控制變量。模型二再加一個與政體類型有關的控制變量。最後，模型三增添兩個控制變量，分別反映關於技術變革如何影響特定經濟體的另外兩個理論。模型三也是我的基準模型。在這所有三個模型中，通用技術技能基礎建設指標的係數都是正數，而且統計上非常顯著（$p < .05$）。

通用技術技能基礎

建設對通用技術採用率的影響也非常顯著。根據基準模型中通用技術技能基礎建設指標的係數，[37]每十萬人可提供軟體工程教育的大學數量增加一%，電腦化程度會增加零點零四二個百分點。[38]雖然這種影響乍看似乎很小，但套用到樣本中分析各國的通用技術技能基礎建設差異，影響程度就會變得很明顯。例如在這段時期內，中國每十萬人中平均

	因變量		
	電腦化程度		
	(1)	(2)	(3)
通用技術技能基礎建設	3.760** (1.643)	4064*** (1676)	4.227** (1.666)
人均GDP	29.754*** (3.760)	29319*** (3737)	29.435*** (3.789)
人口總數	6.969*** (1.625)	7046*** (1654)	6.781*** (1.549)
政體分數		-0.456 (0.295)	-0.472* (0.277)
軍事支出			-0.940 (2.413)
自由市場經濟體			-2.194 (3.961)
常數	-374.599*** (60.452)	-368.051*** (61.173)	-361.885*** (58.374)
觀察值數目	383	370	370

表6.1　時間序列橫斷面模型結果

註：括號內為標準誤差。* $p < .10$; ** $p < .05$; *** $p < .01$

有零點零四所大學符合我對通用技術技能基礎建設的基本要求，而美國的這個數字是零點二四八。根據通用技術技能基礎建設指標的係數，美中兩國差異高達百分之五百二十，意味著電腦化程度相差近二十二個百分點。

值得注意的是，基準模型中只有經濟發展程度和人口規模這兩個控制變量具有統計意義。不出所料，比較富裕的國家和人口較多的國家，電腦技術採用率比較高。政體類型的虛無結果（null result）值得重視，因為這意味著民主制度對技術採用的影響力不如預設。[39] 最後，與威脅論和資本主義類型論所預期的相反，軍事支出和資本主義類型的影響並不顯著。這與歷史案例研究的結果一致。

量化分析附錄表一呈現了納入三個額外控制變量之後的結果。首先，貿易聯繫使國家接觸到先進技術和新觀念，打開了技術擴散大門。較高的貿易開放程度與較高的資訊技術採用率有關。[40] 證據顯示，一個國家開放國際貿易，顯著推升了各種創新指標，包括高科技出口、科學論文發表和專利。[41] 第二，較高的都市密度，與電視和網際網路等技術的較快速擴散有關。[42] 模型八納入了一個貿易開放程度變量和一個都市化變量。

第三，區域形態可能影響世界各地電腦化的情況。學界已經發現，思想、政策和技術之擴散，均存在這種區域效應。[43] 在模型九中，我利用虛擬變量（dummy variable）評估以下區域的空間動態：東亞和太平洋；歐洲和中亞；拉丁美洲和加勒比；中東與北非；北美；南亞；以及撒哈拉以南非洲。[44]在這兩個模型中通用技術技能基礎建設對電腦化的正面作用，都非常強勁和顯著。

為了確保分析結果並非受自變量選擇支配，我試著以另一種方式設定通用技術技能基礎建設。我重新分析了那四十六萬七千一百九十八篇軟體工程論文的資料，計算出每個國家的不同作者人數，作為反映可培養軟體工程人力資本的研究人員廣度的指標。雖然我還是認為原本的設定最能夠反映軟體工程技能基礎建設的水準，但這個不同的設定可以防止以機構為基礎的指標的潛在問題，例如機構歧義消除（institutional disambiguation）和非標準化作者隸屬關係。[45]在採用這個不同設定的情況下，無論是基準模型還是納入額外控制變量的模型，通用技術技能基礎建設對電腦化程度的估計價值仍是正面且顯著的。[46]

所需時間分析

大國能否利用通用技術的潛力來提高生產力，採用通用技術的速度也是重要因素（並非只有採用率的水準重要）。歷史案例研究顯示，技術領導國更快適應工業革命，是因為該國投資了擴大與通用技術相關的工程知識和技能基礎。這引出了第二個假說（H 2）。

H2：軟體工程技能基礎建設水準較高的國家電腦採用速度較快。

檢驗這個假說時，因變量變成一個國家達到某個電腦化程度所需要的時間。關鍵步驟是決定怎樣的電腦化程度算是成功「採用」電腦技術，以及技術擴散過程何時開始。就前者而言，我以一個國家擁有電腦的家庭比例達到二十五%作為「初步採用」電腦技術的標準。這種設定符合埃弗雷特・羅吉斯（Everett Rogers）關於創新成功擴散的S曲線的開創性研究結果——他的研究顯示，創新技術的採用率達到一〇%至二十五%時，擴散往往顯著加速。[47]就所需時間分析而言，因為許多國家在資料集開始時的電腦採用率高於一〇%，以二十五%作為門檻比較合適。[48]

我以一九九五年作為電腦通用技術擴散的起點。雖然把時間拉到更早比較符合歷史事實，但一九九五年比較符合建構模型的需求，因為在此之前的各國電腦化程度資料稀少。不過，少數國家顯然在一九九五年之前就已達到二十五%的電腦化程度門檻。[49]出於實際需要，我假設這些國家採用電腦技術所需要的時間為一年。因為許多國家在資料的最後一年，也就是二〇二〇年，仍未達到二十五%的電腦化程度，最後一年的資料出現了右設限（right-censoring）。

利用這些資料，我採用柯克斯比例風險模型，以一九九五年為開始時間，估算各國達到二十五%的電腦化程度所需要的時間。除了常被政治學家用來研究衝突持續時間或和平協議的存續時間，所需時間／持續時間模型也常被用來研究新技術擴散，以及釐清為什麼有些公司採用某種技術，需要比其他公司花更多時間。[50]因為不像TSCS分析那樣需要年度資料，所需時間分析擴大了國家涵蓋範圍，根據世界銀行的收入組別區分，納入了所有中高收入和高收入

	因變量	
	門檻為25%	**門檻為20%**
	（4a）	**（4b）**
通用技術技能基礎建設	0.673*** （0.137）	0.517*** （0.119）
人均GDP	1.186*** （0.335）	1.110*** （0.288）
人口總數	0.127 （0.085）	0.062 （0.074）
政體分數	0.022 （0.025）	0.024 （0.023）
軍事支出	0.017 （0.218）	-0.042 （0.198）
自由市場經濟體	0.760 （0.503）	0.785 （0.493）
N（事件數量）	76 （74）	83 （83）
概度比檢定（df = 6）	112.9***	111.2***

表6.2　各國達到電腦化程度門檻需要的時間

註：括號內為標準誤差。* $p < .10$; ** $p < .05$; *** $p < .01$

經濟體。[51]由此得出的樣本，在排除從未達到二十五％的電腦化程度門檻的國家之後，共有七十六個國家。

表6.2列出了所需時間分析得出的估計係數。正數係數意味著達到電腦化程度門檻的可能性較高。我使用了與TSCS分析基準模型相同的解釋變量和控制變量。這些變量都以一九九五年的數值進入模型。模型4a以二十五％的電腦化程度作為採用門檻，模型4b將它調整為二〇％，以確保這項設定未支配結果。

如模型所示，通用技術技能基礎建設水準與各國達到電腦化程度門檻的速度呈正相關，而且兩者關係在統計上非常顯著，支持了第二個假說。根據模型4a特定年份的自變量風險比（一點九六），提供軟體工程教育的大學密度若增至原水準的十倍，國家達到電腦化程度門檻的機會將增加一倍。[52]納入額外的控制變量之後，這些結果仍然成立（量化分析附錄表三）。[53]

橫斷面分析：一九九五至二〇二〇年間的平均情況

作為額外檢驗，我從縱橫資料集分解出一個大量國家於一九九五至二〇二〇年間的通用技術技能基礎建設和電腦化程度的橫斷面平均值。在某些方面，橫斷面證據可能更適合用來了解一些特徵（例如技能養成機構）的影響，因為年度資料很難捕捉到這些特徵的變化。[54]這種分析可以納入更多國家，因為許多國家沒有TSCS分析所需要的年度資料。利用與所需時間分析相同的範圍條件來限制樣本，結果剩下一百二十七個國家。

我還納入了之前縱橫資料分析使用的同一組控制變量，包括**人均GDP**、**人口總數**、**政體類型**、**軍事支出**，以及**自由市場經濟體**。我採用普通最小平方（OLS）迴歸來估計模型。因為尺度位置圖（scale-location plot）和布魯薛培根檢定（Breusch-Pagan test）都證明資料中不存在異方差，採用正常標準誤差的OLS迴歸估計量很合理。

迴歸分析結果使理論預期得到更多支持。總結一下，自變量是一九九五至二〇二〇年間軟體工程技能基礎建設平均水準的估計值，因變量是同期的平均電腦化程度。因為分析一百二十七個國家每年發表的軟體工程論文的書目資料非常艱鉅，我根據資料集兩個中間年份（二〇〇七、二〇〇八年）的論文，來估計培育軟體工程技能的大學平均數量，而不是根據整個時間範圍內的論文資料來得出這個平均數。[55]表6.3列出了三個模型的結果，它們逐步納入同樣是取自一九九五至二〇二〇年間平均值的多個控制變量。[56]三個模型的通用技術技能基礎建設的係數全都仍是正數，而且統計上非常顯著（$p < .01$）。

我額外做了幾項檢驗來確認結果。我首先加入之前TSCS分析使用的同一組額外控制變量。量化分析附錄表四證實了主要結果。依賴橫斷面平均值的模型有一個限制，那就是反向因果關係產生內生性（endogeneity）。換句話說，如果整個經濟體廣泛採用電腦，促進了對擴大軟體工程技能基礎的機構之投資，這可能會干擾基準模型的估計。考慮到這種可能，在量化分析附錄表五的模型十六中，我將通用技術技能基礎建設

	因變量		
	電腦化程度		
	(5)	**(6)**	**(7)**
通用技術技能基礎建設	3.211*** (0.528)	3.737*** (0.609)	3.761*** (0.649)
人均GDP	16.617*** (1.564)	15.536*** (1.723)	14.977*** (1.812)
人口總數	-1.647*** (0.440)	-0.739 (0.485)	-0.831* (0.500)
政體分數		-0.066 (0.147)	-0.070 (0.180)
軍事支出			0.577 (1.604)
自由市場經濟體			5.017 (4.269)
常數	-83.099*** (20.577)	-86.165*** (22.316)	-79.773*** (23.636)
觀察值數目	127	112	110
R2	0.812	0.833	0.834

表6.3　通用技術技能基礎建設與電腦化程度呈正相關

註：括號內為標準誤差。* $p < .10$; ** $p < .05$; *** $p < .01$

設定為一九九五年（資料集開始的一年）的估計值，而不是一九九五至二〇二〇年間的平均水準。[57]因此，這個模型捕捉到了，一九九五年的通用技術技能基礎建設水準對樣本餘下年度電腦化發展的影響。[58]結果顯示，影響仍是正面和統計上顯著的。

雖然主要目的是探究通用技術擴散論所預期的形態，但量化分析也可以探討有利於領頭羊產業產品週期的制度對電腦化是否有正面影響。為此，我加入了領頭羊產業模型重視的制度能力的控制變量。[59]反映電腦出口和資訊通訊技術專利的指標，是兩種捕捉一個國家的電腦業創新能力的方式。[60]最終分析顯示，與領頭羊產業相關的變量在統計上並不顯著。[61]

這些結果應該審慎解讀。在許多情況下，反映建立強大、創新的電腦業所需要的制度能力指標，可能與反映通用技術技能基礎建設水準的指標高度相關。因為統計方法難以區分連結這兩種因素與電腦化程度的因果過程，歷史案例研究肩負了比較的主責。儘管如此，加入與領頭羊產業機制相關變量的統計分析確實顯示，就電腦化而言，並無有效證據顯示強大的領頭羊產業會帶動其他產業的發展，並產生乘數效應，但這是領頭羊產業論一個重要的可觀察涵義。[62]此外，這些模型清楚告訴我們，區分與創新活動（創造出新產品或新流程的活動）有關的制度和工程導向的制度（例如通用技術技能基礎建設）十分重要，後者影響了採用技術的活動。[63]

本章利用多種統計方法檢驗這個理論預期：一個國家如果比其他國家更有能力擴大與特定通用技術相關的工程技能基礎，其經濟體在普及應用該通用技術上，將會比其他國家成功。TSCS模型、所需時間分析，以及橫斷面迴歸分析加起來證明了通用技術技能基礎建設與電腦化程度正相關。這些結果經得起一系列的額外測試和穩健性檢查考驗。

本章的方法有兩大局限。首先，本章的統計分析應該主要視為對通用技術擴散論的獨立評估，而非對通用技術擴散論與領頭羊產業產品週期相關因果途徑的額外比較。在大規模統計分析中，與領頭羊產業機制相關的指標，也可能與電腦化程度呈正相關，我們因此難以比較評估這兩種解釋。因此，案例研究中的豐富歷史細節提供了追蹤因果機制的主要依據。

第二，本章僅評估了通用技術技能基礎建設的一個面向。較為全面的評估不會只考慮擴大軟體工程人才基礎的能力（這是本章分析中的自變量），還會考慮通用技術部門與應用部門之間的資訊流通強度。例如在第二次工業革命這個案例中，美國和德國都培養了大量的機械工程師，但美國的技術學院更重視實務訓練和車間經驗，強化了美國機械工程教育系統與產業應用之間的聯繫。一些資料蒐集工作開始衡量此類聯繫，例如技術領域涉及產學合作的論文比例，而未來的研究以此為基礎，應該可以比較全面地評估通用技術技能基礎建設。[64]

雖然存在這些局限，量化分析還是支持通用技術擴散論這個重要的可觀察涵義：先進經濟體的通用技術技能基礎建設水準與通用技術採用率密切相關。這不僅初步支持了本書的核心論點，還使我們更相信通用技術擴散論適合用來理解眼下美國與中國的競爭。

第七章　美中ＡＩ競爭與第四次工業革命

第一台擊敗人類圍棋冠軍的機器、能夠理解人類產生的文本並創造出類似文本的強大語言模型、能夠預料蛋白質結構和加快藥物開發速度的電腦程式——這些只是人工智慧（ＡＩ）領域的幾項最新產物，光是這些，就讓一些人宣稱，第四次工業革命已經到來。[1] 就最新的地緣政治趨勢而言，在國家安全機構努力應對大國競爭迴歸之際，中國崛起一直是本世紀的首要敘事。美國與中國的科技競爭正處於這兩大趨勢的交會點，已成為那些對權力發展未來（以及未來本身）有興趣的人不可迴避的爭論話題。

誰將引領第四次工業革命？為了回答這個問題，美中兩國的主要思想家和政策制定者都在汲取過去技術驅動權力移轉的教訓，以應對當前局勢。不幸的是他們汲取了錯誤的教訓。領頭羊產業觀點過度影響了人們思考技術變革與潛在美中權力移轉的方式。對歷史案例的仔細研究和統計分析告訴我們，通用技術機制提供了更好的模型，幫助我們思考工業革命如何創造出權力移轉。以通用技術擴散的角度分析第四次工業革命和演變中的美中權力關係，將會對現今的技術突破如何影響美中權力格局，以及美國和中國應該採取什麼策略，得出不同的見解。

接下來將概述當今新興技術對美中權力格局的潛在影響。要了解這些，必須先釐清美中目前的生產力差距，著重討論那種認為差距幅度過大，使中國難以與過去崛起的強國類比的觀點。然後我檢視一系列的新興技術，這些技術被視為可能成為新的通用技術或成為新的領頭羊產業。考慮到技術發展很難準確預測，我聚焦於ＡＩ的發展，因為ＡＩ有可能重振資訊通訊技術產業成長，並改變其他智慧技術的發展軌跡。

我將重點放在兩種機制對ＡＩ的發展將如何影響潛在美中經濟權力移轉的不同看法。不同於貼近領頭羊產業論述的主流觀點，通用技術擴散論認為ＡＩ對中國崛起的影響，將在一個歷時數十年的過程中經由許多產業廣泛採用ＡＩ而實現。關於美中哪一國將更成功利用ＡＩ，最重要的制度因素在如何擴大ＡＩ相關的工程技能和知識基礎。最後，我將探討通用技術擴散論對美中權力格局的涵義如何有別於其他理論。

本章不是要辯論中國是否將追上美國，也不是要辯論技術能力是否比可能影響中國長期經濟成長的所有其他因素更重要，而是將重點放在相對有限的問題，包括：如果新興技術將顯著影響美中經濟權力格局，這將如何發生？哪一個國家更有條件利用第四次工業革命？我們應該追蹤的關鍵制度適應是哪些？[2]

權力移轉進行中？

過去四十年間，全球經濟格局最大的變化莫過於中國崛起。如果以購買力平價（PPP）匯率衡量，中國已經成為全球最大的經濟體；如果以名義匯率衡量，中國的經濟規模預計很快將超越美國。[3]中國令人印象深刻的經濟成長，已經促使許多人宣稱美國霸權時代結束。[4]

經濟規模使中國成為能與美國競爭的大國，但中國的經濟效率將決定權力移轉是否將發生。有些國家（例如瑞士）在某些經濟效率指標上超越了美國，但缺乏能與美國競爭的經濟規模。另一些崛起中的強國（例如印度）有巨大的經濟規模，但經濟效率遠遠落後。邁克・貝克利（Mike Beckley）總結道：「如果美國在二十一世紀遇到一個勢均力敵的競爭對手……那一定是中國。」[5]中國的生產力成長是經濟霸權是否移轉的關鍵。[6]但中國不是第一次成為世界最大的經濟體：在第一次工業革命後英國成為經濟強權的時代，中國就是當時全球最大的經濟體。

和生產力前緣相比，中國目前處於什麼位置？根據二〇一八年的數據，中國的實質人均GDP（以二〇一〇年的PPP匯率計算）約為美國的三十%。[7]在二〇〇〇至二〇一七年間，中國的總要素生產力從未超過美國總要素生產力的四十三%（圖7.1）。[8]二〇一五年，中國的勞動生產力仍僅為美國的三十%，雖然過去二十年裡已經增加了一倍。[9]

從這些數據看來，相對於過去崛起的強國，中國與生產力前緣的距離大得多。如果美中權力關係與過去的大國

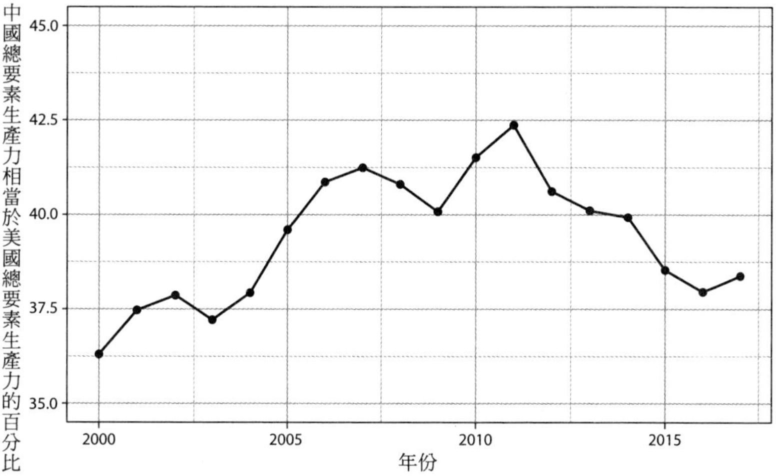

圖7.1　美中生產力差距（2000至2017年）

資料來源：Penn World Table version 9.1; Feenstra, Inklaar, and Timmer 2015。

競爭案例根本不同，那過去案例結論的參考價值便有限。[10]例如在第一次工業革命初期，英國只是稍微落後於當時生產力領先的荷蘭。一八〇〇年，英國的人均GDP是荷蘭人均GDP的八十％。[11]同樣地，在第二次工業革命初期，美國的生產力只是稍微落後於英國。一八七〇年，美國的勞動生產力和總要素生產力分別是英國勞動生產力和總要素生產力的九十％和九十五％。[12]在一八七〇年代，英國的人均GDP平均值比美國高十五％左右。[13]

儘管如此，中國超越美國、成為生產力領先國並非不可能。[14]第三次工業革命這個案例是目前比較美中生產力差距一個更好切入點。在第三次工業革命開始的一九六〇年，日本人均GDP是美國人均GDP的三十五％。[15]當時日本的總要素生產力是美國總要素生產力的六十三％，日本的勞動生產力僅為美國勞動生產力的二十三％，甚至低於目前美中生勞動生產力比例。[16]雖然起初差距巨大，但到了一九九一年，美國與日本的總要素生產力差距縮窄到只有五％。[17]

事實上，長期而言，生產力成長是中國經濟持續崛起的關鍵。經濟學家朱曉東分析一九七八至二〇〇七年間的資料，區分出中國經濟成長的多個來源，包括勞動深化（labor deepening）、人力資本、資本深化（capital deepening），以及總要素生產力成長。他發現，總要素生產力成長貢獻了七十八％的中國人均GDP成長。[18]因為中國經濟成長奇蹟的其他驅動因素（例如都市化和人口紅利）日趨疲軟，中國將越來越需要靠提升總要素生產力，來支持經濟成長。[19]

中國能否維持生產力成長目前未有定論。受低效的基礎建設支出拖累，中國的總要素生產力成長率從全球金融危機前十年的二．八％，大跌至危機後十年（二〇〇九至二〇一八年）的〇．七％。[20] 如果以ＧＤＰ成長的其他估計值計算，中國的總要素生產力成長率在二〇一〇至二〇一七年間實際上為負數，年均為負〇．五％。[21] 生產力成長放緩並非中國特有的現象。甚至在二〇〇八年全球金融危機爆發前，先進經濟體的總要素生產力成長就已經放緩，因為資訊通訊技術蓬勃發展的提振效果減弱了。[22] 中國的勞動生產力成長率也從二〇〇〇至二〇〇七年間的八．一％，大幅降至二〇一一至二〇一九年間的四．二％，但就算是後者的時期，仍是美國勞動生產力成長率的六倍。[23]

適應和善用技術進步，讓中國長期生產力快速成長。中國領導人擔心中國陷入「中等收入陷阱」，也就是中國在耗盡出口導向、低成本的製造業優勢之後，無法晉身高收入國家的行列。許多研究強調，中國開發和吸收利用新興技術的能力，將決定中國擺脫中等收入陷阱的機會。[24] 中國政府也越來越致力於促進資訊技術和其他尖端技術的開發和採用，來提升總要素生產力。[25] 因此，要追蹤中國未來的生產力成長，就必須更好地認識當前時期的具體技術發展軌跡。

第四次工業革命的關鍵技術變革

資訊通訊技術是驅動第三次工業革命的關鍵，對第四次工業革命仍至關重要。從遠見家、夢想家到經濟學家和科技預測家，各界普遍認為ＡＩ將為數位化趨勢注入新活力。世界經濟論壇指ＡＩ是「驅動第四次工業革命的引擎」。[26] Google中國前負責人李開復大膽斷言：「ＡＩ革命的規模將達到工業革命的規模，但很可能更大，而且發展速度肯定更快。」[27] 為了進一步探討ＡＩ在第四次工業革命中的角色，我將視這個技術領域為通用技術和領頭羊產業軌跡的來源加以檢視。

領頭羊產業

基於領頭羊產業的論述預測，在未來的技術變革浪潮中，資訊通訊技術將繼續驅動經濟轉型。針對二十一世紀美中科技競爭的一項分析指出，資訊通訊技術產業「被廣泛視為當前的領頭羊產業」。[28]研究技術變革歷史週期和全球領導地位移轉的學者便如此預測，[29]儘管他們也強調其他潛在領頭羊產業，包括雷射和新能源，但確實都聚焦於資訊通訊技術，視之為下一波顛覆性技術創新的領頭羊產業基礎。

受領頭羊產業模型啟發，許多人認為ＡＩ對全球科技競爭的影響，在於可能賦予後來者新機會，使後來者有望在關鍵領域（例如ＡＩ晶片）趕上並超越先進國家。中國國家ＡＩ發展計畫，概述了中國在二〇三〇年前成為世界領先的ＡＩ創新中心的雄心。[30]學者分析了中國的相關能力，包括在某些ＡＩ應用領域建立全球知識壟斷，以及加強ＡＩ自主創新以提防其他國家將相互依賴關係（weaponized interdependence）武器化。[31]將中國的ＡＩ策略描述為旨在搶占新一代技術的「制高點」，反映了認為ＡＩ的競爭的紅海，便在誰先搶占關鍵產業全球市場。[32]

通用技術

在可能對美中經濟權力移轉產生重大影響的通用技術中，ＡＩ至為突出。一如領頭羊產業的相關研究，通用技術文獻也認為資訊通訊技術將持續驅動技術革命。肯尼斯．卡羅（Kenneth Carlaw）、理察．利普西（Richard Lipsey）和萊恩．韋伯（Ryan Webb）是通用技術分析的三名先驅，他們認為程式計算網路是驅動現代資訊通訊技術革命的基本通用技術。[33]非常重要的是，AI可以為這場資訊通訊技術革命開闢新軌跡。深度學習領域近年的突破，已經讓機器從資料中學習的基本能力提升，並可以應用於數以百計的領域，包括醫學、運輸以及其他候選通用技術，例如生物技術和機器人。這就是為什麼AI常被稱為「新的電力」，被視為堪比電力這種始祖通用技術。經濟學家視AI為「下一項通用技術」[34]和「我們這個時代最重要的通用技術」。[35]

有些研究已經找到了AI作為通用技術軌跡的痕跡。其中一項利用了未定稿論文的新資料集，發現關於深度學習的論文符合通用技術軌跡。[36]瑟吉歐・佩特利亞（Sergio Petralia）利用二〇〇五至二〇一〇年間的專利資料，建構了技術的通用技術性三面向指標，根據各技術類別成為通用技術的潛力來排名。[37]分析發現，圖像分析這個與深度學習和AI近期發展密切相關的領域，在通用技術性名列前茅。[38]另一項研究利用線上職缺資料分辨各技術領域的通用技術性，發現機器學習技術比區塊鏈、奈米技術和3D列印之類的技術，更有可能成為通用技術。[39]

可以確定的是，預測未來的通用技術也需要關注其他技術趨勢。有些研究也驗證了生物技術的通用技術潛力。[40]機器人技術是第四次工業革命的另一項潛在通用技術，或許可以接替資訊技術驅動的生產系統，推動「下一個生產系統」出現。[41] 雖然我將分析範圍限制在ＡＩ主要是因為篇幅有限以及ＡＩ的顯著地位，但我們也應該注意到，生物技術與機器人技術的發展也越來越依賴深度學習和大數據技術的進步。[42]

技術展望的局限

在分析之前的工業革命時可以借助後見之明指出案例中的關鍵技術，但分析第四次工業革命就不能這樣，因為我們尚不清楚技術驅動因素。從種種宣傳炒作中辨明真正重要的技術並不容易，即使是專家和技術預測機構，也經常未能預料到下一個大事件。一九四五年，由傑出航太工程師西奧多．卡門（Theodore von Kármán）領導的團隊，出版了關於航太業未來的三十二卷本巨著《邁向新視野》（*Toward New Horizons*）。但這項研究未能預見一些重大發展，例如十五年內人類上了太空、洲際彈道飛彈問世，以及固態電子技術誕生。[43] 在一九九〇年代初，美國陸軍做了技術預測評估，希望辨明接下來一個世紀最可能改變地面戰爭面貌的技術。二〇〇八年，美國陸軍的資深科學家和工程師回顧這項預測，給了它「C」的評級：報告未能預料到網際網路發展，成為最大的敗筆。[44]

我無法預知未來。如果我是在二〇〇〇年寫這本書，這一章很可能會集中討論奈米技術的前景，而不是AI。當時美國總統柯林頓剛公布了「國家奈米技術計畫」（National Nanotechnology Initiative）。在二〇〇二年的一次演講中，當時的美國商務部科技事務次長菲利普．龐德（Philip J. Bond）宣稱：

> 奈米技術的潛力幾乎達到神蹟等級。我們不難想像這些技術最終創造出真正的奇蹟，例如使盲人能看見、跛子能走路、聾子能聽見；治好愛滋病、癌症、糖尿病和其他疾病；消除飢餓；甚至是增強我們大腦的力量，使我們能產生偉大的想法、創造新知識，以及獲得新洞見。[45]

幾十年之後，圍繞著奈米技術的炒作出現了集體疲憊現象，一名科學家稱之為「奈米疲勞」。[46]

從過去工業革命的技術面貌中，我們可以汲取的一個重要教訓是：一個時代最重要的通用技術，往往源自不起眼之處。在第二次工業革命中，電力和化學創新最受關注，但美國的經濟崛起更大程度上要歸功於數十年前出現的工具機革新。同樣地，像電力這種「舊」通用技術，仍有可能震撼世界。[47]現在工業電氣化仍有很大的擴展潛力，可能大大提升生產力。[48] 同樣地，高容量電池技術也可能廣泛地改變生產力。[49] 有趣的是，專利資料也證明了，電氣技術依然很重要。在佩特利亞的通用技術性指標衡量排名前十的潛在通用技術中，電氣和電子類與電腦與通訊類一樣多。[50]

ＡＩ發展也有悠久的歷史。在美國，ＡＩ成為重要研究領域的歷史可以一路追溯到一九六〇年代。[51] 因此，雖然我將ＡＩ視為未來最重要的通用技術，但重點是謙卑地認識到展望未來，往往始於深入挖掘過去。

比較通用技術與領頭羊產業機制

是美國還是中國更有條件利用新ＡＩ革命的猜測一直不絕於耳。兩國之間的「ＡＩ軍備競賽」似乎每週都有新發展。[52] 許多人認為，中國即將超越美國成為ＡＩ超級強國，而ＡＩ正是第四次工業革命的關鍵驅動因素。[53] 但這些討論的假設，往往遵循領頭羊產業機制。通用技術擴散論為預測ＡＩ可能如何影響美中權力格局提供了另一種模型，對因應ＡＩ革命的最佳制度適應也有不同看法。如果過去工業革命的教訓仍將有效，美中經濟權力移轉的關鍵驅動因素，將是這兩個國家在一個好幾十年的過程中普及應用ＡＩ的相對表現。ＡＩ技術軌跡需要那些有利於擴大工程技能與知識基礎的制度加以配合。ＡＩ國際競爭目前仍在早期階段，但本章將概述一個初步框架，以評估哪一個國家更有條件成功。

美中ＡＩ競爭的關鍵時期

如果以領頭羊產業機制為指引，你會預期ＡＩ對美中權力競爭的影響，在ＡＩ發展軌跡的早期階段將非常顯著。事實上，許多知名人士已經表達了這種觀點。例如，哈佛甘迺迪學院貝爾弗科學與國際事務中心主任格雷厄姆·艾利森教授（Graham Allison）和Google前執行長暨美國人工智慧國家安全委員會（ＮＳＣＡＩ）共同主席艾力克·施密特（Eric Schmidt）就共同撰寫了一份報告，題為〈中國是否正在擊敗美國，將成為ＡＩ霸主？〉對艾利森和施密特來說，美中ＡＩ競爭的關鍵時期就在眼前。他們假定許多經濟領域將迅速採用ＡＩ改良技術，希望藉由「針對中國的快速進步以及目前中國看來可能在未來十年的ＡＩ應用中超越美國的現況，來提出預警」。[54] 另一些說法也遵循類似框架，同樣預測中國將能在二〇二〇年代利用ＡＩ顯著提升生產力。[55]

如果從通用技術擴散論切入，你會認為這些說法嚴重低估了ＡＩ提振經濟表現所需要的時間。通用技術發展的歷史形態告訴我們，即使是早期採用的國家，這些基礎技術也至少需要三四十年的時間才能夠顯著提升生產力。[56]

從這種思考切入，可以在確定ＡＩ這種通用技術的初始出現時間點之後，粗略推斷ＡＩ何時大展神威。二〇一二年，類神經網路AlexNet在ImageNet舉辦的大規模圖像分類演算法競賽中表現突出，人們普遍認為這刺激了當前這波基於深度學習的ＡＩ發展。[57]如果以通用技術在中位數領域達到一％採用率為標準，ＡＩ時代很可能始於二〇一〇年代末。[58]截至二〇一八年，根據美國經濟中ＡＩ採用程度的最新調查，只有二・七五％的公司使用了ＡＩ技術。[59]因此，無論採用哪一個面世時間點，如果ＡＩ一如之前的通用技術需要漫長的成長期，那麼ＡＩ大幅提升生產力要到二〇四〇和二〇五〇年代才會發生。[60]

當然，其他因素也可能影響ＡＩ發揮作用，包括技術採用過程可能正普遍加快。一些證據顯示，新通用技術顯著提升生產力所需要的時間已經有所縮短。[61]李開復認為，因為數位演算法的散布越來越順暢，加上創投產業越來越成熟，ＡＩ革命的發展速度將比過去的通用技術軌跡來得快。[62]儘管如此，初步證據顯示，ＡＩ將面臨與先前通用技術類似的應用滯後現象，包括出現取得計算能力資源、人力資本培養和業務流程轉型的困境。[63]

創新至上論與中國的AI能力

中國的科學與技術力量的爭論，將複雜的動態歸納為「創新」這個彷彿有神奇力量的詞。[64]中國能否創造出新技術，往往是中國日漸強大的科技能力和潛在美中權力移轉辯論的關鍵點。[65]在大衛．拉普金（David Rapkin）和威廉．湯普森看來，中國超越美國成為首要強國的可能性有多大，取決於「中國的創新能力」，尤其是與革命性技術變革有關的創新能力（這些技術變革使挑戰者得以在經濟競爭中超越領先者）。[66]他們認為：「如果……中國的創新能力繼續顯著落後於美國，那麼中國就可能要等到二十二世紀才能超越美國。」[67]安德魯．甘迺迪（Andrew Kennedy）和國際關係學者達倫．林姆（Darren Lim）使用領頭羊產業分析常用的言語，指中國必須創新是因為「新發現會產生壟斷租」。[68]

這種創新至上觀點，過度樂觀地看待中國挑戰美國科技領導地位的情境。例如，艾利森與施密特的貝爾弗中心報告，強調中國對AI相關研發的投資日漸增加，有越來越多領先的AI新創企業和有價值的網路公司。[69]同樣地，NSCAI的最終報告指出中國有多少AI領域突破性論文被大量引用，並參考了中國對新創企業的投資數據，進一步暗示中國的AI領域創新能力有望超越美國。[70]這種評價與看好中國整體技術能力的觀點吻合，也提到中國在研發支出、科研論文發表和專利等創新能力上表現出色。[71]

然而，另一些比較美中AI能力的研究得出了相反的結論，但他們還是仰賴領頭羊產業模型。例如，牛津大學兩位學者卡爾・佛瑞（Carl Frey）和邁可・歐斯本（Michael Osborne）將中國在AI領域即將超越美國的說法，與一九八〇年代高估日本在電腦領域的技術領導地位的觀點相提並論。他們認為，一如日本，中國將無法超越美國成為世界科技領導者，因為中國無法在AI領域產生突破性創新。事實上，他們認為這一次中國成功的希望甚至更黯淡：「中國AI技術超越美國的可能，比一九八〇年代日本主導電腦業的可能還低。」[72]

如果基於通用技術擴散論分析美中AI競爭，中國廣泛採用AI新技術的能力將更被關注。中國對基本創新的貢獻，一如其他歷史時期的大國競爭者，像是第三次工業革命中的日本、第二次工業革命中的德國和第一次工業革命中的法國，並不令人驚訝，也不特別令人擔憂。在像AI這樣的通用技術領域，沒有一個國家能夠壟斷所有突破。各國之間的關鍵差異，將在於在廣泛的領域適應和普及應用AI創新的能力。

站在擴散論的角度，中國距離成為AI超級強國非常遠。資訊通訊技術（ICT）採用趨勢顯示，美中兩國之間差距巨大。國際電訊聯盟的ICT發展指數反映了一個國家的網路基礎設施水準、使用ICT的機會，以及ICT採用情況，而中國在該指數的世界排名為第八十三位。[73]另一方面，美國是位居世界領先水準的第十五位。雖然中國在面向消費者的ＩＣＴ應用（例如行動支付和食物配送）擴散能力非常強大，但中國企業非常緩慢地投入數位轉型。[74]

事實上，承認這些不足的往往是中國的學者和智庫。阿里研究院一份報告就指出，若從數位技術在產業應用的滲透率來看，中國大幅落後於美國，相關領域包括數位工廠、工業機器人、智慧型感測器、關鍵產業軟體，以及雲端運算。[75]一個反映雲端運算採用情況與受重視的指數也顯示，中國顯著落後於美國，而雲端運算是ＡＩ應用的必要能力。[76]二〇一八年，美國企業的雲端運算平均採用率超過八十五％，是中國企業的兩倍以上。[77]

持平而言，中國確實廣泛採用機器人，這也是ＡＩ關鍵應用領域。中國的工業機器人總安裝量世界第一。受惠於有利的產業組成和人口條件，中國二〇一八年新增十五萬四千台工業機器人，比美國和日本的總安裝量還要多。[78]國際機器人聯盟（ＩＦＲ）二〇二一年的數據顯示，以每一萬名製造業員工可用的工業機器人數量衡量，中國的機器人密度超過了美國。[79]

但是，中國採用機器人的表面成就，值得進一步審視。ＩＦＲ數據中的中國製造業員工人數顯著低估了中國實際的製造業勞動力。如果這些數字修正至較為接近國際勞工組織數據的水準，中國的機器人密度將降至每一萬名製造業員工只有不到一百台機器人，約為美國的三分之一。[80]此外，人才瓶頸也妨礙中國普及應用機器人，因為需要熟練的技術人員調整機器人程式，才能投入特定用途。[81]閒置或無效的機器人會計入機器人密度數據裡，但對生產力成長毫無幫助。

以挑選贏家或水平方式發展AI

領頭羊產業與通用技術論述美中競爭的另一個不同之處，在於對技術革命的成長廣度看法不同。如果第四次工業革命中的技術競爭，僅限於哪個國家在新的領頭羊產業（例如AI）搶得更大的市占率，那麼像中國AI策略那種直接介入產業的做法就可能成功。但是，如果第四次工業革命的成長廣度，遵循之前三次工業革命的通用技術軌跡，另一種方法可能更有效。

中國的AI發展策略緊貼領頭羊產業模型。這種做法強調了特定前緣技術自主創新的一系列發展，而這種說詞始於二〇〇六年的《國家中長期科學技術發展規劃綱要》，並延續到富有爭議的「中國製造二〇二五」計畫。[82]自二〇〇〇年代中期以來，中國國務院頒布的產業政策數量顯著增加。[83]二〇一七年國務院的AI發展規劃，便恰如其分地概述了中國成為全球首要ＡＩ技術創新中心的雄心。[84]

通用技術擴散論看待經濟成長廣度的想法，之所以與中國應用的領頭羊產業模型背道而馳，根源在於對革命性技術如何促進經濟發展有不同預期。以中國二〇一〇年的「戰略性新興產業」計畫為例，該計畫根據中國在新興產業的發展機會，針對七個技術領域提出目標。[85]該計畫假設有限的幾個技術先進產業將驅動中國未來的經濟成長，以這些產業達到的規模（以產業貢獻的附加價值對ＧＤＰ的比例衡量）來界定成功與否。[86]

然而，通用技術擴散論認為，最能善用第四次工業革命的國家，其生產力成長來源將較為分散。只要ＡＩ技術能引發廣泛產業的互補型創新，ＡＩ產業就絕不需要成為最大產業之一。一些中國研究者反對偏袒少數技術領域的產業政策，便與這種說法相輔相成。中國國務院轄下一個研究中心，在二〇一二年與世界銀行合作的分析中得出以下結論：「對中國來說，更好的創新政策，第一步將是重新界定政府在國家創新體系中的角色，從針對性地嘗試發展特定新技術，轉向建設有利的制度和環境，在競爭的市場體系中支持整個經濟體的創新。」[87]即使ＡＩ能夠發揮通用技術潛力，我們還是需要較為廣泛的措施，才可以利用ＡＩ改變整個經濟體面貌。

科技政策總是在兩種做法之間拉鋸。「挑選贏家」的垂直型產業政策，著眼於特定技術，通常涉及由上而下的干預，以確保本國企業在特定產業具有競爭力。水平型產業政策則致力促進技術全面發展，避免將某些技術視為比其他技術更重要。這兩種做法某程度上都正確，至少在技術革命時期確保了長期經濟成長。挑選技術贏家有其必要，因為有些技術確實比其他技術更重要；但是，「贏家」是通用技術，而通用技術需要水平向產業政策來幫助擴散到許多應用領域。支持ＡＩ工程技能養成的制度是上述兩種產業政策的折衷做法。

制度互補：第通用技術技能基礎建設

二〇一四年，中國科技巨頭百度從Google聘請了吳恩達，挖走了Google深度學習團隊的共同創始人。三年後，百度將曾擔任微軟ＡＩ策略設計師的陸奇從微軟挖走。這兩次事件都成為矚目的新聞，並引發關於中國ＡＩ人才日強的廣泛討論。[88]

二〇一九年十一月，中國另一科技巨頭阿里巴巴慶祝公司在香港證券交易所上市時，展示了另一種ＡＩ人才。在敲鑼慶祝公司上市的一張相片裡，在阿里巴巴旗下物流倉庫工作的袁文凱站在右三位置。他曾是一名理貨員，畢業於廣東一間普通的職業學校，擁有豐富的自動化管理專業知識。他將物流倉庫的分揀能力提到至每小時兩萬張訂單，以滿足光棍節（十一月十一日）購物狂潮的高漲需求，這種成就使他值得受邀參加公司上市儀式。[89]

即使ＡＩ系統在下圍棋、翻譯新聞報導等事情上的表現已經超越了人類水準，人類的才能依然是設計和執行這些系統的關鍵。[90]一項訪問了超過三千名企業主管的全球調查顯示，對那些正處於將ＡＩ融入產品、服務和內部流程的前緣企業來說，擁有「合適的ＡＩ人才」是採用ＡＩ的最大障礙。[91]但什麼才是「合適的ＡＩ人才」呢？簡而言之，通用技術擴散論認為，中國要領導ＡＩ革命，需要袁文凱這種人才多於像吳恩達那樣的人才。想要因應第四次工業革命，必須要有助擴大ＡＩ工程技能和知識基礎的制度適應。

事實上，隨著ＡＩ領域日趨成熟，中國的報告頻頻強調，以適合大規模部署的方式，將演算法構想付諸實行。二〇二二年初，中國的工業和資訊化部屬中，最具影響力的中國信息通信研究院發表了兩份報告，指出ＡＩ「工程化」是一個重要趨勢，必須解決將ＡＩ專案從原型轉化為大規模生產的門檻。[92]人力資源研究單位Burning Glass於二〇一〇至二〇一九年間的職缺資料顯示，美國「ＡＩ相關」職位的人才需求，整體增幅遠遠超過「核心ＡＩ」職位。[93]這些ＡＩ相關職缺包含系統工程師和軟體開發工程師，涵蓋了在許多領域和舊有系統應用ＡＩ技術所需要的技能。

AI的通用技術技能基礎建設

目前美國比中國更有條件發展適合ＡＩ的技能基礎建設。首先，美國有更好的條件增加ＡＩ工程師人數。根據三項全球ＡＩ人才分布的獨立研究，在美國工作的ＡＩ工程師，遠多於任何其他國家。[94]二〇一七年，騰訊研究院和ＢＯＳＳ直聘（中國一個線上求職平台）發現，美國的ＡＩ「從業者」人數遠遠超過中國。圖7.2呈現了四個關鍵ＡＩ子領域的差距：自然語言處理（美國的ＡＩ從業者人數是中國的三倍）、晶片和處理器（十四倍）、機器學習應用（兩倍），以及電腦視覺（三倍）。[95]整體而言，美國的ＡＩ從業者總人數是中國的兩倍。[96]此外，LinkedIn和ＳＣＭＰ Research兩份獨立報告的數據也證實，美國的ＡＩ工程師人數全球最多。[97]

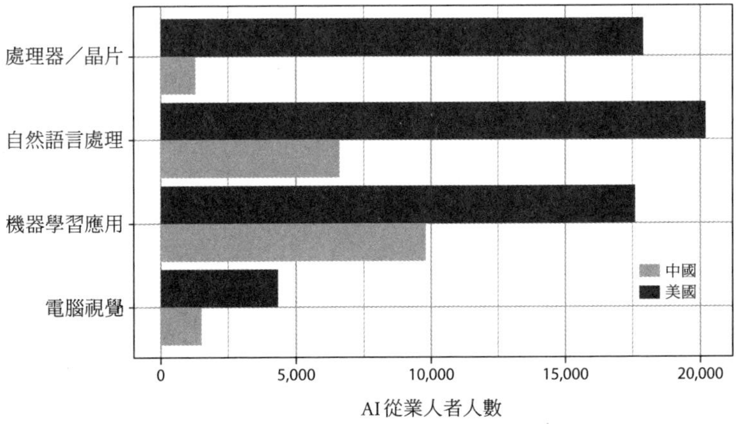

圖7.2　美中在關鍵子領域的AI從業者人數比較

資料來源：Tencent Research Institute and BOSS Zhipin 2017。

除了ＡＩ勞動力規模，ＡＩ教育的量與質，是另一個衡量哪一個國家更有條件發展ＡＩ通用技術技能基礎建設的因素。美國擁有精通ＡＩ的教職員的大學數量，同樣大幅領先中國。二〇一七年，全球三百六十七所提供ＡＩ教育的大學有接近一半位於美國，這些大學至少有一名教職員在頂級ＡＩ會議發表過至少一篇論文。[98]相對之下，中國只有二十所大學符合這個標準。將這種測量方法應用在二〇二〇至二〇二一年的結果顯示，美國仍深具領先優勢，以一百五十九所大學領先中國的二十九所。[99]

這些發現，與目前全球ＡＩ工程人才分布的一些廣泛觀點背道而馳。李開復在他的暢銷書《ＡＩ新世界》中指出，當前ＡＩ正在從「發現時代」（擁有最優秀ＡＩ專家的國家勝出）走向普及和應用的階段（擁有最多可靠的ＡＩ工程師的國家占優勢）。[100]李開復的結論是，在普及和應用的階段，「中國的ＡＩ開發和部署將很快追上美國，甚至是超越美國。」[101]相對於前面幾段的統計數據，李開復拿來支持中國的ＡＩ應用人才優勢的證據，顯得頗為不足。他主要著眼於位於北京的中國企業家強烈渴求學習ＡＩ的零星事例。[102]李開復的分析得益於他擔任創新工場執行長的經歷，而創新工場從事創投事業，投資了中國許多ＡＩ新創企業，可能導致李開復出於個人利益考量而誇大了中國的ＡＩ能力。

艾利森和施密特根據李開復的著作，同樣斷言中國正在建立比美國更廣的ＡＩ人才基礎。具體而言，他們指出中國每年的電腦科學畢業生人數是美國的三倍。[103]但是，這個數字所依據的研究發現，美國電腦科學畢業生的電腦科學技能水準，遠高於他們的中國同儕。事實上，美國電腦科學四年級學士在學生的平均表現，優於中國頂尖課程的四年級學士在學生。[104]因此，如果沒有確立一定的教育品質標準，對中國ＡＩ工程人才基礎的估計就會誤導人。這就是為什麼必須重視那些顯示美國擁有長期ＡＩ工程人才優勢的指標。[105]

第二，正如之前的工業革命已經證明，企業家與科學家密切合作將與通用技術相關的工程知識系統化，是通用技術技能基礎建設得以普及應用的關鍵。一項初步評估顯示，這種連結組織在美國的ＡＩ領域尤其強健。二〇一五至二〇一九年間的數據顯示，美國學術界與企業界合作發表的論文（定義為至少由一名來自產業界和學術界的研究人員共同撰寫的論文）全球最多，比中國多一倍以上。[106]中國影響力最大的媒體機構新華社指出，學術界與產業界之間技術交流不足，是中國ＡＩ人才生態系統的五大缺陷之一。[107]

這些初步指標符合中國產學交流整體狀況。在中國，加強產學聯繫的障礙包括機構之間流動性偏低、政府資助的研究合作漫無目的，以及對學術研究人員的評估未能設定正確誘因。[108]有一個指標反映了這個缺陷的實況：中國企業的研發外包給國內研究機構的比例，從二〇一〇年的二．四％降至二〇二〇年的一．九％。在同一時期，中國企業由國內高等教育機構執行的研發支出比例，也從一．二％降至〇．四％。[109]

此外，美國的ＡＩ標準制定方式，可能更有利於ＡＩ基礎研究實驗室與特定應用領域之間的資訊流通。以市場為中介、分散的標準制定系統，非常適合用來支持未來發展軌跡相當不確定的技術領域，ＡＩ便顯然適用。[110]在這種領域，政府嘗試藉由制定標準來影響技術發展時，會面臨一種「盲眼巨人的困境」。[111]政府介入可以對新興技術的發展軌跡產生最大影響的時期，恰恰是政府對該技術掌握最少技術知識的時期。因此，相對於市場驅動的標準制定方式，政府介入可能會鎖定較差的ＡＩ標準。

從這個角度看，由中國政府主導制定技術標準的做法，可能會阻礙ＡＩ在整個中國經濟中持續滲透。例如，中國中央政府主導了「中國人工智能產業發展聯盟」，該聯盟致力從產業界奪取某些ＡＩ應用標準的制定領導權。[112]政府過度干預是中國標準制定體系的長期弱點，因為由此產生的標準往往不符合市場需求，官僚鬥爭也妨礙標準融合。[113]權威人士王平認為，中國需要改革標準制定體系，使民間的標準制定機構有更大的運作空間，就像美國電機電子工程師學會和歐洲電工標準化委員會那樣。[114]

總而言之，美國不但比中國更有條件擴大ＡＩ工程技能基礎，還比中國更有條件得益於ＡＩ工程的產學聯繫。在過去的工業革命中，這些類型的制度適應，是國家維持技術領導地位的核心。不過，ＡＩ通用技術技能基礎建設的預測仍存在許多不確定性，尤其是如何適當且正確地測量ＡＩ人才數量。最近關於ＡＩ和ＩＣＴ相關人才的市場需求研究顯示，雇主正在放寬對此類職位的要求，可能不再要求應徵者必須擁有四年制電腦科學學位。[115]學士學位水準以下的數據科學和機器學習證書課程，可能大幅擴大ＡＩ工程人才庫。[116]考慮到以上各點，這些對通用技術技能基礎建設的評估，至少使中國最有條件利用第四次工業革命的流行說法顯得可疑。

重構國家的ＡＩ策略

顯然，前述結論與美中兩國決策者制定的國家ＡＩ策略背道而馳。美國旨在維持ＡＩ領導地位的政策提議，總是以加強ＡＩ研發作為最優先事項。例如，由二十八名專家組成的工作小組於二〇二〇年發表了題為〈迎接中國挑戰：美國科技競爭新策略〉的報告，針對美國應該如何確保在ＡＩ和另外三個關鍵技術領域的領導地位，提出了十六項政策建議。第一項是建議美國顯著增加基礎研究投資，將研發投入總額至少提高到ＧＤＰ的三％。[117]川普第一任內推出「美國ＡＩ倡議」，希望在「全球權力競爭的時代」維持美國的ＡＩ領導地位，該倡議同樣以ＡＩ研發支出作為首要政策建議。[118]

中國政府也優先支持研發投資，有時不惜犧牲技術應用和教育，導致提升生產力的措施無足伸展。[119]中國在二〇二一至二〇二五年的五年計畫，設定了二〇二一年增加基礎研究支出逾十％的目標，重心為ＡＩ和另外六個關鍵技術領域。[120]中國一再制定並達成雄心勃勃的研發支出目標，但在教育上卻沒有展現同樣的承擔和決心。二〇一八年中國研發支出占ＧＤＰ的比例高於巴西、馬來西亞、墨西哥或南非（這些是工業化時程與中國相若的中等收入國家），但中國的教育公共支出占ＧＤＰ的比例，卻低於這些國家。[121]研究中國科技政策的專家認為，中國對研發與教育的重視程度不一，原因可能是教育必須花更長的時間，才可以取得明顯進展。[122]

隨著美中兩國都轉向在不同的應用領域普及應用既有通用技術，不再執著啟動新的通用技術軌跡，投資擴大ＡＩ相關技能基礎將變得比壟斷頂尖ＡＩ人才更重要。致力擴大ＡＩ人才基礎的政策，例如加強社區學院培養ＡＩ勞動力更值得重視。[123]應用技術中心、專門的現場服務和其他技術推廣機構，可以鼓勵和協助中小型企業採用ＡＩ技術。[124]將工程教育的重心調整為維護和監督ＡＩ系統，而非只是發明新系統，也是如此。[125]

致力支持通用技術擴散的策略，未必與國家的頂尖實驗室和大學追求令人興奮的研究進展互斥。研發支出不僅有助促成新的ＡＩ突破，還有助擴展ＡＩ通用技術技能基礎建設。但是，只要談到戰略性技術，人們似乎太常理所當然地建議增加研發支出。[126]ＡＩ之類的通用技術與其他技術不同，需要不一樣的策略。

影響權力移轉的其他因素

在探討第四次工業革命可能如何促成經濟權力移轉時，比較通用技術擴散論與其他理論有其意義。一如前面幾章，我將先審視威脅論和資本主義類型論，然後討論美中新興技術的競爭可能如何受政體類型差異影響，因為兩國的政體類型差異特別顯著。

地緣政治威脅

威脅論有個危險的涵義，便是戰爭或製造戰爭威脅，是第四次工業革命維持或占得經濟領導地位的必要因子。弗農．拉坦認為二十世紀美國軍方促進了通用技術進步，而他懷疑美國是否能在未面對重大戰爭威脅的情況下推動通用技術發展。[127]二〇一四年，琳達．魏斯（Linda Weiss）應用拉坦的邏輯，分析美國的戰略處境，表示擔心冷戰結束和生存威脅消失，可能導致美國失去科學和技術創新的動力，她甚至質疑「為什麼中國還沒有變成像蘇聯和日本那樣刺激美國創新的競爭對手」。[128]其實她只需要多一點耐心。幾年之後，美中「科技冷戰」敘事日益流行，因為美中兩國均在渲染外部威脅以促進國家的科技發展。[129]

通用技術擴散的技術軌跡，強烈否定了美國或中國必須製造外部威脅才有可能在第四次工業革命中勝出的說詞。美國在第二次工業革命中崛起，就不是外部威脅促成的。在所有案例中，軍方都刺激了通用技術發展，但軍方的推力並非不可或缺，因為許多民間實體也發揮了與軍方投資相同的作用，提供大量初始需求，並成功孕育通用技術。此外，威脅論最多只能解釋一個國家利用外部威脅促成通用技術的初步突破。即使煽動恐懼可以刺激人們支持成本高昂、雄心勃勃的研究專案，仍不能決定哪個國家能夠藉由廣泛採用ＡＩ之類的通用技術而獲益最多。想要在獲益上旗開得勝，取決於擴大通用技術的工程技術基礎和建立標準互通性這種較為低調的艱辛努力，而非散播恐懼。

資本主義類型論

應用資本主義類型論分析美中ＡＩ競爭的結果並不明確。資本主義類型論認為，自由市場經濟體（以美國為典型代表）比協調型市場經濟體更有利於突破性創新。[130]但是，中國在資本主義類型論中是屬於協調型市場經濟體還是自由市場經濟體並不明確。有些人認為中國是協調型市場經濟體，有些人認為中國是自由市場經濟體。[131]這種爭議說明了中國經濟顯著的混合性質。[132]中國被視為資本主義類型論學術地圖上的「空白區域」，而資本主義類型論起初是用來區分先進資本主義經濟體的不同類型。[133]我們因此很難根據資本主義類型論，總結出中國能否很好地適應第四次工業革命的突破性創新。

如果我們著眼於資本主義類型論的技能養成，情況也是一樣。中國的教育體系重視培養通用技能而非職業技能。[134]在這方面，中國與美國等自由市場經濟體相似，意味著資本主義類型論不大能夠解釋第四次工業革命可能如何有利於美國或中國。在這個問題上，通用技術擴散論指出，ＡＩ工程教育差異比資本主義類型差異更重要。

案例特有因素：政體類型

政體類型對第四次工業革命中的技術領導地位有何影響？在未來大國競爭的爭論中，

專制的中國與民主的美國之差別極受重視。[135]政體類型也可能影響通用技術擴散論如何藉由利用新興技術，維持高於競爭對手的生產力成長速度。一些證據顯示，民主國家因為投資廣納型（inclusive）經濟制度，創造出比專制國家更有利的經濟成長條件。[136]此外，實證研究顯示，長期而言，民主國家的經濟成長表現優於專制國家，因為民主國家比較開放吸收和傳播新技術。[137]另一些研究發現，網際網路技術在民主國家的擴散速度比較快，或許是因為網際網路可能賦予反政府運動力量，使非民主國家的政府受到威脅。[138]

然而民主制度對技術進步和經濟成長的影響，仍有不少爭議。馬克・泰勒分析一九七○至二○一○年間五十個國家的資料，發現政體類型與國家的創新率（以專利取得率衡量）相關性不高。[139]一項研究檢視民主與經濟成長的計量經濟學證據，結論是：「過去五十年裡，民主對跨國經濟成長的淨影響是負數或零。」[140]此外，一般認為民主國家能有效利用新技術促進生產力成長，但中國快速的經濟成長和積極採用網際網路技術的表現成了一個例外。與最初的預期相反，控制網路空間的動機使一些專制國家（例如中國）更傾向普及網路技術。[141]另一些學者指出，中國專制政權的穩定性，顯著促進了對研發和技術教育的投資，而這種追求生產力持續成長的投資，通常被視為與民主政體有關。[142]

解決這些爭論不在本章的篇幅之內。[143]但是，通用技術機制與領頭羊產業機制並列，確實可以告訴我們政體類型可能如何影響第四次工業革命中的美中競爭。雖然傳統觀念將民主連接思想自由和創新能力，但在通用技術擴散框架下，政體類型對第四次工業革命期間美中技術競爭最重要的影響，引爆點可能是通用技術技能基礎建設的變化。民主國家政治權力分散的程度通常高於專制國家，而權力分散的國家，往往能夠更靈敏地回應特定通用技術對工程技能和知識的新需求。歷史上，新技術總是在權力分散的國家更快速擴散。[144]

通用技術擴散論多大程度上適用於眼下的美中競爭？我已經說明了一系列的歷史案例如何支持通用技術擴散論，每個案例涵蓋至少四十年的時間和兩個國家的情況。與此同時，我們必須承認，將過去工業革命和權力移轉的經驗教訓應用在當前情況上仍有其限制。

首先，必須澄清的是，我的研究直接攸關技術突破使中國經濟生產力得以超越美國的機制。[145]中國超越美國成為最強大經濟體，與美中國力差距並未縮窄的情況不同。學術界正確指出，後一種情況柯慶生（Thomas Christensen）稱之為「中國未趕上美國但造成問題」，仍對台灣主權之類的問題有重大影響。[146]即使如此，研究中國完全消除與美國國力差距的可能性，還是非常重要。根據權力移轉理論，崛起的強國與既有強國接近勢均力敵時，霸權戰爭爆發的風險最大。[147]中國維持經濟成長的能力也會影響中國在國際舞台上發揮影響力的意顧和能力。

第二，通用技術擴散論僅說明了取得生產力領導地位的一種途徑。歷史案例研究告訴我們，對顛覆型技術突破的制度反應，是經濟權力移轉的關鍵。但是，中國長期經濟成長的前景也可能取決於人口和地理因素。[148]

過去三次工業革命的教訓是否適合用來分析現今技術進步對美中權力格局的影響，可能受若干因素左右。最顯而易見的因素，可分為大國競爭以及技術變革。

首先，正如史蒂芬．布魯克斯（Stephen Brooks）和威廉．沃福斯（William Wohlforth）指出，中國在二十一世紀崛起可能面臨以往時代沒有的結構障礙。[149]依據二〇〇五至二〇〇六年的數據，他們指出目前美中兩國在軍事能力上的差距（以對軍事研發的長期投資衡量），遠大於過去崛起的強國與既有強國的差距。[150]不過，美中兩國的軍事支出差距，或許已經縮窄到可以與歷史上的軍力分布情況比較的程度。二〇二一年，中國占全球軍事支出十四％。這個新數字雖然還是遠低於美國的三十八％，但反映了過去二十年裡當美國縮減軍事支出時，中國正在積極推動軍事現代化。[151]這個比例可與本書分析的歷史時期軍力分布情況相比較。[152]

中國面臨的另一個結構障礙是，開發和部署先進軍事系統的複雜性與日俱增，使得現在崛起的大國比過去更難將經濟能力轉化為軍事能力。[153]不過研究中國如何將第四次工業革命的技術突破轉化為生產力長期成長動能仍有意義。首先，崛起中的國家還是可能受惠於與商業進步相關的複雜軍事技術的穩定擴散，例如武裝的無人駕駛車輛。[154]此外，軍事實力並非完全仰賴極複雜的系統，如F-22隱形戰機。將生產能力轉化為軍事實力，對中國在非對稱軍力和針對特定區域衝突的軍力投資可能更有意義，例如陸基防空系統和海軍部隊的快速替換。[155]最後，經濟發展與國家「生產、維護和協調複雜軍事系統」的能力仍有密切關係。[156]

至於影響歷史經驗適用的第二個問題是，技術領域本身正在變化。科學和技術活動加速全球化，可能會降低先進經濟體採用新興技術的領先幅度。[157]儘管如此，也有令人信服的理由使人認為，當前技術變革的性質，使通用技術擴散論變得更重要了。一些跨國研究顯示，雖然新技術如今在國際間的傳播空前快速，但新技術在一國之內普及至所有企業的速度卻越來越慢。位居全球技術前緣的跨國企業網絡，縮短了新技術初始採用的跨國滯後，但新技術「普遍採用」的跨國滯後（以一國之內技術從初始採用到普遍採用所需要的時間衡量）卻有增無減。[158]這些趨勢使通用技術機制變得更重要。

最後，即使在二十一世紀，偉大技術和大國興衰可能已經變得與過去根本不同，但以前的工業革命仍影響著今日的學者和政策制定者。[159]美中兩國有影響力的人物，還是會利用這些歷史事件來為他們的作為辯解，成為堅持計畫的理由。本章至少提出了我們可以從這些先例中汲取的不同教訓。

當我們這個時代的一些重要思想家宣稱ＡＩ革命將比工業革命更重要時，我們很難不被他們的興奮感染。不知何故，每個世代最終似乎都會相信自己的人生遇上了歷史獨有且重要的時期。但我們現在面臨的情況可能並非如此史無前例。要認清ＡＩ可能如何影響二十一世紀或許將發生的美中權力移轉，我們必須先從過去的工業革命中汲取通用技術擴散的教訓。

結論 在ＡＩ競爭中回顧

關於技術發展如何與國際關係格局互動的研究，往往聚焦於技術變革最戲劇性的一面——技術研發的驚喜發現時刻。技術根源如何導致經濟權力移轉的標準解釋，也在相同的框架下，將重點放在崛起的強國是否能夠率先利用突破性發明主宰領頭羊產業，進而壟斷利潤。然而，創新技術在經濟體中的普及應用這個不受矚目的過程，值得我們關注。技術擴散的速度和範圍對通用技術尤其重要，而通用技術有可能成為許多經濟領域普遍轉型的動力來源，例如電力或ＡＩ。

基於通用技術的擴散過程，我們看到了另一種理論，解釋了重大技術突破如何以及何時導致大國之間出現不同的經濟成長率。當我們評估技術革命如何影響經濟權力移轉時，便發現通用技術是歷史上非常重要的經濟成長引擎，可以大幅提升國家生產力。雖然每一種通用技術都有獨特之處，但往往遵循同一發展模式：經過數十年的互補型創新和制度適應之後，通用技術逐漸擴散到範圍廣泛的許多產業。通用技術最終無所不在並影響所有事物，但這不是一蹴而即的事。

這種影響途徑與基於領頭羊產業的既有理論截然不同。根據今日常見的解釋方式，大國競爭領頭羊產業的賽道，是在新產業早期成長階段比賽誰先主導初始突破，有如一場在狹窄跑道上的短跑。然而，通用技術擴散論認為，藉由在許多應用領域更有效地採用通用技術，有些大國可以維持高於競爭對手的生產力成長。大國在競爭通用技術普及應用時，有如一場在寬闊道路上的馬拉松比賽，是一場耐力賽。

顛覆型技術的革新之所以可能促成經濟權力移轉，是因為有些國家更成功地擴散通用技術。一個國家可以多有效地採用新興技術，取決於制度與這些技術需求之間有多契合。因此，如果經濟權力移轉是由通用技術軌跡而非領頭羊產業產品週期驅動，那麼最重要的制度適應，就是如何促進通用技術研究與應用領域之間的資訊交流，尤其是如何使國家更有能力擴大與新通用技術相關的工程技能基礎。

透過三個歷史案例評估，比較通用技術機制與領頭羊產業機制後，便證實了通用技術擴散的重要性。這些歷史案例發生了重大技術變革（一些學者視之為「三大工業革命」），全球經濟權力格局也經歷了重大波動。[1]這些案例突顯了通用技術擴散的重要性，是每一次工業革命的技術變革轉化為大國間的經濟成長率差異的關鍵。

以英國在第一次工業革命期間崛起成為經濟霸主為例，大量生產鐵製機器推動了機械化，而機械化便成為第一次工業革命的關鍵通用技術。英國在生產力成長超越法國和荷蘭的同時，也逐步推廣機械化。事實證明，對英國工業崛起更重要的是英國在廣泛的經濟活動中熟練採用鐵製機械，而不是在棉紡織等領頭羊產業主導創新帶來的出口優勢。雖然英國的工業競爭對手非常擅長培養專業科學家和頂尖工程師，也擁有更好的高等技術教育體系，但有助於普及技術教育和應用機械知識的英國機構，包括大量的技工學院，以及曼徹斯特文理學院之類的教育中心，才是英國在這場賽事中獲勝的關鍵。

第二次工業革命這個案例，也證實了通用技術機制對大國的影響。領頭羊產業機制強調德國在新工業（如化學）領域的突破，並視為德國在第一次世界大戰爆發前趕上英國的主因。但是，在這段時期崛起成為首要經濟強國的美國，比德國更成功地利用了第二次工業革命的技術變革。在工具機創新帶動下，可互換製造技術擴散到美國許多產業，成為驅動美國崛起的關鍵。美國的科學基礎設施和工業研發能力，比工業競爭對手落後得多，但美國在幾乎所有工業領域都成功採用專用機器，這樣的成就絕非仰賴基礎設施或創新研發。美國的優勢來自擴大技術高等教育系統和機械工程專業化，培養了廣大的機械工程人才。

資訊革命期間美日競爭的歷史，更讓領頭羊產業論述的問題更明顯。在二十世紀末，日本在快速成長的新產業（例如消費電子和半導體元件）奪得全球市場優勢，促使許多人預測日本將超越美國成為首要經濟強國。但是，原本領頭羊產業機制認為無可避免的權力轉移卻從未發生。歷史告訴我們，美國持續維持高於日本的經濟成長率，部分原因是美國各經濟領域的電腦化程度高於日本。在生產資訊科技產品的產業，日本的生產力成長追得上美國，但在大量採用資訊科技的產業，日本的生產力成長卻遠遠落後於美國。一個國家是否能在制度上擴大通用技術技能基礎，成為經濟實力的關鍵。日本的大學非常慢才調整課程以因應不斷增加的軟體工程人才需求，美國的大學則迅速建立了獨立的電腦科學學科，有效地擴大了人才基礎。

作為補充，我做了一項大樣本量統計分析，以檢驗通用技術技能基礎建設較佳的國家，是否擁有更高的通用技術擴散率。量化分析利用二十國集團中十九個國家橫跨二十五年、關於軟體工程教育與電腦化程度的時間序列橫斷面資料，證實了通用技術擴散論衍生的預期。那些常被假定有利於經濟體廣泛技術轉型的其他因素，無法從量化分析中找到背書，包括那些支持領頭羊產業產品週期的制度因素。藉由分析全球主要新興和已開發經濟體，我們進一步證實了通用技術擴散的核心要素。

本書的核心是介紹和捍衛通用技術擴散論，視之為說明技術變革如何以及何時可能導致權力移轉的一種新理論。歷史案例研究和統計分析證實了通用技術擴散論，更可以解釋技術如何驅動權力移轉，儘管在目前的政策制定圈與學術圈多半仍採用領頭羊產業來解釋，[2]但為了回應了邁克・貝克利和馬修・克羅寧（Matthew Kroenig）等學者的呼籲，我試圖聚焦在權力轉移的原因，而非僅關注後果。[3]

通用技術技能基礎建設的意義揭示了，接下來可以如何更好地認識人類歷史上最重要的一些技術進步背後的政治運作。為了探究為什麼有些國家能成功推動通用技術技能基礎建設，可以聚焦於政治制度的集權和廣納程度、政府著眼長遠的能力以及產業組織。[4]當滿足某種技術軌跡需求的基本政治因素與另一種技術軌跡的需求背道而馳時，如何小心區分技術變革產生的不同影響途徑將特別重要，一如我們必須小心區分通用技術機制和領頭羊產業機制帶來的影響。

未來也應該探究通用技術技能基礎建設以外、導致通用技術採用跨國差異的其他制度因素。以創新為中心的技術領導地位論述，經常忽略的許多制度因素，例如工程教育中的性別差距、[5]促進技術移轉的跨國族群網絡，[6]以及「技術擴散機構」，例如標準制定組織和應用技術中心。[7]

比較領頭羊產業機制與通用技術機制，是希望利用這種理論之間的衝突，有效促進大眾認識偉大技術和大國興衰。這種對照並非為了貶低某種理論。通用技術擴散論，是建立在過去關於領頭羊產業的學術研究上，這些研究率先指出，要釐清權力移轉有必要具體地掌握某些技術革新與總體經濟變化的關係。[8] 檢驗、修訂和改進既有理論，有助於推動漸進但影響深遠的科學進步，而這與通用技術漸進且漫長的演變過程並非那麼不同。

本書的核心也彰顯了國際政治中的權力評估有待修正。研究人員因為意識到科學和技術能力對一個國家的整體實力越來越重要，傾向將技術領導力等同於一個國家啟動「最有可能主導二十一世紀世界經濟的關鍵『領頭羊產業』」的能力。[9] 例如，蘭德公司有影響力的報告〈在後工業時代衡量國家實力〉（Measuring National Power in the Postindustrial Age）提出了一個衡量國力的模型，基礎就是一個國家在「領頭羊產業」主導創新週期的能力。[10] 該報告的作者直接借鑑了以領頭羊產業為基礎的學術研究，直言：「這個模型的概念基礎，受熊彼得、羅斯托、吉爾平、甘迺迪，以及莫德斯基和湯普森的研究所啟發。」[11] 這項研究在學術界和政策制定圈子很受重視，激發了著眼於國家實力的一些研討會，並被稱為「美國關於綜合國力的權威研究」。[12]

不同於這些研究，我認為評估國家的科學和技術實力應該認真考慮技術擴散問題。完全仰賴領頭羊產業創新能力指標的評估會誤導人，尤其是如果有國家在各種生產流程中普及應用創新技術的能力落後於人的話。要較為持平地判斷一個國家多有潛力奪下技術領導地位，就不能只看跨國企業、創新聚落如矽谷，以及令人瞠目結舌的研發數據，還要關注相對卑微的技術擴散。我們應該把鎂光燈打在完全不同的地方，包括小城鎮的中型企業、調整和實踐新方法的工程師，以及連結技術前緣與各類經濟領域的管道。

在發表於《國際政治經濟學評論》的論文中，我說明了這種擴散導向方法有利於評估中國科技能力。[13] 既有學術研究極其重視中國日漸成長的新技術開發實力，並提醒世人中國已經準備好超越美國。但這個論點是錯誤的。以雲端運算、智慧型感測器和關鍵產業軟體之類的數位技術滲透率衡量，美中兩國有效傳播技術，以及利用尖端技術的條件，仍有巨大差距。只要不再聚焦於令人印象深刻的華麗研發成就和高引用率論文，中國的「擴散赤字」就會暴露出來。事實上，擴散導向的評估顯示，中國成為科學和技術超級強國的可能性遠低於創新導向的評估所預測的。

與此相關的是，通用技術擴散框架可以有效應用在新興技術如何影響軍事力量的辯論。軍事創新的主要理論著眼於相對狹窄的技術發展，例如航空母艦，但技術變革對軍事的最大影響可能來自基礎革新，例如通用技術。有部分研究預測ＡＩ將迅速傳播到世界各地的軍隊體系並縮窄軍事能力差距，但在我和艾倫．達佛（Allan Dafoe）合寫的論文中，便利用電力如何影響軍事效能的證據，分析ＡＩ對未來戰爭的可能影響，質疑了前述的ＡＩ影響力。[14]

第三，如本書第七章所詳述，通用技術擴散論幫助我們在評估展望革命性技術（尤其是ＡＩ）如何影響美中權力格局時，提供了另一種模型。根據這個模型，為了確保技術優勢，當局應該採用與現行完全不同的政策。美中兩國有影響力的思想家和政策制定者都過度重視以下三點：ＡＩ和其他新興技術短期內可能產生的經濟效益、這些技術最初的基本創新集中發生在哪裡，以及少數經濟產業驅動的經濟成長。這些關注點正是從基於領頭羊產業模型出發。

然而，通用技術擴散論的結論截然不同。關鍵技術軌跡是美國和中國兩國許多產業採用ＡＩ技術的相對表現，這將是一個歷時數十年的漸進過程。不可能有任何一方斷絕另一方接觸通用技術基本創新，因此，最重要的制度因素並不是研發基礎設施或培養精英ＡＩ科學家的訓練場，而是那些有助擴大ＡＩ技能基礎和將ＡＩ工程師、企業家和科學家納入跨領域網絡的因素。[15]

但是，美國卻執著於主導領頭羊產業的創新。美國政策制定者的ＡＩ大策略專注於防止尖端創新成果洩露給中國，相關措施包括限制先進技術領域來自中國的研究生移民，以及針對用於訓練ＧＰＴ－３和ChatGPT等大型ＡＩ模型的高端晶片實施出口管制。[16]然而，通用技術擴散論的策略會優先考慮提高和維持ＡＩ融入廣泛生產流程的速度。例如，安全與新興技術中心（ＣＳＥＴ）的研究員黛安娜．格爾豪斯（Diana Gehlhaus）和盧克．科斯洛斯基（Luke Koslosky）分析了近九十萬個副學士學位課程，指出投資社區學院和技術學院，有助於釋放美國ＡＩ人才「潛能」。[17]這個建議與經合組織的結論不謀而合，擴大資訊通訊技能基礎，便能有效增加二十五個歐洲國家的數位技術採用率，「就數位技術採用率而言，低技術勞工接受培訓的邊際效益是高技術勞工的兩倍，這意味著鼓勵培訓低技術勞工的措施很可能帶給生產力和廣納性（inclusiveness）雙倍紅利」。[18]

本書廣闊地解析了技術變革對國際政治產生的因果效應。國際關係學者一再呼籲同儕更好地預估科學和技術變革的後果，但至今從未達成。一項數據顯示，一九九〇至二〇〇七年間，主要國際關係期刊發表的二萬一千篇文章只有〇．七％明確討論了科學與技術問題。[19]哈羅德．斯普魯特（Harold Sprout）早在一九六三年就說明了研究這個課題的一個瓶頸：多數理論要不是嚴重低估了技術進步的涵義，就是假定技術進步是國際政治的「主變數」

（master variable）。[20]

中庸之道可以產生可觀的研究成果。技術並不決定大國的興衰，但某些技術趨勢，例如通用技術的擴散，確實自有動能。通用技術技能基礎建設所反映的社會和政治因素，左右了這些技術軌跡的發展速度和方向，讓我們能更加認識技術變革較長期和較大範圍的影響。[21]

致謝

這本書得以誕生，有賴三所大學的學術培育環境：它始於我就讀牛津大學時的一篇論文，在我於史丹佛大學擔任研究員時得以發展，然後在我任教於喬治華盛頓大學時終於完成。

我非常感謝我的博士導師Duncan Snidal在我就讀牛津大學時支持我。Duncan始終相信我的計畫能夠成功，雖然我自己的信心曾經動搖。在政治與國際關係學系，我很幸運能與一群熱心的同學一起學習，互相鼓勵，彼此扶持，共享火鍋。特別感謝Lucie Cadzow、Ben Garfinkel、Josh Goldstein、Kate Guy、David Hagebölling、Yang Han、Yutao Huang、Tuuli-Anna Huikuri、Kan Li，以及Chenchao Lian。我也非常感謝Janina Dill、Todd Hall、Karolina Milewicz、Andrea Ruggeri和Duncan Snidal在我的論文早期階段組織討論會，使我得到極好的回饋。

在牛津，我學術上的安樂窩是ＡＩ治理中心（GovAI）。與該中心團隊成員一起在基督堂草坪散步和在當地酒吧享用泰國菜晚餐，使我的論文工作得到很大的助力。我要感謝Markus Anderljung、Miles Brundage、Carrick Flynn、Ben Garfinkel、Jade Leung、Toby Shevlane、Baobao Zhang，並特別感謝艾倫．達佛營造了如此令人振奮的研究環境。我也要感謝Carolyn Ashurst、Joslyn Barnhart、Max Daniel、Richard Danzig、Eric Drexler、Sophie-Charlotte Fischer、Hamish Hobbs、Alex Lintz、Carina Prunkl、Matt Sheehan、Helen Toner和Remco Zwetsloot，感謝他們在我攻讀博士這件事上助我一臂。

在牛津幾年間，我得到一些人的友誼，在此要感謝Fahad Al Shaibani、Russell Bogue、Tom Carroll、Emily Gong、Kaleem Hawa、Richard Lu、Machmud Makhmudov、Jared Milfred、Jay Ruckelshaus、我了不起的碩士班同學Bogdan Knezevic，以及每週Jackdaw Lane即興足球比賽的所有常客。

在史丹佛大學的國際安全與合作中心（CISAC），我得以進一步琢磨本書手稿並引入新想法。我要感謝Andrea Gray、Tracy Hines、Scott Sagan、Harold Trinkunas，以及兩批出色的CISAC研究員，他們在COVID-19大流行期間不遺餘力，使我在CISAC的博士前和博士後研究工作得以取得豐碩成果。

完成這本書時，我是喬治華盛頓大學政治學系的助理教授。我很感謝我的同事們相信這個寫作計畫，尤其是Alex Downes和Charlie Glaser幫我組織了一場著作討論會，期間邁克．貝克利、史蒂芬．布魯克斯、Adam Dean、Marty Finnemore、Stephen Kaplan、Iris Malone和Abe Newman提出了精闢的意見，大大改善了本書手稿。Eric Grynaviski和Mike Miller在本書出版過程中提供了友善的建議。我也要感謝Dan Drezner和威廉．湯普森的寶貴意見。

我要感謝普林斯頓大學出版社的Alena Chekanov和Bridget Flannery-McCoy給予本書出版的機會。兩位匿名審稿人慷慨、用心和嚴謹的評論使我驚訝不已，他們的建議幫助我在厭倦了辛苦重寫同一段落之際，度過修改書稿的最後階段。感謝《國際研究季刊》和《國際政治經濟學評論》的主編容許我使用我之前發表過的一些文字。在撰寫本書的過程中，我獲得羅德信託（Rhodes Trust）、史丹佛人本人工智慧研究所以及喬治華盛頓大學安全與衝突研究所的資助。

學術寫作有個特點是我特別喜歡的，那就是它堅持指出其他人的研究和著述如何影響作者目前的工作，且對此的重視程度可能超過所有其他溝通媒介。每一筆引用都是承認自己的想法受他人影響，是謙虛坦蕩地指出知識先驅嘉惠我們良多。在所有影響本書想法的思想家中，內森．羅森柏格（Nathan Rosenberg）這位影響深遠的技術史學家至為突出。出版本書使我最滿足的其中一件事，就是有機會與羅森柏格教授的家人分享他的見解如何影響這本書。

我太太Joelle Brown一字不漏看過本書，她的存在讓這幾年成為我生命中最快樂、最充實的時光。我十分感激。

最後，我要感謝我的家人，包括我妹妹Rachel，父親丁昌民和母親張于屏。我將本書獻給我的父母親，感謝他們為我們所做的犧牲。

附錄一：質性分析附錄

案例分析程序

本書所有案例研究都採用非常相似的結構，以評估領頭羊產業機制和通用技術機制所預期的效應是否發生了。首先，我觀察新興技術是否經由通用技術擴散或領頭羊產業產品週期，使領先經濟體之間出現顯著的經濟成長差異。就影響時限而言，若有證據顯示領頭羊產業在發展早期階段不成比例地影響了經濟成長，也就證明了領頭羊產業。另一方面，根據通用技術擴散論，初始技術突破出現之後，應該要經過一段漫長的時間，才會充分提振經濟生產力。

評估歷史時間軸是否與理論機制的預期相符非常重要。例如，西達・史考茨柏（Theda Skocpol）關於社會革命的經典研究發現，意識形態驅動的先鋒運動不可能推動社會革命，因為這些運動僅在重大起義發生後才出現。[1]同樣地，歷史案例分析也發現，有些技術變革僅在經濟權力移轉發生之後，才對生產力成長產生顯著影響。

第二，根據通用技術擴散論，最有效利用技術革命的國家，整個經濟體應該普遍採用通用技術，且比例大幅領先其他國家。領頭羊產業機制則重視技術變革的另一個階段，預期崛起成為工業霸主的國家，仰賴源自領頭羊產業創新的壟斷利潤。值得注意的是，這兩種機制的預測並不相互排斥。一個國家有可能既壟斷領頭羊產業的創新，又在廣泛採用通用技術方面領先競爭對手。[2]因此，如果最終的經濟領導國除了擅長通用技術擴散，在領頭羊產業創新卻成就不高，便證實了通用技術擴散論更有力。同樣道理，如果最終的經濟領導國僅擅長領頭羊產業創新，並沒有比競爭對手還更大規模採用通用技術，則證明了領頭羊產業機制的說法。

我整理出口統計資料、跨國技術採用率，以及各產業對整體工業生產的貢獻，藉此評估關鍵的相對優勢階段。當代觀察者對相對工業優勢的評估，也提供了有用的資料。歷史上重要創新的地理分布，使我得以具體檢驗領頭羊產業的主要創新來源是否集中於單一經濟體——這是領頭羊產業機制的一個重要涵義。[3]辨識一項新技術突破的出現，比跨產業和跨國家追蹤新技術的採用情況來得容易。[4]幸運的是，近年一些研究者致力改善歷史性技術採用資料，有助於測量通用技術的擴散。[5]

第三，領頭羊產業機制和通用技術機制對特定時期的經濟成長廣度有不同的看法。在領頭羊產業機制下，我們應該觀察到幾個關鍵產業促進了領先國家總體經濟成長，技術進步應該集中在這些產業。而根據通用技術機制，領先國家的生產力成長，應該是由廣大產業集體貢獻而來。因為應用部門的互補型創新是促進通用技術普及的必要條件，技術進步應該相對分散地發生在各產業。

我分析各種技術的向後關聯和向前關聯資料、專利分布情況，以及各產業對生產力成長的估計貢獻，藉此確定特定領先國家的經濟成長廣度。因為可用的資料有差異，這三個面向的具體證據在各案例中有所不同。

我接著評估技術發展與制度適應的契合程度，看是否能夠解釋某些國家成功利用了通用技術的擴散或領頭羊產業產品週期。如果真正重要的是通用技術擴散，那麼奪得或維持經濟領導地位的國家，通用技術技能基礎建設應該比對手好很多。這種優勢面向十分多元，包括通用技術相關工程技能基礎較為廣闊，相關工程領域的標準制定較為活躍，以及通用技術發展前緣的人員與在各領域應用通用技術的人員聯繫較為密切。在某些時期，我的評估仰賴工程教育的質性比較。我利用的資料還包括某些學科的工程畢業生數據、工程課程的實習時間比例，以及文獻計量指標，例如有多少大學擁有曾在特定工程領域發表論文的教職員，或產學合作發表論文的數量（論文的共同作者包括至少一名來自產業界和一名來自學術界的研究人員）。

如果一個國家能否有效適應技術革命取決於領頭羊產業產品週期，那麼在最成功的國家，制度調整應該使該國能夠主導關鍵新興產業的創新。這些制度條件包括迎合領頭羊產業的產業治理結構，以及培養頂尖專家的科研基礎設施和教育機構。研發投資、擁有高等學位的畢業生人數，以及一個國家在領頭羊產業的論文發表和引用比例，都有助於衡量各國支持根本突破和創新的制度能力之差異。

審慎評估案例研究的證據，是公正評估這些相互競爭機制的關鍵。正如評估那些抽象的建構機制時經常發生的情況，我的一些檢驗仍有主觀詮釋和研究者偏見。例如，要確定歷史證據是否支持領頭羊產業機制或通用技術機制對影響時限的預期，我可能必須對一些相對含糊的概念進行主觀詮釋，主要是確定領頭羊產業或通用技術是在早期發展階段，還是經過一段漫長的時間之後，促成了產業權力移轉。因為我要檢驗相互競爭的理論，選擇有利於特定理論的「事實」特別迫切。在比較領頭羊產業和通用技術這兩種機制時，我利用一套一致的衡量標準和來源廣泛的各種資料，評估對立理論的不同主張，藉此限制過度主觀判斷的可能。[6]

案例選擇策略

我的案例選擇策略時考慮了三個主要因素。首先，案例研究應該有助於追溯連結技術突破與工業強國興衰的機制。第二，我將選擇最相關、最重要的案例，同時避免偏袒我提出的通用技術擴散論。最後，透過選擇合適的案例，足以將我在領頭羊產業和通用技術機制的發現，擴展到更廣泛的情境中，以分析當前中國對美國技術領導地位的挑戰。考慮到這些因素，我選擇了以下三個案例研究：第一次工業革命（一七八〇至一八四〇年）、第二次工業革命（一八七〇至一九一四年），以及第三次工業革命（一九六〇至二〇〇〇年）。

典型案例與異常案例

第一次和第二次工業革命至為突出，因為這兩個案例都涉及國際經濟領導地位轉變，這種結果其實相對罕見。我還考慮了技術變革如何促使十七世紀荷蘭共和國崛起，因為許多歷史學家和理論家視荷蘭共和國為霸權強國。[7]最後，我將工業革命之前的案例（例如荷蘭共和國的崛起）視為相關原因不存在，因為工業革命根本改變了技術變革影響國家生產力量的程度。[8]

作為補充，我選擇了日本在第三次工業革命期間挑戰美國技術領導地位，作為一個異常案例。在有因無果的情況下，分析異常案例有助於否定相關因果機制，而且可以藉由指出導致失效的其他變數來開發理論。[9] 具體而言，美日案例是領頭羊產業機制的重要異常案例，儘管具備領頭羊產業機制的所有要素，但機制預期的結果卻沒有發生。由於日本在半導體和電子等關鍵領頭羊產業大獲成功，許多學者預料日本將在這段期間超越美國，但預期中的經濟權力移轉從未發生。[10] 此外，這個案例也考驗通用技術機制。如果實證資料顯示這個案例也具備通用技術機制的所有要素，這將會損害通用技術擴散論的可信度。[11]

我還考慮過冷戰期間美國與蘇聯的競爭，認為這或許可以成為一個異常案例。[12] 當年蘇聯經濟被視為直追美國，但蘇聯從未超越美國奪占經濟龍頭，事實

質性分析附錄表一：案例分類

	無結果（－）	**有結果（＋）**
無原因（－）	不相關 荷蘭共和國（十七世紀中）	覆蓋異常案例 葡萄牙與荷蘭共和國的權力移轉（十七世紀初）
有原因（＋）	**一致性異常案例** 第三次工業革命	**典型案例** 第一次工業革命； 第二次工業革命

資料來源：術語改編自 Beach and Pedersen 2019, 96–97。

註：原因為技術革命，結果為經濟權力移轉；表格灰底部分代表本書選擇分析的案例。

上，蘇聯在一九七〇和一九八〇年代都出現了生產力負成長。[13] 相對於第三次工業革命中的美日競爭，美蘇案例比較沒那麼有用，因為蘇聯在冷戰期間從不曾擁有任何候選領頭羊產業或通用技術的優勢。[14] 質性分析附錄表一根據潛在案例是否有因和有果，區分出四種案例類型。[15] 總而言之，我選擇的三個案例有利於追溯技術革命與經濟權力移轉之間的因果。

關鍵性、相關性和選擇偏誤

這些案例對檢驗領頭羊產業和通用技術機制有很強的理論意義。在每個案例的早期，重大技術突破引發了新領頭羊產業的成長。領頭羊產業機制是學者分析技術變革如何影響經濟權力格局的主要根據。既有學術研究將第一次和第二次工業革命視為領頭羊產業產品週期驅動權力移轉的經典案例。[16] 許多學者也認為第三次工業革命是領頭羊產業機制的證據。[17] 因此，這些都是「非常可能」支持領頭羊產業機制的案例。[18]

我審慎地評估各案例是否能驗證通用技術擴散論。通用技術擴散論較難確定各個案例的正常預期，因為該理論不如領頭羊產業論那麼確立。可能會有人認為，通用技術機制在第一次和第二次工業革命中運作的條件成熟，因為蒸汽機和電力這兩種典型通用技術分別在第一次和第二次工業革命的最終勝出國大有發展。但與此同時，基於通用技術擴散機制分析案例背景因素，結果是蒸汽機和電力這兩種技術的擴散速度太慢，不足以顯著影響與第一次和第二次工業革命相關的經濟權力移轉。最後我將這些案例歸類為支持通用技術機制的「可能性不確定」案例。[19]第三次工業革命是「最不可能」支持通用技術機制的案例，因為相關文獻和背景因素告訴我們，當時崛起的強國日本適應電腦化的速度落後於美國，而電腦化正是那段時期具代表性的通用技術軌跡。

有一項研究評估了案例可能削弱主流理論和強化新理論，而根據該研究，第一次和第二次工業革命在支持新理論或挑戰主流理論方面價值很高。[20]當然，只有在全部三個案例的實證結果皆支持通用技術機制和否定領頭羊產業機制的情況下，才有可能修改現有理論。

案例選擇也有助處理可能成立的其他論述。如果案例中競逐領導地位的大國都面對類似的外部壓力，那種強調外部威脅和軍事採購作為動員因素的論述就很可能不成立。因為在第一次工業革命期間，英國和法國在拿破崙戰爭中交戰，外部安全威脅無法解釋為何英國比法國更成功適應了第一次工業革命的技術突破。無可避免的是，因為所選案例涉及漫長的時期和總體層面的過程，在選擇案例時，不可能完全屏除所有可能的干擾因素。因此，在分析案例的機制時，我也會處理可能成立的其他論述。[21]

選擇案例時，根據你想解釋的因素和結果來選擇案例，這樣的做法常常會引起人們擔憂，因為這種方法被認為是選擇案例中最常見的錯誤，可能會影響研究可靠性。[22] 但我的目的並不是計算一個單位的技術變革對經濟權力移轉可能性的平均處理效應（treatment effect）。在研究因果關係時，研究者會通過觀察不同案例中，解釋因素和結果之間的變化來理解原因對結果的影響。選擇有代表性的案例非常重要，這些案例應該在解釋因素和結果上都有變化，這樣才有助於分析。有些學者則建議，選擇案例時應該隨機挑選，以確保研究的公正性和結果的可靠性。[23]

然而，我並非研究技術變革對經濟權力移轉可能性的平均處理效應。我感興趣的是重大技術革命與大國興衰的因果機制。因為這種情況不常見，因和果皆出現的案例並不多。隨機選擇會導致我必須研究許多不存在技術革命和霸權移轉的案例。因為我選擇基於某種機制來分析因果關係，所以我決定優先研究那些原因和結果都明顯存在的典型案例。[24] 這樣的做法符合現在學界的趨勢：支持選擇那些解釋因素和結果之間有正向關係的案例。[25]

範圍條件與可類推性

這些個案研究結果的可類推性（generalizability）如何？要回答這個問題，我們必須釐清因果機制的範圍條件。首先是空間界限。這些案例研究的實證資料僅限於影響技術前緣大國的動態，因為通用技術和領頭羊產業機制在這種情況下可能以不同的方式運作。促進後進國「逐漸趕上」的因果途徑可能與促成「突飛猛進」的因果途徑截然不同。[26]例如，丹尼爾・德雷茲納的分析顯示，那些有助於開發中國家縮窄與先進國家技術差距的重要制度，可能恰恰會阻礙技術前緣的創新。[27]此外，最近的實證研究發現，在比較接近技術前緣的國家，貿易開放程度和高等教育等因素更能促進經濟成長。[28]最後，大型強國與小型強國（甚至包括技術先進的小國）之間的背景差異，可能干擾通用技術機制和領頭羊產業機制的運作，因為總體經濟和人口規模較大的國家，可能更有條件於專注於發展比較多樣的產業。[29]

其次是必須注意時間界限。我研究的三個時期與某些學者所認為的「三大工業革命」相對應，而這並非巧合（英國是十八世紀末第一次工業革命的典型領導國，美國是始於十九世紀末的第二次工業革命的領導國，日本則是二十世紀後期第三次工業革命的領導國）。[30]雖然並非完全沒有局限，這種定性反映學術界的這種共識：某些時期發生特別重大的技術變革，成為通用技術機制和領頭羊產業機制運作的初始條件。因此，如果要將研究應用於沒有發生技術革命的時期，那就必須特別小心。另一方面，如果我們認真看待那種聲稱我們正在經歷第四次工業革命的說法，那就不能低估我的研究結果。[31]

範圍條件決定了外部效度（external validity）。這個發現適用於大型強國勉力應對技術革命的所有情況。這種情況可能不多，但因為霸權移轉的潛在後果嚴重，這更顯得重要。[32]此外，將適用空間範圍局限於大型強國是保守的做法。一些領頭羊產業論述認為，導致大型強國工業龍頭易手的機制，也適用於小型強國。[33]從這個角度看，研究技術革命與大型強國競爭力的極端案例，有益於建立技術變革與國家實力之間的通用理論。正如歐盟研究影響了超國家政治制度理論，深入研究極端案例可以成為進一步研究的基礎。[34]

辨識通用技術和領頭羊產業

本書的研究方法說明了如何選擇實證分析要追溯的領頭羊產業和通用技術。過程中，我檢視了有關驅動經濟權力移轉的領頭羊產業的五份重要文獻，此外也檢視了指出多個歷史

質性分析附錄表二：主要文獻提出的歷次工業革命期間的領頭羊產業

提出的領頭羊產業	Gilpin 1987	Modelski and Thompson 1996	Kim and Hart 2001	Moe 2009	Akaev and Pantin 2014
第一次工業革命（1780-1840年）					
棉紡織	x	x	x	x	x
製鐵	x	x		x	
蒸汽動力	x				x
消費品			x		
輕型工具機			x		
第二次工業革命（1870-1914年）					
化學	x	x	x	x	x
電力	x	x	x		x
鋼鐵	x	x			
汽車			x	x	
耐用消費品			x		
第三次工業革命（1960-2000年）					
資訊通訊技術	x	x		x	
電腦	x		x		x
電子	x		x		
網際網路					x
半導體					x

質性分析附錄表三：主要文獻提出的歷次工業革命期間的通用技術

提出的通用技術	Nelson and Winter 1982	Bresnahan and Trajtenberg 1995	Wright 2000	Jovanovic and Rousseau 2005	Lipsey, Carlaw, and Bekar 2005
第一次工業革命（1780-1840年）					
蒸汽機		x	x	x	x
機械化	x				x
工廠制		x			x
鐵路			x		x
鐵製汽船					x
第二次工業革命（1870-1914年）					
電力	x	x	x	x	x
美國製造體系	x				x
化學化	x		x		
內燃機			x	x	x
第三次工業革命（1960-2000年）					
資訊通訊技術		x	x	x	x
電腦			x		x
半導體		x			
網際網路					x
精實生產系統					x

時期的通用技術的五份重要文獻。質性分析附錄表二和表三分別列出了這些文獻指出的領頭羊產業和通用技術。

如果只關注通用技術，可能會忽視一些對經濟成長非常重要的技術，比如某些只在特定領域使用的創新。這些單一用途的技術（例如紡織機械或合成氨的生產方法）深刻地影響了經濟發展，雖然它們不是通用技術。我在研究領頭羊產業時，除了關注通用技術外，還考慮了這些學者認為在各個時期對經濟影響很大的技術創新。比如第一次工業革命中的紡織機械就是一個例子。通過這樣的比較，我希望能消除對我在選擇通用技術時可能忽略其他重要技術的擔憂。[35]

還有兩個實務因素影響如何選擇。首先，有些技術同時被視為領頭羊產業軌跡和通用技術軌跡的可能源頭。例如，通用技術和領頭羊產業的學術研究，都將蒸汽機視為第一次工業革命的關鍵技術突破。但是，領頭羊產業論和通用技術論對蒸汽機如何造成大國之間的經濟成長率差異有截然不同的預期。前者聚焦於英國蒸汽機製造業壟斷相關創新帶來的早期優勢，後者則重視英國在許多不同產業廣泛採用蒸汽機的滯後效應。在這種情況下，我將這些技術同時列為通用技術和領頭羊產業，留待實證分析來揭示究竟是通用技術軌跡還是領頭羊產業軌跡比較準確地反映該技術的發展。

第二，一個時期之內可能有發展軌跡部分重疊的多個領頭羊產業和多種通用技術。就通用技術而言，經濟學家克里斯蒂亞諾・里斯杜奇亞（Cristiano Ristuccia）和索洛莫斯・所羅穆（Solomos Solomou）正確指出，處於生命週期不同階段的各種通用技術，所可能影響特定時期的經濟成長率。[36] 因此，我小心注意通用技術何時導致大國之間出現顯著的經濟成長率差異。例如在第二次工業革命這個案例中，我發現這段時期最顯而易見的兩個通用技術軌跡為電氣化和化學化，在二十世紀初仍處於早期擴散階段，因此不可能是美國工業崛起的主要驅動因素。[37]

附錄二：量化分析附錄

複製量化分析所需要的資料和程式碼儲存於 Harvard Dataverse（https://doi.org/10.7910/DVN/DV6FYS）。

量化分析附錄表一：時間序列橫斷面模型的額外控制變量

	因變量	
	電腦化程度	
	(8)	(9)
通用技術技能基礎建設	5.710*** (1.830)	4.041** (1.679)
人均GDP	25.282*** (6.645)	33.265*** (4.186)
人口總數	6.645*** (1.619)	-5.465*** (2.057)
政體分數	-0.590 (0.315)	-0.064** (0.305)
軍事支出	-2.212 (2.430)	0.970 (3.168)
自由市場經濟體	-2.446 (1.934)	-1.874 (6.211)
貿易開放程度	0.0887 (0.076)	
都市化程度	0.112 (0.127)	
東亞／太平洋地區		8.164* (4.458)
歐洲／中亞		0.091 (6.487)
拉丁美洲／加勒比海		12.237* (6.926)
中東／北非		-6.144 (15.126)
南亞		16.966** (8.201)
撒哈拉以南非洲地區		8.957 (7.388)
常數	-326.811*** (66.138)	-381.623*** (62.207)
觀察值數目	226	370

註：括號內為標準誤差。* $p < .10$; ** $p < .05$; *** $p < .01$

量化分析附錄表二：自變量的其他設定方式（時間序列橫斷面模型）

	因變量		
	電腦化程度		
	(10)	(11)	(12)
通用技術技能基礎建設	5.389** (1.840)	7.023*** (1.827)	5.792** (1.747)
人均GDP	27.737*** (3.860)	23.059*** (4.189)	31.211*** (4.118)
人口總數	6.312*** (1.544)	6.333*** (1.579)	5.311** (2.036)
政體分數	-0.485* (0.275)	-0.616* (0.304)	-0.647* (0.308)
軍事支出	-1.445 (2.356)	-2.853 (2.356)	0.649 (3.110)
自由市場經濟體	-4.923 (4.169)	-3.821 (2.281)	-4.176 (6.266)
貿易開放程度		0.084 (0.073)	
都市化程度		0.139 (0.123)	
東亞／太平洋地區			7.894 (4.331)
歐洲／中亞			6.371 (0.575)
拉丁美洲／加勒比海			15.498* (6.543)
中東／北非			-3.050 (15.095)
南亞			18.358* (7.875)
撒哈拉以南非洲地區			11.529 (7.457)
常數	-339.414*** (58.917)	-304.478*** (64.942)	-361.033*** (60.355)
觀察值數目	370	226	370

註1：括號內為標準誤差。除了政體分數、自由市場經濟體和區域這三個變量，所有變量均以對數形式進入模型。

註2：* $p < .05$; ** $p < .01$; *** $p < .001$

量化分析附錄表三：電腦化所需時間（額外控制變量）

	因變量
	門檻為25%
	（13）
通用技術技能基礎建設	0.447*** （0.092）
人均GDP	1.124*** （0.189）
貿易開放程度	-0.190 （0.211）
都市化程度	0.700 （0.150）
東亞／太平洋地區	-0.393 （0.836）
歐洲／中亞	-1.039 （0.813）
拉丁美洲／加勒比海	-0.990 （0.851）
中東／北非	-1.204 （0.839）
南亞	0.554 （1.361）
撒哈拉以南非洲地區	-1.680* （0.962）
N（事件數量）	103（101）
概度比檢定（df = 10）	127.3***

註1：括號內為標準誤差。除了代表區域的虛擬變量，所有變量均以對數形式進入模型。

註2：* $p < .10$; ** $p < .05$; *** $p < .01$

量化分析附錄表四：橫斷面模型的額外控制變量

	因變量	
	電腦化程度	
	（14）	（15）
通用技術技能基礎建設	3.703*** （0.661）	2.995*** （0.781）
人均GDP	15.122*** （1.829）	14.544*** （1.842）
人口總數	-0.467 （0.771）	-0.753 （0.519）
政體分數	-0.060 （0.187）	0.044 （0.222）
軍事支出	0.276 （1.643）	0.460 （1.683）
自由市場經濟體	4.375 （4.343）	3.897 （5.030）
貿易開放程度	-0.213 （2.676）	
logavg都市化程度	1.040 （1.027）	
東亞／太平洋地區		-2.620 （8.184）
歐洲／中亞		-2.490 （8.236）
拉丁美洲／加勒比海		-5.233 （8.610）
中東／北非		-1.763 （8.874）
南亞		-13.155 （9.854）
撒哈拉以南非洲地區		-13.362 （8.792）
常數	-90.549*** （33.028）	-75.458*** （26.353）
觀察值數目	110	110
R2	0.836	0.853

註1：括號內為標準誤差。

註2：* $p < .10$; ** $p < .05$; *** $p < .01$

量化分析附錄表五：通用技術技能基礎建設與滯後的電腦化

	因變量
	電腦化程度
	（16）
通用技術技能基礎建設（1995年）	2.059*** （0.676）
人均GDP	19.527*** （1.720）
人口總數	-0.276 （0.538）
政體分數	0.111 （0.197）
軍事支出	1.972 （1.744）
自由市場經濟體	0.937 （4.726）
常數	-137.066*** （23.171）
觀察值數目	110
R2	0.798

註1：括號內為標準誤差。

註2：* $p < .10$; ** $p < .05$; *** $p < .01$

量化分析附錄表六：領頭羊產業模型與電腦化

	因變量	
	電腦化程度	
	（17）	（18）
通用技術技能基礎建設	2.011*** （0.709）	1.363* （0.756）
人均GDP	17.430*** （1.922）	17.334*** （2.706）
人口總數	-0.741 （0.595）	-2.168** （1.079）
政體分數	0.006 （0.200）	-0.189 （0.238）
軍事支出	2.193 （1.735）	1.487 （1.846）
自由市場經濟體	1.627 （4.617）	2.675 （4.410）
電腦出口	0.702* （0.356）	
資訊通訊技術專利		0.438 （0.377）
常數	-120.464*** （24.102）	-83.258* （42.679）
觀察值數目	106	80
R2	0.808	0.803

註1：括號內為標準誤差。

註2：* $p < .10$; ** $p < .05$; *** $p < .01$

註3：電腦出口變量使用一九九六年的資料，這是產品層級的國際貿易流量資料集裡面，電腦雙邊貿易流量資料所涵蓋的最早年份。1資訊通訊技術（ICT）專利變量是基於美國專利商標局一九九五年起批准的專利申請，那是基準模型涵蓋期間的第一年。

家庭電腦化程度與企業電腦化程度的相關性

量化分析附錄圖一呈現了二十六個國家的家庭電腦化程度與企業電腦化程度之間強烈的正相關關係。家庭電腦化程度指標與主要分析中的因變量相同，也就是一個國家擁有電腦的家庭比例，數據來自國際電訊聯盟的世界電訊通訊指標（WTI）資料集。企業電腦化程度指標是一個國家有員工在工作環境中使用電腦的企業百分比，數據來自經合組織關於企業取得和使用資訊通訊技術情況的資料庫。[2]這兩個電腦化程度指標都取二〇〇五至二〇一四年間的

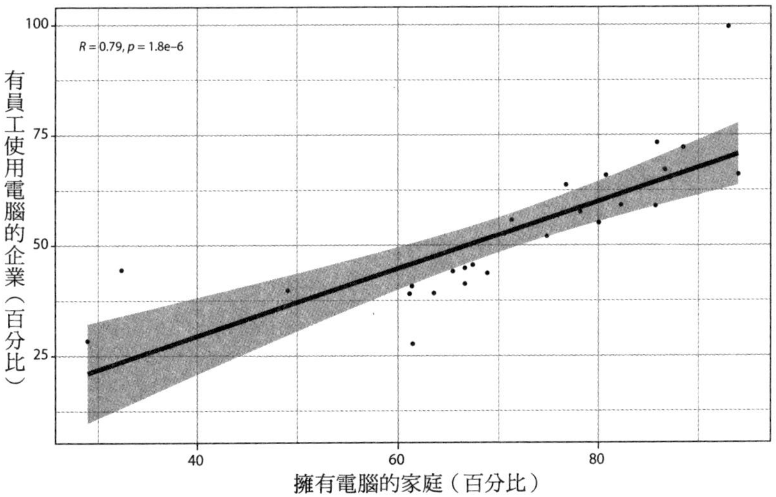

量化分析附錄圖一：家庭電腦化程度與企業電腦化程度的相關性

資料來源：企業取得和使用資訊通訊技術情況資料庫（Organization for Economic Cooperation and Development 2018）。

平均值，僅限於這兩個指標都有資料的年份。如圖所示，這兩個電腦化程度指標高度相關（皮爾森相關係數為零點七九）。[3]

家庭與企業電腦化程度的差異可以解釋主要分析中的一些顯著矛盾。例如，一九九五至二〇一四年間的家庭電腦採用率平均值顯示，日本（六十四．九％）略微領先美國（六十四．二％）。[4]這與第三次工業革命案例分析的發現背道而馳：在第三次工業革命中，日本在電腦跨產業普及方面落後於美國。詳細檢視企業電腦化資料有助解釋此一矛盾。[5]相對於美國同業，日本企業採用電腦的速度比日本家庭慢得多。例如在二〇〇七年，只有三十五％的日本企業經由電腦網路下訂單，遠低於美國企業的六十三％。

至少相對於與通用技術擴散有關的困難和延誤是這樣。

38 Ristuccia and Solomou 2014, 229.

39 另一方面，第二次工業革命這個案例分析指出了與工具機相關的通用技術軌跡的重要性。

附錄二：量化分析附錄

1 Gaulier and Zignago 2010.

2 Organization for Economic Cooperation and Development 2018.

3 在幾乎所有國家，家庭電腦化的速度都比企業快。哥倫比亞是個例外，該國在這段期間，電腦在家庭普及的速度比企業來得慢。

4 International Telecommunication Union 2021.

5 經合組織沒有提供日本有員工在工作環境中使用電腦的企業百分比資料，因此我使用另一個關於企業使用資訊通訊技術情況的指標來比較美國與日本的情況。

編輯說明

為方便讀者檢索與搜尋，《科技與大國崛起》書末所附的參考書目全數數位化，請掃描以下QR Code閱讀或下載：

SCAN ME

或洽「衛城出版」的Facebook、Instagram、Threads等社群平臺，會由專人服務協助，亦可直接來信至電子郵件信箱acropolisbeyond@gmail.com索取，謝謝。

若造成您的不便，敬請見諒。

衛城出版編輯部

14 Graham 2013.

15 哈佛貝爾弗中心追蹤權力轉移的專案修昔底德陷阱案例檔案（https://www.belfercenter.org/thucydides- trap/case- file）是另一個可能案例的來源。其中一些權力移轉案例與技術變革密切相關。例如，在十九世紀末明治維新之後，日本經歷了技術現代化，工業實力因此超越了中國和俄羅斯。但因為中國和俄羅斯都不是那個時期領先的經濟強國，這個案例不符合條件。

16 Gilpin 1981, 1987; Kennedy 2018, 51; Modelski and Thompson 1996.

17 Freeman, Clark, and Soete 1982; Kim and Hart 2001.

18 George and Bennett 2005, 91.

19 該措詞來自 Blatter and Haverland 2012, 198- 99。

20 要成為案例設計對削弱主流理論和強化新理論的可能作用最大的案例，第一次和第二次工業革命這兩個案例必須被視為「最不可能」支持通用技術機制的案例（Blatter and Haverland 2012, 198）。

21 Beach and Pedersen 2013, 100; Gerring 2006, 122. 我將在本附錄稍後進一步討論我處理其他可能原因的方法。

22 King, Keohane, and Verba 1994, 142. 對基於因變量選擇案例的批判，請參閱Achen and Snidal 1989。

23 對以代表性作為案例選擇標準的批判，請參閱Goertz 2017, 247- 52。

24 Fearon and Laitin 2008; Herron and Quinn 2016.

25 Beach and Pedersen 2019, 97- 98; Mahoney 2010.

26 Goertz and Mahoney 2012, 177- 91; Rohlfing and Schneider 2013.

27 Abramovitz 1986.

28 Drezner 2001, 18.

29 Aghion, Akcigit, and Howitt 2014.

30 Kitschelt 1991, 469.

31 Von Tunzelmann 1997, 2. 在第三次工業革命這個案例研究中，我質疑了日本是該時期技術領導國的觀點。

32 例如參見Schwab 2017a。我在第七章討論了發生第四次工業革命的可能。

33 Tellis et al. 2000, 36.

34 例如參見Moe 2009, 223。

35 Blatter and Haverland 2012, 84.

36 Field 2008. 哈柏波希法使氮肥變得比較容易獲得，因此根本改變了農業的面貌。

37 此外，因為單一用途創新「為顯而易見的問題提供相對完整、立即可用的解決方案」（Field 2008, 13），它們比較不會導致位居技術前緣的國家出現技術採用差異，

15 我並不是認為孕育尖端創新的政策和制度調整會產生反效果。畢竟，投資於研發被稱為「變相的擴散政策」，因為這種投資也可以對技術擴散產生正面影響，即使這不是它們的主要目標。但如果可以直接促進技術擴散，為什麼還要採用「變相政策」呢？（Stoneman and Diederen 1994；亦參見Fagerberg 1987; Howitt and Mayer- Foulkes 2002。）

16 Hua 2021; Palmer 2023.

17 Gelhaus and Koslosky 2022.

18 Nicoletti, von Rueden, and Andrews 2020.

19 Mayer, Carpes, and Knoblich 2014, 14.

20 Sprout 1963, 187.

21 Dafoe 2015; Herrera 2006; Mayer, Carpes, and Knoblich 2014.

附錄一：質性分析附錄

1 Skocpol 1979.

2 在這種情況下，我們還是可以分析哪一種優勢對經濟領導國的生產力持續成長更重要，藉此評估是通用技術擴散論還是領頭羊產業機制更有道理。

3 Reuveny and Thompson 2001, 696.

4 多數擴散研究提供關於單一技術如何在一個或有限數量的產業和國家傳播的資料（Griliches 1957; Skinner and Staiger 2007）。

5 Comin and Hobijn 2009.

6 Thies 2002.

7 Chase- Dunn 1989; Modelski and Thompson 1996, 69; Wallerstein 1984.

8 第一次工業革命是歷史上的一次「獨特突破」，它分隔了技術進步極其緩慢的前工業時期與技術快速進步的現代時期（Clark 2014, 220）。

9 Beach and Pedersen 2018, 861- 63; Goertz 2017, 66; Ripsman and Levy 2007, 33- 34.

10 正如吉爾平寫道（Gilpin 1996, 428）:「隨著他們認識到日本在一個又一個高科技產業實力日增，許多美國和歐洲觀察家擔心日本將壟斷第三次工業革命的關鍵技術。」

11 就通用技術機制而言，這個案例比較不相關，因為實證分析顯示因果機制和結果都不存在（X = 0, Y = 0）。可能會有人認為，這個案例顯示，如果通用技術機制不存在，那麼生產力領導地位易手就不大可能發生。但是，儘管我們對經濟權力移轉的成因有相對清楚的概念，經濟領導地位沒有易手的可能原因卻數之不盡，此類案例因此在概念上有問題（Mahoney and Goertz 2004）。

12 我感謝Duncan Snidal指出這個可能的案例。

13 Beckley 2018, 34.

2018a, 2021。

149 Brooks and Wohlforth 2016.

150 同上，22- 59，尤其是29- 30（對軍事能力數據的解析）。布魯克斯與沃福斯的許多其他觀點仍然成立，尤其是關於美國對公域的控制。

151 我的計算是基於斯德哥爾摩國際和平研究所的軍事支出資料庫（https://www.sipri.org/databases/milex）。

152 Brooks and Wohlforth 2008, 30.

153 Brooks 2005, 234- 40; Brooks and Wohlforth 2016, 9, 40- 41; Gilli and Gilli 2019.

154 Horo witz et al. 2019.

155 同上；Pickrell 2020。

156 Beckley 2010, 75. 此外，許多反對經濟能力可以轉化為軍事能力的論點聚焦於經濟規模，而非經濟生產力。

157 Archibugi and Michie 1997; Xie and Killewald 2012, 27- 29.

158 Andrews, Criscuolo, and Gal 2015; Comin and Mestieri 2014. 初始採用差距縮窄與通用技術尤其相關，因為一項研究發現，相對於非通用技術領域，通用技術的創新較為國際化（Qiu and Cantwell 2018）。

159 Doshi 2021; Li 2018; Qiushi 2018.

結論

1 Von Tunzelmann 1997, 2.

2 Drezner 2019, 289; Kennedy 2018; Tellis et al. 2000.

3 Beckley 2021; Kroenig 2020.

4 Acemoglu and Robinson 2006, 2012; Doner and Schneider 2016; Simmons 2016.

5 關於第一次工業革命中的性別規範和技工教育變化，請參閱Jacob 1997, 211。

6 Taylor 2016; Saxenian and Hsu 2001.

7 Shapira and Youtie 2017.

8 Thompson 1990, 221.

9 Wohlforth 1999, 17.

10 Tellis et al. 2000, 37.

11 同上，36。按照引文中引用的順序，請參閱Schumpeter 1934, 1939; Rostow 1960; Gilpin 1981; Kennedy 1987; and Modelski and Thompson 1996。

12 Singh, Gera, and Dewan 2013, 60; Treverton and Jones 2005.

13 Ding 2023.

14 Ding and Dafoe 2023.

125 Russell and Vinsel 2019, 249- 58. 我利用CSET和AI教育計畫整理的「AI教育目錄」(Perkins et al. 2021)，下載了針對高等教育學生的九十項教育計畫的詳細資料。它們絕大多數圍繞著支持新原型的開發，以及推進特定領域的技術發展；只有極少數是以建立系統維護能力為目標。其中一個例外是DARPA Cyber Grand Challenge，它要求參賽者在網路上即時部署自動防禦系統。

126 有關戰略性技術概念的分析，請參閱Ding and Dafoe 2021。

127 Ruttan 2006, 184.

128 Weiss 2014, 204.

129 例如參見Segal 2019; Zhong and Mozur 2018。Taylor（2016, 290- 92）針對以這種方式應用威脅論提出警告。他認為政策制定者應該強調非國家的外部威脅（例如氣候變遷）以刺激創新。

130 Hall and Soskice 2001.

131 前者參見Fligstein and Zhang 2011，後者參見Witt 2010。

132 Witt and Redding 2014; Zhang and Peck 2016.

133 Peck and Zhang 2013, 358.

134 同上，363; Witt and Redding 2014。

135 例如參見Kroenig 2020。

136 Acemoglu and Robinson 2012; Acemoglu et al. 2018.

137 Knutsen 2015; Milner and Solstad 2021.

138 Milner 2006; Howard et al. 2009.

139 Taylor 2016, 126- 27.

140 Gerring et al. 2005, 323.

141 Howard et al. 2009; Rød and Weidmann 2015.

142 Doner and Schneider 2016. 與此同時，中國共產黨過大的影響力可能損害中國的大學和國有企業適應新創新的能力（Abrami, Kirby, and McFarlan 2014）。

143 本書的量化分析在分析通用技術技能基礎建設與電腦化的關係時，納入政體類型作為一個控制變量。在時間序列橫斷面基準模型中，政體類型不是統計上重要的一個變量。

144 Taylor 2016, 133- 36.

145 有一篇論文探討了AI對全球政治的影響，並非僅著眼於技術主導地位之爭，尤其是談到AI與資訊回饋環路的關係，請參閱Farrell, Newman, and Wallace 2022。

146 Shifrinson and Beckley 2012; Christensen 2001.

147 Organski 1968, 372- 73.

148 有關美中權力格局，全面評估長期經濟成長關鍵驅動因素的研究參見Beckley

98 Tencent Research Institute and BOSS Zhipin 2017, 12.

99 作者根據艾默里・伯傑（Emery Berger）維護的CSRankings資料庫所做的分析，該資料庫在https://csrankings.org/。

100 Lee 2018, 12- 13, 83.

101 同上，18。

102 同上，82- 90。李開復引用的其他數據，例如AI期刊的引用數，並不是為了測量AI工程人才。

103 Allison and Schmidt 2020, 10.

104 貝爾弗報告沒有明確引用這項研究，但它很可能就是此一說法的資料來源（Loyalka et al. 2019）。

105 有關中國和美國AI教育的最新變化，Peterson, Goode, and Gelhaus 2021提供了很好的概述。

106 Zhang et al. 2021, 23.

107 《新華社》，2019.

108 Liu et al. 2017; Tagscherer 2015.

109 參見《中國科技統計年鑑》（社會科技和文化產業統計司，各年份）。

110 Chan, Jensen, and Zhong 2019; Ding 2020. 有關同一邏輯如何適用於AI教育政策，請參閱Peterson, Goode, and Gelhaus 2021, 35。

111 David 1987, 1995.

112 Luong and Arnold 2021, 8.

113 Ernst 2011, 85; Breznitz and Murphree 2013.

114 Wang and Zheng 2018; Yates and Murphy 2019, 336.

115 Toney and Flagg 2020b.

116 Mason, Rincon- Aznar, and Venturini 2020.

117 Working Group on Science and Technology in US- China Relations 2020, 8.

118 White House Office of Science and Technology Policy 2020.

119 Brandt et al. 2020, 20.

120 Horwitz, Yang, and Sun 2021.

121 至少自2010年以來，這個趨勢一直保持不變，而2010年是有數據可用來比較全部五個國家的最早一年。參見聯合國教科文組織統計研究所在http://data.uis.unesco.org/的資料庫。

122 Liu et al. 2017, 663.

123 參見West 2018, 112- 13; National Security Commission on Artificial Intelligence 2021, 175。

124 Shapira and Youtie 2017.

77 Wang and Chen 2020; see also Kannan and Thomas 2018.

78 資料來源為International Federation of Robotics (IFR) 2022提供的統計數據。亦參見Cheng et al. 2019; Rudnik 2022。

79 International Federation of Robotics 2022. 在比較各國採用機器人的情況時，這個比例數字是「最常用的指標」(Atkinson 2019)。

80 Pozzi 2023.

81 Pang 2019.

82 「中國製造2025」已成為美中貿易爭議的一個關鍵點。該計畫2015年公布，旨在進一步提高中國在十大戰略性領域的自給能力，包括生物製藥、節能與新能源汽車，以及高性能醫療設備（Laskai 2018）。

83 Heilmann and Shih 2013.

84 Ding 2018; Webster et al. 2017.

85 中國總理溫家寶在闡述他提出該計畫的動機時，明確地將當時的情況與十八世紀初以來的四個歷史案例比較；他認為在這些案例中，中國錯過了利用技術革命的機會，並因此落後於人（Chen and Naughton 2016, 2148）。

86 Chen and Naughton 2016, 2141.

87 State Council 2016，獲Liu et al. 2017, 664引述。

88 例如參見Hempel 2017。

89 Pang 2019.

90 Kania 2018.

91 Ransbotham et al. 2018.

92 China Academy of Information and Communications Technology 2022a, 2022b.

93 Toney and Flagg 2020a, 3- 4. AI相關職位從約100萬個急增至300萬個，核心AI職位則從23,000個增至320,000個。

94 許多人才比較是以精英AI人才為基礎，例如著眼於頂尖大學的AI博士畢業生，或已經在頂尖AI會議發表過論文的研究人員。例如參見Mozur and Metz 2020; Zwetsloot et al. 2019。

95 Tencent Research Institute and BOSS Zhipin 2017, 17. 該報告以AI公司的員工人數作為「AI從業者」人數。

96 同上，9。

97 雖然這些研究採用了不同的方法測量AI人才，它們關於美中AI工程師人數差距的結論是一致的。絕對差距實際上低估了美國在AI工程技能方面的優勢。最合適的測量方式會考慮人口或勞動力規模以反映工程人才密度（LinkedIn 2017; SCMP Research 2020）。

55 Lee 2018, 25, 154. 艾利森與施密特在分析中經常引用李開復的著作（Allison and Schmidt 2020, 4- 5, 12n39）。NSCAI的最終報告警告：「未來十年內，中國可能超越美國成為世界AI超級強國。」（NSCAI 2021, 25）

56 有些學者認為，AI等技術的影響沒有得到正確的測量，因為既有統計數據未能充分捕捉到無形商品和服務的影響。關於與AI有關的錯誤測量問題，請參閱 Brynjolfsson, Rock, and Syverson 2017, 7- 8, 28- 33。

57 Gershgorn 2018.

58 Jovanovic and Rousseau 2005, 1184.

59 US Census Bureau 2019.

60 類似的論點參見Campanella 2018。

61 Brynjolfsson and Petropoulos 2021; Crafts 2004a.

62 Lee 2018, 151- 154.

63 Brynjolfsson, Rock, and Syverson 2017, 28- 29.

64 歷史學家批判了Edgerton（2010）所稱的「創新中心主義」，也就是在研究技術與政治時過度關注創新（Godin 2015）。

65 本節源自Ding 2023, 13- 14, 17。

66 Rapkin and Thompson 2003, 333. 阿什利・泰利斯（Ashley Tellis, 2013, 112）指出，美國必須「維持它在全球經濟新領頭羊產業的主導地位」，以制衡中國日益增強的實力。

67 Rapkin and Thompson 2003, 333.

68 Kennedy and Lim 2018, 555.

69 Allison and Schmidt 2020.

70 National Security Commission on Artificial Intelligence 2021, 161, 166fn9.

71 Ding 2023, 14; Kennedy 2015, 284.

72 Frey and Osborne 2020.

73 International Telecommunication Union 2017.

74 Kannan and Thomas 2018. 最近一些分析師指出，中國科技實力增強源自它在大規模採用創新技術方面的戰略優勢，而此一優勢得益於一個全球化、開放的研發體系（例如參見Breznitz and Murphree 2011; de La Bruyère and Picarsic 2020）。這些分析以中國在高速鐵路和行動支付等領域大規模採用創新技術的一些成功案例支持上述觀點。本節的全面評估提醒我們不要高估中國的技術擴散能力。

75 Alibaba Research Institute 2019. 另一份中文報告談到中國在將領先技術從前緣企業移轉到中小型企業方面遇到的困難，請參閱Synced 2020。

76 BSA Software Alliance 2018.

30 Ding 2018.

31 關於全球知識壟斷，參見Rikap 2022。關於武器化相互依賴關係，參見Xu 2021; Farrell and Newman 2019。

32 Araya 2019; Webster et al. 2017.

33 Carlaw, Lipsey, and Webb 2007.

34 Trajtenberg 2018.

35 Brynjolfsson and McAfee 2017；亦參見Teece 2018, 1370。

36 Klinger, Mateos- Garcia, and Stathoulopoulos 2021.

37 這三個面向與通用技術的這三個特徵相對應：有巨大的進步空間；可應用於各式各樣的產品和流程；以及與既有技術和新技術有互補性。這三個面向是以專利成長率、尋找特定技術詞彙形態的文字探勘（text- mining）演算法，以及專利主張的共同出現衡量（Petralia 2020, 9- 10）。

38 同上，2020, 7。圖像分析排名第六，前面五個技術類別排名從高到低分別為電視、電訊、輻射能、照明，以及電氣通訊。

39 Goldfarb, Taska, and Teodoridis 2021.

40 Feldman and Yoon 2012; Ruttan 2001, 368- 422.

41 Atkinson 2019; Thurbon and Weiss 2019, 2. 實證估計證實了機器人作為成長引擎的潛力。根據一項針對17個國家1993至2007年間情況的研究，增加使用工業機器人貢獻了整體經濟生產力成長的15%。根據這個數字，該研究的作者得出以下結論：機器人對生產力成長的貢獻，可與蒸汽機等通用技術在之前歷史時期的貢獻媲美（Graetz and Michaels 2018, 765- 66）。

42 Oliveira 2019; Pierson and Gashler 2017.

43 Hellmeier 1976, 6.

44 Lyons, Chait, and Erchov 2008.

45 Kimbrell 2008引述。

46 Maynard 2016.

47 Edgerton 2011.

48 Burwell 1983.

49 Gross 2014, 32.

50 Petralia 2020, 7.

51 National Research Council 1999, 204.

52 Zwetsloot, Toner, and Ding 2018.

53 對中國的AI能力較有根據的評估可參考Ding 2018, 2019。

54 Allison and Schmidt 2020, 1.

低於多數經合組織國家」(Guillemette and Tuner 2018, 18)。經合組織的勞動效率概念與總要素生產力密切相關。不過，即使中國不大可能超越美國占得生產力領導地位，更好地認識這種轉變可能發生的途徑仍是有價值的。

15 Broadberry and Fukao 2015.

16 Jorgenson, Nomura, and Samuels 2018, 18. 到1970年，日本總要素生產力是美國總要素生產力的77%，而日本勞動生產力是美國勞動生產力的44%。

17 資料來源同上。這是日本生產力成長在1990年代放緩之前的情況。另一些論者將中國與蘇聯相提並論。Brooks and Wohlforth (2016, 42n109) 引述1960年蘇聯人均GDP數據（當時為美國人均GDP的36%），認為蘇聯「在冷戰高峰期相對於美國，比今天的中國相對於美國來得富有」。但是，在隨後幾十年裡，蘇聯無法維持生產力成長，不同於日本（Trachtenberg 2018）。

18 Zhu 2012, 108. 朱曉東採用這種方法分析中國相對於美國的人均GDP成長，發現美中人均GDP差距縮窄，「主要是靠中國相對於美國的總要素生產力成長」(同上，120)。

19 Naughton 2018, 178.

20 Brandt et al. 2020, 7.

21 Conference Board 2020, 13. Beckley 2018b, 44. 關於中國經濟成長的許多統計數據來自中國政府的資料，而有些人認為對這些數據的解讀方式，應該與對其他大型經濟體統計數據的解讀方式不同（參見Pettis 2017）。有關利用GDP指標衡量美中經濟差距，對這種做法的批判參見Scissors 2016。中國的經濟數據應審慎使用，但它們還是可以為大趨勢提供支持。中國經濟成長的關鍵要素，例如財政收入和出口，已得到獨立資料來源充分驗證（Naughton 2018, 157- 58）。即使將中國的GDP成長率每年調低一至兩個百分點（這是看來合理的最大調整幅度），中國過去三十年的平均成長率「仍是人類歷史上最持久的經濟快速成長時期」(Naughton 2018, 159)。

22 Foda 2016.

23 這些數字的來源是美國經濟咨商局2022年4月發給會員的《全球生產力簡報》(Global Productivity Brief)。

24 Doner and Schneider 2016, 610; Liu et al. 2017; Zhuang, Vandenberg, and Huang 2012.

25 The Economist 2021.

26 Lee 2018, 4.

27 同上，151。

28 Kennedy and Lim 2018, 561.

29 Akaev and Pantin 2014, 868; Goldstein 1988, 353; Modelski and Thompson 1996, 216-22; Rennstich 2002, 159- 61; Thompson 1990, 232.

教育和學校教育水準的工具變量，但我無法找到專門針對通用技術技能基礎建設的合適工具變量。有關尋找高品質工具變量的困難，請參閱Sovey and Green 2010。

58 關於時間序列分析中滯後解釋變量的相關問題，請參閱Bellemare, Masaki, and Pepinsky 2017。

59 有關資料的蒐集和分析程序，詳細說明請參閱量化分析附錄。

60 Gaulier and Zignago 2010; Organization for Economic Cooperation and Development 2021; Simoes and Hidalgo 2011.

61 參見量化分析附錄表六中的模型17- 18。

62 Thompson 1990.

63 類似的發現請參閱Maloney and Caicedo 2017。

64 Zhang et al. 2021.

第七章　美中AI競爭與第四次工業革命

1 Schwab 2017a.

2 感謝史帝夫・布魯克斯（Steve Brooks）幫助我思考這個框架。

3 根據國際貨幣基金組織的資料，在購買力平價基礎上，中國在2014年成為全球最大的經濟體（Morrison 2019, 10）。日本經濟研究中心（JCER）預測中國的名義GDP將在2029年超越美國（Ueharal and Tanaka 2020）。

4 最受重視的一些說法請參閱Beckley 2018a, 42n144。

5 Beckley 2018b, 32；亦參見Brooks and Wohlforth 2016, 32- 33。

6 Beckley 2018a, 43- 44, 48; Beckley 2021.

7 Guillemette and Turner 2018, 19.

8 資料來源為Penn World Table, version 9.1，可在http://www.ggdc.net/pwt找到（Feenstra, Inklaar, and Timmer 2015）。

9 International Monetary Fund 2019, 13.

10 Brooks and Wohlforth 2016（9, 32- 36）認為，不同於過去崛起的強國，中國相對於領先國家，「技術水準低得多。」

11 Bolt and van Zanden 2014, 637. 其他生產力比較是以標誌著案例開始的年份為基礎（第二次工業革命為1870年，第三次工業革命為1960年），但第一次工業革命最早的可用數據出現在1800年。

12 Broadberry 2006, 109- 10.

13 我的計算是根據麥迪遜專案資料庫2020年版本的資料（Bolt and van Zanden 2020）。

14 多數預測認為這不大可能發生。根據經合組織對世界經濟的長期展望，到2060年，中國的實質人均GDP僅將達到美國的一半，而屆時中國的勞動效率仍將「遠

型。複製本章所有分析所需要的資料和程式碼，可以經由這個 Harvard Dataverse 連結找到：https://doi.org/10.7910/DVN/DV6FYS。

37 在只有解釋變量經對數轉換的模型中，將係數估計值除以100，即可得出與解釋變量增加1%對應的因變量變化。

38 因為電腦化程度是以擁有電腦的家庭百分比表示，這意味著電腦化程度是增加0.042個百分點，而非增加0.042%。

39 模型三的政體分數係數為負數，但統計上不顯著（p值 > .05）。

40 Caselli and Coleman 2001; Corrales and Westhoff 2006.

41 Taylor 2007, 246- 49.

42 Cava- Ferreruela and Alabau- Muñoz 2006; Milner 2006.

43 Solingen 2012; Vicente and López 2011.

44 這些區域劃分來自世界銀行的分類方式（World Bank 2022）。量化分析附錄表一中的迴歸模型排除了作為參考組的北美。

45 Donner, Rimmert, and van Eck 2020.

46 參見量化分析附錄表二。一如我設定主要自變量特定年份數值的做法，我將一個國家當年的不同作者人數與之前兩年的人數加起來算出平均值。

47 Rogers 1995.

48 我還以20%作為採用門檻做了敏感度分析，結果類似（參見模型4b）。

49 例如在資料集1995年開始時，冰島的電腦化程度估計達到50%。

50 Hu and Prieger 2010; van Oorschot, Hofman, and Halman 2018.

51 我將資料集分層，將1995至2020年間的人均收入平均值高於中高收入經濟體界線的經濟體分開。我以世界銀行2007年7月的經濟體收入水準分組標準（World Bank 2022）確定這個界線。

52 我發現模型4a有輕微違反比例風險假設的情況，因此這些結果應該謹慎解讀。

53 我無法將所有控制變量納入基準模型，因為事件數量相對較少，迭代次數因此受限。因此，在量化分析附錄表三中，我先從基準模型中移除統計上不顯著的變量，然後再加入額外的預測因子。

54 在考慮橫斷面分析與縱橫分析的優劣時，我從Simmons 2016和Stewart 2021的討論中獲益良多。

55 為了消除關於這兩年的特殊情況可能支配結果的疑慮，我還根據1995年（資料集開始的一年）的論文資料估算了達到軟體工程技能養成標準的大學數量。如量化分析附錄表三的模型12所示，這項不同的設定沒有改變結果。

56 除了電腦化程度、政體分數和自由市場經濟體，所有變量都以對數形式進入模型。

57 工具變量迴歸是處理內生性問題的另一方式。我曾嘗試調整跨國分析中用於大學

12 International Telecommunication Union 2021.

13 Schwab 2017b.

14 Godin 2015; Simmons 2016; Taylor 2016.

15 Comin and Hobijn 2010, 2040.

16 Comin and Hobijn 2009. 有關CHAT資料集的擴充版本，請參閱Milner and Solstad 2021。

17 Bussell 2011; Milner 2006. 政策創新的擴散也是政治學經常研究的課題，相關文獻回顧請參閱Graham, Shipan, and Volden 2013。

18 我感謝史丹佛圖書館員Ron Nakao和Evan Muzzali幫助我取得這些資料。

19 International Telecommunication Union 2021.

20 Minges, Gray, and Magpantay 2003. 國際電訊聯盟也開始蒐集兩項相關指標的資料：每一百名居民的電話用戶數和每一百居民的網際網路使用人數。

21 Caselli and Coleman 2001.

22 同上，329。

23 Comin and Hobijn 2009. 另外兩個指標是網際網路使用人數和發電量。

24 例如，原始CHAT資料集的兩個擴充版本沒有提供2007至2016年間美國的人均個人電腦數量資料（Kenny and Yang 2022; Milner and Solstad 2021）。

25 Organization for Economic Cooperation and Development 2018.

26 另一個令人遺憾的限制是缺乏關於電腦設備品質的資料。半數家庭可以使用次等電腦的國家，其電腦化程度指標與半數家庭使用一流電腦的國家相同（Chinn and Fairlie 2007）。未來基於更細緻的資料蒐集研究這問題，想必可以產生許多成果。

27 Filippetti, Frenz, and Ietto- Gillies 2017.

28 關於提高縱橫資料因果推論可信度的透明化增強措施，包括PanelView R套件提供的資料視覺化工具，請參閱Mou, Liu, and Xu 2022。

29 Kraemer, Ganley, and Dewan 2005.

30 Hall and Khan 2003.

31 Comin, Dmitriev, and Rossi- Hansberg 2012; Milner 2006. 需要注意的是，這兩種說法都有人質疑（Gerring et al. 2005, 323; Howard et al. 2009; Rød and Weidmann 2015; Taylor 2016, 126- 27）。

32 例如參見Ruttan 2006。

33 我跟隨Taylor（2004）使用原始的資本主義類型分類法（Hall and Soskice 2001）。

34 Beck and Katz 1995.

35 模型使用「PanelAR」套件估算（Kashin 2014）。

36 除了電腦化程度、政體分數和自由市場經濟體，所有變量均以對數形式進入模

121 這是關於資本主義類型論對第三次工業革命的預測的一種有利說法。如前所述，一些分析師認為，為了應對日本高科技競爭的挑戰，美國企業需要模仿日本協調型市場經濟的某些要素，包括其經連會組織體系。但美國在沒有改革其產業治理體系的情況下保住了經濟領導地位，此一事實是否定上述思路的證據。另一些人則爭論美國在這段時期是否為典型的自由市場經濟體（Weiss 2014, 195- 97），以及日本是否真的是協調型市場經濟體（Witt and Jackson 2016, 794）。

122 Hall and Soskice 2001, 41- 44.

123 同上，35。

124 Taylor 2004.

125 同上，621- 23。根據一項將改變產品意義視為一種突破性創新的研究，日本在電子遊戲和數位技術方面貢獻了許多突破性創新（Norman and Verganti 2014）。

126 Freeman, Clark, and Soete 1982, 188, 194; Godo 2010.

127 其他解釋指向日本疲弱的創投資本市場和資產泡沫破滅（Anchordoguy 2000）。

128 Unger 1987.

129 West 1996.

130 Somers 1988.

131 West 1996.

132 Huntington 1988, 77.

133 Drezner 2001, 19.

第六章　軟體工程技能基礎建設與電腦化的統計分析

1 David 1990; Jovanovic and Rousseau 2005.

2 Mahoney 2004.

3 UIS報告了2013年38個國家的「工程與技術」領域的研究人員數量，這是資料涵蓋的最早年份。

4 National Science Foundation 1997.

5 Loyalka et al. 2019; Marginson 2014.

6 有關WoS作為科學計量學（scientometrics）一個權威和廣泛使用的資料庫，更多的資料請參閱Birkle et al. 2010。

7 Aria and Cuccurullo 2017.

8 Van Leeuwen et al. 2001. 我感謝一位匿名評審提出這一點。

9 Mongeon and Paul- Hus 2016.

10 International Telecommunication Union 2021.

11 Raja et al. 2013.

入日本的外籍勞工，有一半受雇於資訊技術產業——這種寬鬆的假設很可能高估了每年流入日本資訊通訊技術人才庫的人數。

95 許多研究將日本較晚推動電腦化歸咎於日本軟體工程師長期短缺（Arora, Branstetter, and Drev 2013; Cole 2013; Cusumano 1991, 52, 130, 464; Moe 2007, 221）。

96 Baba, Takai, and Mizuta 1993, 27- 28.

97 Cole 2013, 8.

98 同上，9- 10; Kitschelt 1991, 482.

99 Hart and Kim 2002, 10.

100 Nikkei Computer 1988, 80. 有關《日經電腦》三年前所做的類似調查，請參閱 Nikkei Computer 1985, 55- 90。我非常感謝史丹佛大學東亞圖書館特藏部主管 Regan Kao 博士協助我找到1981至1993年的《日經電腦》期刊。

101 Nikkei Computer 1988, 80.

102 Japan Information Processing Development Center 1992.

103 Baba, Branstetter, and Drev 1993.

104 此方法將在關於統計分析的那一章詳細說明。

105 Drezner 2001, 20- 22. 有關日本產學研究聯繫的相反觀點，請參閱Hicks 1993。

106 Anderson and Myers 1992, 565, 569.

107 Chapman, Drifte, and Gow 1982.

108 Taylor 2016, 357n10.

109 同上，110。

110 Ruttan 2006; Weiss 2014, 78- 82.

111 Ruttan 2006, 92.

112 Bresnahan and Trajtenberg 1995, 95.

113 Edwards 1996, 60- 65; Flamm 1988, 251.

114 Flamm 1988.

115 Misa 1985, 177.

116 Alic et al. 1992. 在他關於半導體發展的論述中，Thomas Misa承認美國軍方發揮了「制度興業家」(institutional entrepreneur）的作用（Misa 1985, 268），但他也指出，軍方的委託和採購在該技術生命週期的稍後階段損害了半導體在商業上的高效發展（277- 80, 286- 87）。

117 National Research Council 1999, 221; Newell 1984.

118 Mowery and Langlois 1996.

119 同上，954。

120 Winograd 1987, 8.

77 Vona and Consoli 2014, 1402- 3.

78 Steinmueller 1996, 42.

79 Tedre, Simon, and Malmi 2018.

80 Vona and Consoli 2014, 1404.

81 Tomayko 1998.

82 Austing et al., 1979, 5.

83 Mead 2009; Tomayko 1998.

84 一個很大的問題是「吃掉了自己的種子」: 許多本來可以成為教職員的人去了產業界做更有利可圖的工作，長遠而言損害了產業界可以得到的人才供應（Roberts 2021）。

85 National Science Board 2000, A- 228.

86 National Research Council 1992, 241.

87 Hislop, Mancoridis, and Shankar 2003.

88 這一點與我家的故事有關。我爸爸1995年從中國移民到美國學習電腦科學。他現在已經當了軟體工程師超過二十年。相對於日本，美國更有能力藉由引進高技術移民和軟體外包（software offshoring），利用外國的資訊通訊技術人才。非常重要的是，輸入的人才擴大了美國的軟體工程人才基礎。正如一項研究總結道：「這些從外國引進的專家可能只有很少是能夠從事變革性創新的頂尖軟體設計師。但是，因應資訊技術創新而創造、測試和執行軟體，既需要基本創新者，也需要程式設計師從事較為例行和標準化的軟體工程工作。美國有能力利用日益豐富（和日益外來）的後一種人才供應，這可能提高了前一種人才的生產力，使美國企業得以超越競爭對手」（Arora, Branstetter, and Drev 2013, 772）。

89 National Science Foundation 1997.

90 Kinmonth 1991, 328. 這種比較通常不是基礎相同的比較。因為兩國的資料報告習慣不同，對日本工程人才的估計包含電腦科學人才，但對美國工程人才的估計卻剔除了人數快速增加的電腦專家、系統分析師和程式設計師。

91 National Science Foundation 1997, 31.

92 Cole 2013, 9.

93 Baba, Takai, and Mizuta 1996, 111. 到2007年，美國約20%的軟體工程師擁有研究所學位，日本則只有10%（Nakata and Miyazaki, 2011, 100，獲Cole 2013, 3引用）。

94 Arora, Branstetter, and Drev 2013, 771. 這些研究人員估算資訊通訊技術人才庫流入量的方法，首先是將資訊技術軟體與硬體相關學科的學士、碩士和博士畢業生人數加起來。然後針對美國，他們計入那些進入電腦相關專業的H1- B外來移民。針對日本，他們假設所有以「研究員」、「工程師」或「公司內部調職」身分新進

60 Fukao and Tsutomu 2007; Jorgenson and Motohashi 2005.

61 Moe 2009, 219; Pilat, Lee, and van Ark 2002, 60- 61. 同樣的比較也可以在美國與歐洲國家之間進行：在生產資訊科技產品的產業，歐洲國家的生產力成長追得上美國，但在使用資訊通訊技術的產業就不行（Bloom, Sadun, and Van Reenen 2012）。

62 在日本，這個數字從略高於0.6%降至低於0.2%。美國的數字則是從略高於0.2%增至超過1.2%（Pilat, Lee, and van Ark 2002, 61）。

63 Fueki and Kawamoto 2009.

64 Basu and Fernald 2007; Inklaar and Timmer 2007.

65 Wirkierman 2014.

66 Porter 1990, 394.

67 Kitschelt 1991, 454.

68 Hart and Kim 2002.「軟體電子」（software electronics）是指與電腦架構相關的技術，例如電腦軟體和半導體晶片設計（同上，144）。

69 比較嚴格的解釋是，根據領頭羊產業機制，日本1980年代在領頭羊產業的主導地位，應該已經使日本占得經濟領導地位。但本章前面的分析清楚顯示，經濟權力移轉並未發生。

70 Borrus and Zysman 1997, 162; Hart and Kim 2002, 1.

71 Borrus and Zysman 1997; Hart and Kim 2002; Kitschelt 1991.

72 持平而言，許多關於溫特爾主義的討論著眼的結果是在新產業的成功，而不是經濟權力移轉（Anchordoguy 1988, 2000）。我主要是批判將溫特爾主義論延伸至後一種結果的論述。

73 在軟體電子之外，日本企業仍大大得益於全球電子業的模組化產業架構（Dedrick, Kraemer, and Linden 2010）。

74 Bresnahan and Malerba 2002, 50- 52; Bresnahan and Trajtenberg 1995, 102. 關於促進技術擴散與針對英特爾和微軟的反托拉斯訴訟的關係，請參閱Wagner 1999。

75 Langlois and Steinmueller 1999, 20. 舉個例子，之前提到的第五代計畫將日本的電腦研發導向高度專業化的機器，而非比較小型的通用架構（Dujarric and Hagiu 2009）。

76 重申一下，美國在資訊通訊相關技能基礎建設方面的優勢使它得以快速電腦化的證據，未必能夠證明通用技術機制在第三次工業革命中有效運作。嚴格來說，我所研究的因果機制，是連結重大技術突破與經濟權力移轉，而不是權力移轉未發生的情況。不過，如果將第三次工業革命這個案例視為美國與日本為了爭奪經濟領導地位而展開激烈競爭，結果美國建立了明顯的優勢，那麼這個案例還是可以使通用技術機制得到更多支持。

35 Herz 1987.

36 Gover 1993, 61；亦參見Tyson 1993, 24。

37 Freeman, Clark, and Soete 1982, 105; Vogel 2013, 351.

38 Inman and Burton 1990; Office of Technology Assessment 1990, 27.

39 1997年，日本在液晶顯示器面板（用於電腦顯示器）的全球市占率高達100%（Vogel 2013, 351）。1990年代初期，日本在筆記型電腦和其他可攜式電腦的生產方面也居於領先地位，這是當時最快速成長的市場（Longworth 1992）。

40 Ferguson 1990.

41 Kraemer and Dedrick 2001, 9.

42 Thompson 1990, 221, 226.

43 Thompson（1990, 230）基於化學、鋼鐵、汽車、電力、電子和航空航天產業的產出指標，計算領頭羊產業的成長率。他以半導體的產出作為電子業的指標。

44 Thompson 1990, 232.

45 Mogee 1991, 24 25.

46 US Department of Commerce 1990.

47 Dertouzos, Solow, and Lester 1989. 這項規模龐大的工作由一群麻省理工學院的頂尖經濟學家和政治學家組織，做了550次訪談，並造訪了美國、歐洲和日本超過兩百家公司，出版的這本書可說是關於這段時期美國工業衰落的所有出版物中影響力最大的（Inkster 1991, 159）。

48 Langlois 2013, 159.

49 Dertouzos, Solow, and Lester 1989, 20，獲Langlois and Steinmueller 1999, 20引用。

50 Langlois 2013, 159.

51 最有影響力的論述是Johnson 1982；亦參見Inman and Burton 1990。

52 Kennedy 1987, 462.

53 Bruland and Mowery 2006, 369. Langlois（2013, 155）概括道：「到1980年代初，一台價值3,500美元的微型電腦（個人電腦）就能夠做價值10,000美元的獨立文字處理器的工作，同時還能像價值100,000美元的小型電腦那樣記帳，以及像25美分一局的街機遊戲機那樣，以外星人遊戲娛樂孩子。」

54 Jovanovic and Rousseau 2005.

55 Gordon 2016, 441- 42.

56 Brynjolfsson, Rock, and Syverson 2017, 23- 25.

57 David 1990, 355.

58 Crafts 2002; Gordon 2016, 576; Oliner and Sichel 2000.

59 Fueki and Kawamoto 2009, 325; Crafts 2002.

15 Beach and Pedersen 2019, 102.

16 一個例外是Borrus and Zysman 1997。

17 Halberstam 1983, 4- 5. 雖然美蘇之間的競爭也曾使人擔心權力移轉，但蘇聯當年並非處於電子與資訊技術進步的前緣。因此，美蘇競爭對追蹤技術革命與經濟權力移轉的連結機制意義不大。

18 Drezner 2001, 19.

19 R. Baldwin 2016, 87- 88.

20 這些資料來自經合組織的結構分析統計（STAN）資料庫，當中日本各產業的生產力成長數據只有1995至2016年的資料（Baily, Bosworth, and Doshi 2020, 18）。

21 Comin 2010.

22 Jorgenson, Nomura, and Samuels 2018, 18. 這些作者的數據顯示，日本的平均資本生產力確實保持小幅高於美國的水準。如前所述，我以總要素生產力和勞動生產力作為衡量生產力成長的綜合指標。此外，資本生產力指標並不支持日本在這段時期超越美國的說法，因為在1960和1970年，日本的資本生產力就已經高於美國。

23 Modelski and Thompson（1996, 213）整理了11名技術浪潮專家提出的1979至1990年間的領頭羊產業。該清單涉及範圍廣泛的多種技術，包括生物技術、電腦、能源、食品、環境技術、雷射、微電子、機械人、科學儀器、電訊，以及鐘錶。

24 Inman and Burton 1990; Kennedy 1987, 525; Kitschelt 1991, 480; Mastanduno 1991, 101- 2.

25 Plunkert 1990, 10.

26 Calder 1981.

27 Baily and Bosworth 2014, 5- 6.

28 Rausch 1998.

29 David 1990; Lipsey, Carlaw, and Bekar 2005.

30 Bresnahan and Trajtenberg 1995.

31 Gordon 2005, 12, 22; Harris 1998; Lipsey, Carlaw, and Bekar 2005.

32 這些研究將資訊通訊技術和電力列為史上最重要的兩項通用技術（David 1990; Jovanovic and Rousseau 2005）。

33 微處理器（一種積體電路）商業化促進了桌上型電腦跨功能和跨產業的普及。1994年，電腦應用占積體電路商業銷售最終使用需求52%（Langlois and Steinmueller 1999, 53）。網際網路在1990年代的驚人擴張也擴展了計算機器網路（Langlois 2013, 152）。

34 Vogel 2013, 351；亦參見Pollack 1982; Kitschelt 1991, 485- 86。

209 Kitschelt 1991, 472.

210 Ames and Rosenberg 1968; Broadberry 1994; Habakkuk 1962.

211 Piore and Sabel 1984, 41. 一組相關的特定案例替代解釋植根於這個前提：因為運輸網擴展將更大的國內市場連結起來，美國對產品的需求較為同質化（Timmer, Veenstra, and Woltjer 2016, 875）。感謝Mike Beckley使我注意到這一點。

212 Braun 1984; Nolan 1994; Timmer, Veenstra, and Woltjer 2016, 881- 84.

213 Ristuccia and Tooze 2013.

214 Timmer, Veenstra, and Woltjer 2016, 896- 97.

215 Lewis 1957, 583.

第五章　日本在第三次工業革命中對美國的挑戰

1 有關第三次工業革命歷史的論述，可參考Galambos 2013, 2- 4的評論。一如第一次和第二次工業革命，第三次工業革命的時間範圍也有爭議。例如，Rostow（1985, 285）就以1970年代後半期作為新工業革命的起點。

2 最著名的例子是Vogel 1979。正如Drezner（2001, 18）寫道：「在1985年，日本是美國技術霸權的唯一有力挑戰者，被視為超越美國的理想候選者。」

3 Gilpin 1991, 15.

4 Dertouzos, Solow, and Lester 1989; Nelson and Wright 1992, 1932. Freeman, Clark, and Soete（1982, 166, 188）從長波角度分析，認為日本將成為新一波變革性創新的領導者。

5 Prestowitz 1989, 2.

6 Gilpin 1996, 428; Huntington 1993, 71- 82; Rostow 1985. 關於美國與日本在領頭羊產業的競爭，《國際組織》（*International Organization*）的一篇文章總結道：「系統領導地位的未來發展，因此很可能取決於生產核心之中的競爭是否出現明確的輸贏」（Thompson 1990, 232）。

7 1987年，季辛吉指出，日本取消軍費上限的決定，「使得日本在不太遙遠的未來必將成為主要軍事強國」（Kissinger 1987）；亦參見Gilpin 1996, 428。

8 Oreskes 1990，獲Mastanduno 1991, 74引用。

9 Freeman 1987; Kennedy 1987, 529; Nelson and Wright 1992; Piore and Sabel 1984.

10 Mowery and Rosenberg 1991, 80.

11 Freeman, Clark, and Soete 1982, 198- 99; Johnson 1982; Prestowitz 1989.

12 Kennedy 1987, 462- 63, 525.

13 Jin 2016.

14 Beach and Pedersen 2018, 861- 63.

188 與此相關的是，因為化學工程借用了機械工程的一些基本做法，我們可以說化學工程是機械工程在化學領域的延伸，或是「機械工程與化學的產物」(Noble 1977, 38)。

189 Kennedy 1987, 228.

190 Ruttan 2006.

191 Deyrup 1948; Smith 1985.

192 Hoke 1990.

193 Hounshell 1985, 50- 61. 時鐘製造也啟發了英國早期的工具機製造商（Musson and Robinson 1969）。

194 Hounshell 1985, 51.

195 聯邦政府的合約，包括美國內戰期間的合約，對美國製造商來說只是「暫時有幫助」(Scranton 1997, 76- 77)。

196 Deyrup 1948, 6.

197 美國軍方經由海軍投資在機械工程教育方面的投資，確實幫助了美國製造體系的擴散。來自海軍工程師團的軍官在幫助美國各教育機構設立機械工程課程方面發揮了重要作用（參見Calvert 1967, 50）。

198 Taylor 2016.

199 1898年的美西戰爭是個例外，但這場戰爭一年就結束，而且發生在第二次工業革命的後期。

200 在創造性不安全理論中，內戰被歸類為國內高度緊張的「極端情況」(Taylor 2016, 238)。

201 關於美國受惠於相對於英國的人力資本優勢的說法，請參閱Crafts 1989, 35; Greasley and Oxley 1998b; Mankiw, Romer, and Weil 1992, 432。

202 Goldin 2001, 265- 66. 在1913年，英國15至64歲年齡組的中小學平均受教育年數高於美國（Greasley and Oxley 1998b, 185）。

203 Romer 1996, 202.

204 US Bureau of Education 1901, 807- 8; US Bureau of Education 1898, 206.

205 在兩次大戰之間的時期，美國的「高中運動」將使美國的中學後和大學入學率顯著高於歐洲國家，甚至是顯著高於歐洲先進國家（Goldin 2001, 266- 69; Goldin and Katz 2008）。

206 Chandler 1977, 1990. 國際關係文獻中的領頭羊產業論述採用了這種說法，例如參見Kim and Hart 2001。

207 Scranton 1997, 7.

208 US Bureau of the Census 1913, 40- 43；亦參見Scranton 1997, 12。

160 Brady 1933, 149；亦參見Yates and Murphy 2019, 36。

161 例如參見Bohmert 1904。

162 US Bureau of Education 1894, 193.

163 里德勒的工程學校比較也包括德國南部一間工業大學和耶魯大學雪菲科學院的電機工程課程。在整理這份課程比較時，我剔除了這兩間學校的課程，因為它們的代表性不如其餘學校的課程，而這符合里德勒的判斷（US Bureau of Education 1895, 684, 686）。

164 在慕尼黑工業大學，四年的課程不會有實驗室或車間實習時間。

165 König 1996, 91- 95. 一名歷史學家指出，里德勒對美國工程教育優點的坦率評估最終引發了改革，「深刻地改變了二十世紀德國工程學的性質」（Zieren 2006, 2）。

166 Cohen 1976.

167 US Bureau of Education 1895, 676.

168 Braun 1984, 16.

169 Nelson and Wright 1992, 1942; Rosenberg and Steinmueller 2013, 1130; Scranton 1997, 65- 71.

170 Braun 1984; Nienkamp 2008.

171 本節內容摘自Ding 2023, 10- 11。

172 Drezner 2001, 12n33; Henderson 1975, 186; Moe 2007, 4, 142.

173 在整個1890年代，德國的學術化學家人數是英國的兩倍（Sanderson 1972, 23；亦參見Locke 1984, 61）。

174 Thackray et al. 1985, 161.

175 同上，405- 7。

176 同上，157, 402；亦參見Macleod 1971, 207。

177 Little 1933, 7; Rosenberg 1998b, 176.

178 Guédon 1980, 45- 76; Noble 1977, 26- 27; Rosenberg 1998b, 171.

179 Rosenberg and Steinmueller 2013, 1145.

180 Divall and Johnston 1998, 204.

181 直到1930年代，美國以外的國家才開始出現化學工程系（Rosenberg 1998a, 195）。

182 Rosenberg 1998a, 192- 99.

183 Guédon 1980.

184 Rosenberg 1998a, 205.

185 Divall and Johnston 1998, 212.

186 Noble 1977, 38, 72; Reynolds 1983, 41- 42.

187 Rosenberg and Steinmueller 2013, 1146.

國工程教育關係的章節。

141 Noble 1977, 24；亦參見Maloney and Caicedo 2017, 12- 13。

142 Dalby 1903, 39. 這些數字中的「授田大學」是指因為1862年的《摩利爾法》或1890年俗稱第二部《摩利爾法》的法律而獲得資助的大學。

143 Calvert 1967, 49; Seely 2004, 61.

144 Seely 2004, 61.

145 在最初二十年裡，ASME的專業化活動基本上僅限於一年舉行兩次會議和出版包含重要工程文獻的年度論文集（American Society of Mechanical Engineers 1900）。隨著ASME的會員人數增加、ASME提供徵求專業人才的資料和認可技術標準，這種情況在二十世紀初發生了巨大變化。

146 Noble 1977, 76; Scranton 1997, 69.

147 Hounshell 1985; Noble 1977.

148 Calvert 1967, 278.

149 Maloney and Caicedo 2017.

150 Locke 1984; Thomson 2010, 40; Wickenden 1929, 35.

151 Sanderson 1972, 24- 39.

152 「全日制」學生不包括那些夜間或週末上課的學生。有人質疑教育體系之不足與英國工業衰落是否真有關係，這種觀點參見Lundgreen 1990, 62- 64。另一些論述承認英國二十世紀初對在工程教育投入了方面做了可觀的投資的金額，但也指出這些行動晚於工業競爭對手使英國付出了高昂代價（Wickenden 1929, 43）。

153 Wertheimer 1903; Wickenden 1929, 36.

154 Dalby 1903, 39. 1902年，德國的技術學院所有學科共招收了近15,000名學生，其中約有2,500名外國人（Rose 1903, 57）。

155 Ahlström 1982; Maloney and Caicedo 2017.

156 Rose 1903, 51. 有些文獻，例如這裡引用的英國領事報告，以「technical high school」（技術高中）作為technische Hochschulen（技術學院）的英譯。這種翻譯不準確，因為這些學院絕大多數學生都超過18歲。「技術大學」也是有問題的譯法，因為「大學」（Universität）這名稱是留給那些頒授博士學位的學校的。我跟隨König 1996的做法，〔在本書原文中〕使用德文technische Hochschulen而不是英譯。

157 根據柏林機器製造業的資料，就產業界的工程師而言，技術中學所培養的工程師幾乎是技術學院的四倍（König 1993, 83）。

158 Seely 2004.

159 Gispen 1990, 122.

119 Bakker, Crafts, and Woltjer 2019, 2285. 該數字為各產業「密集型成長貢獻」（intensive growth contributions）之合計，而該指標為產業所占的附加值比例與總要素生產力成長的乘積。

120 Bakker, Crafts, and Woltjer 2019, 2290.

121 Anderson 1877; Hounshell 1985; Rosenberg 1963; Thomson 2010. 來看一下縫紉機可能產生的外溢效應：從1899到1909年，美國女裝製造業貢獻的附加值成長百分比提高了135%，使女裝在價值超過1億美元的產業中高居第三，僅次於汽車與電力（US Bureau of the Census 1913, 40）。

122 Anderson 1877, 235，獲Rosenberg 1963, 420n12引用。

123 這是保守的估計，因為調查忽略了某些產業（Thomson 2010, 6）。

124 Kendrick 1961, 178, 181.

125 Harley 2003, 827.

126 Rosenberg 1979, 34; Scranton 1997, 290.

127 Beaumont and Higgs 1958; Hounshell 1985.

128 Rosenberg 1963, 426; von Tunzelmann 2000, 132.

129 Brown & Sharpe 1997, 20- 23，獲Thomson 2010, 29引用。

130 Rosenberg 1963, 425. 如果每個產業都購買自身專用的工具機，我們就應該質疑是否真的出現了廣泛的技術融合。在所有車床專利中，通用專利占所有專利類型的比例從1816至1865年間的三分之一，增加到1900至1921年間的60%（Thomson 2010, 14）。

131 在一項經典研究中，羅伯特．福格爾（Robert Fogel, 1964）假設在鐵路沒有出現的情況下，擴充運河系統是最佳選擇，然後基於這個反事實假想評估鐵路對美國經濟生產潛力的貢獻。

132 Mokyr 1990, 136.

133 Drezner 2004, 13; Moe 2009, 216- 17.

134 Sanderson 1972, 21- 23.

135 Bruland and Mowery 2006, 359- 60. 1921年，關於美國工業實驗室的首次調查顯示，美國工業界雇用的研究人員不到七千人（Chandler 1990, 84）。

136 Hughes 1994, 433; Kocka 1980, 95- 96; Nelson and Wright 1992, 1940.

137 Monte Calvert（1967）將這種做法稱為「車間文化」。亦參見Locke 1984, 61; Lundgreen 1990, 55; Scranton 1997, 60。

138 Lundgreen 1990, 55.

139 Thomson 2010, 9.

140 Seely 2004, 60. 感謝布魯斯．西利（Bruce Seely）為我提供他所寫的關於歐洲與美

99 Kennedy 1987, 199- 200; Modelski and Thompson 1996, 87- 88; Thompson 1990, 213.

100 Hobsbawm（1968, 159）寫道：「鋼鐵製造方面的所有重大創新都來自英國，或是在英國發展出來的。」英國鋼鐵學會副會長George James Snelus表示，塔爾波爐是「鋼鐵製造方面多年來的最大進步」（Talbot 1900, 62，獲McCloskey 1973, 71引用）。

101 Crafts 1989, 130.

102 大衛・蘭德斯（David Landes, 1969）在他特別有影響力的論述中，強調英國在鋼鐵生產方面未能跟上德國的腳步（Wengenroth 1994, 393n29）。保羅・甘迺迪的《霸權興衰史》多次引用蘭德斯的著述，藉此論證鋼鐵產量衰退解釋了英國的生產力放緩（Kennedy 1987, 198n16; 228n110）。

103 Wengenroth 1994, 384.

104 與此相關的是，國家能力綜合指標（CINC）這個最廣泛使用的國家權力資源指標，以1900至2012年間的鋼鐵產量作為它的六個關鍵因素變數之一（Greig and Enterline 2017, 45- 46）。對於CINC以鋼鐵產量作為工業實力指標的批評，請參閱Beckley 2018b; Wohlforth 1999, 13。

105 Wengenroth 1994, 390.

106 Hobsbawm 1968, 151.

107 我的計算是基於Timmer, Veenstra, and Woltjer 2016的數據。德國的機器密集度是基於1909年的數據。有關以每小時工作的應用馬力作為這段期間美國生產方法的有用代用指標，為此辯護的說法參見Timmer, Veenstra, and Woltjer 2016, 879-81。我感謝彼得・沃爾傑（Pieter Woltjer）分享這些數據的連結。

108 Ristuccia and Tooze 2013, 959- 60.

109 Great Britain Committee on the Machinery of the United States of America 1855, 32，獲Rosenberg 1963, 420n12引用；亦參見Litterer 1961, 467。在第二次工業革命期間，英國的工具機保持優於其他歐洲國家（Floud 1976, 68）。

110 Braun 1984, 16.

111 Rosenberg 1963, 417; Saul 1960, 22.

112 Braun 1984; Nolan 1994; Timmer, Veenstra, and Woltjer 2016, 882- 83.

113 Great Britain Committee on the Machinery of the United States of America 1855, 32.

114 Whitworth 1854/1969, 387.

115 Rowland 1883, 242; Taylor 2016, 9.

116 Kendrick 1961, 163.

117 Broadberry 2006.

118「偉大發明產業」包括化學品、電動機械、電力公用事業和運輸設備（Bakker, Crafts, and Woltjer 2019）。

72 Devine 1982, 17- 45; Devine 1983, 368- 71.

73 Petralia 2020.

74 Devine 1982；亦參見Crafts 2002; Rosenberg 1979, 48。

75 Du Boff 1967. 關於柴油引擎（一種內燃機）緩慢的普及過程，請參閱Smil 2010。

76 Smil 2005, 121, 136. 法國1912年的汽車出口量超過美國（Locke 1984, 9n18）。

77 Hounshell 1985, 218; Moe 2007, 166- 68.

78 因為汽車業的發展和內燃機的普及發生在第二次工業革命非常後期的階段，我在另外兩個面向沒有特別追溯這個候選領頭羊產業和這項候選通用技術的影響。

79 Thomson 2010, 10.

80 Rosenberg 1963, 433. 最大的其中一家縫紉機公司Singer要到1870年代才完全採用美國製造體系（Hounshell 1985）。

81 Thomson 2010, 9.

82 同上，26。

83 Kuznets 1930, 10.

84 Sanderson 1972, 15.

85 Kennedy 1987, 210.

86 我的計算是基於Mitchell 1998, 466- 67; Mitchell 1993, 356- 58提供的粗鋼產出數據。

87 Taylor 2016, 189.

88 我的計算是基於Comin and Hobijn 2009的資料。

89 倫敦地鐵是第一條安裝大型交流變壓器的地鐵線，但「在交流電站的數量上遠遠領先英國」的卻是美國（Hughes 1962, 36）。

90 Field 2008, 23. 到1912年，蒸汽渦輪機為美國的中央發電廠提供了約40%的總電力（Bryant and Hunter 1991, 336- 51）。

91 Hughes 1962, 38引用了這段話。

92 Drezner 2001, 12; Hull 1996, 195; Trebilcock 1981, 64.

93 Bruland and Mowery 2006, 362; Murmann 2003, 399.

94 在1850至1914年間，所有重大創新有45%是美國企業貢獻的。同期德國企業貢獻了18%的重大創新（Modelski and Thompson 1996, 117）。

95 因為汽車業的發展發生在這段時期快結束的階段，我聚焦於化學品和電氣設備業的潛在創新群聚和壟斷利潤。

96 Murmann 2003, 401.

97 Kennedy 1987, 244.

98 Henderson 1975, 189- 90.

and Sidney Winter, 1982, 261）認為機械化是類似通用技術軌跡的一種「自然軌跡」。注意，Richard Lipsey, Cliff Bekar, and Kenneth Carlaw（1998, 46- 47）將十九世紀的工具機產業歸類為「近似通用技術」，理由是工具機的使用範圍僅限於製造業。但是，工具機進步對機械化的影響，也呈現在製造業以外的許多領域，包括農業。

52 有些學者認為鐵路是一項通用技術（Lipsey, Carlaw, and Bekar 2005），但鐵路的用途不夠多樣，因此不符合標準。用途不夠多樣或許可以解釋為什麼有些研究發現，在十九世紀中葉，鐵路對生產力成長的貢獻相當有限（Fishlow 1966; Fogel 1964）。

53 例如有一篇基於領頭羊產業模型的文章將英國衰落歸咎於四個產業，它們正是本節選擇的四個候選領頭羊產業（Thompson 1990, 226）。

54 根據一項對1914年美國工具機產業規模的估計，該產業總產值只有3,150萬美元（US Bureau of the Census 1918, 269）。

55 Floud 1976, 31.

56 這一點也適用於化學與燃燒技術的進步，它們既是候選通用技術（分別為化學化與內燃機）的源頭，也是候選領頭羊產業（分別為化學業與汽車業）的源頭。

57 另一種方法認為電力這種通用技術出現於1894年。在美國，中位數製造業這一年約1%的馬力是由電力驅動（Jovanovic and Rousseau 2005）。

58 Gilpin 1987, 98, 112; Thompson 1990, 226.

59 Hobsbawm 1968, 147.

60 Moe 2007, 125; see also Drezner 2001, 11- 18.

61 Thompson 1990.

62 Modelski and Thompson 1996, 69; Moe 2007, 426.

63 Ilgen 1983.

64 例如，杜邦公司要到1902年才設立它的第一個工業研究實驗室（Bruland and Mowery 2006, 358- 66）。

65 Reynolds 1986, 700.

66 Hull 1996, 195.

67 Drezner 2001, 12; Murmann and Landau 1998, 30.

68 Noble 1977, 18- 19.

69 Little 1933, 7; Rosenberg 1998b, 171- 76.

70 從1895到1913年，德國化學品產出增加了1.4倍；從1935到1951年，德國化學品產出增加了1.6倍。我的計算是基於Murmann 2003, 400整理的統計資料。

71 David 1990; Devine 1982, 46- 47; Field 2003, 92; Rosenberg 1979, 48- 49.

25 Bairoch 1982, 294.

26 Rostow 1978, 52- 53. 在1870至1896年間，德國工業產出成長率（3.1%）高於英國（1.9%），但低於美國的4.6%（Bénétrix, O'Rourke, and Williamson 2015, 21）。

27 Bairoch 1982, 292- 302.

28 Broadberry 2006.

29 同上，20- 21，150。德國工業部門的勞動生產力確實在1911年之前超越了英國。

30 Maddison 1995.

31 Broadberry 1992; Smil 2005, 286.

32 Broadberry 2006, 109.

33 同上，108。

34 靛藍是最重要的天然染料，其合成因此標誌著有機化學工業的一個轉捩點。

35 Hull 1996, 192, 196; Landes 1969, 4; Schumpeter 1939, 167.

36 Gilpin 1987, 309; Kim and Hart 2001, 304; Modelski and Thompson 1996, 87- 88; Ostry and Nelson 1995, 43.

37 Gilpin 1987, 309; Kim and Hart 2001, 304.

38 Gilpin 1975; Kurth 1979, 26; Moe 2009, 218- 19; Thompson 1990, 213.

39 汽車與電氣設備業（歸入「電氣機械、設備與用品」類別）的統計資料參見US Bureau of the Census 1913, 40；化學工業（「化學品與相關產品」）的統計資料參見US Bureau of the Census 1913, 53。

40 我的計算是根據Mitchell 1998, 466- 67和Mitchell 1993, 356- 58的粗鋼產出數據。

41 Gilpin 1975, 67; Kurth 1979; Modelski and Thompson 1996, 69; Rostow 1978, 105.

42 Rostow 1978, 105.

43 Ristuccia and Solomou 2014, 227.

44 Field 2008, 10.

45 Petralia 2020.

46 Nelson and Winter 1982, 261; Noble 1977, 18; Landau and Rosenberg 1992, 76.

47 Moser and Nicholas 2004. 值得注意的是，佩特拉．莫澤與湯姆．尼古拉斯（Petra Moser and Tom Nicholas, 2004, 393）認為化學品的發展「至少與電氣技術的發展一樣符合通用技術的標準」。有關電氣技術是否比化學技術更符合通用技術特性的進一步討論，參見Petralia 2020。

48 Jovanovic and Rousseau 2005; Lipsey, Carlaw, and Bekar 2005, 133.

49 Du Boff 1967, 514.

50 Rosenberg 1963, 423.

51 Mosk 2010, 22; Thomson 2010, 4. 理察德．納爾遜與西德尼．溫特（Richard Nelson

3 Mowery and Rosenberg 1991, 22; Delong 2022, 63- 65.

4 Landes 1969, 247.

5 Gilpin 1975, 77; Organski 1958, 291- 92. 但也有人對第一次世界大戰由德國經濟能力超越英國引起的說法提出質疑。這些批評的概述參見Vazquez 1996, 41- 42。

6 Gilpin 1981, 1987; Kennedy 2018, 51; Modelski and Thompson 1996.

7 Rostow 1960, 175.

8 Akaev and Pantin 2014, 869.

9 有關為何今日中國不如第二次工業革命中的德國，一種論點參見Beckley 2011, 63- 72。

10 Ferguson 1968, 298. 有些學者質疑可互換零件製造方面的發展是否完全符合「美國製造體系」的標準概念，因為在十九世紀中葉實現完全的零件可互換性是不可能的。但即使第二次工業革命期間某些產業無法達到完全的零件可互換性，標準程度提高對成就大規模生產仍有重要作用（Hoke 1990; Hounshell 1985）。

11 David 1975; Rosenberg 1972, 87- 90.

12 Drezner 2001, 13; Moe 2009, 216- 17.

13 麥克・皮歐爾與查爾斯・薩貝爾（Michael Piore and Charles Sabel, 1984, 46）指出：「1850年後參觀美國工廠的英國工程師所寫的報告，是對美國大規模生產實務整合最認真的描述。」

14 本章部分內容取材自Ding 2024。

15 當時英國的人均工業化水準是第二強國比利時的兩倍以上（Bairoch 1982, 281）。

16 Kennedy 1987, 228.

17 Chan 2007, 21; Vazquez 1996, 41. 保羅・甘迺迪寫道：「在十九世紀末和二十世紀初全球權力格局發生的所有轉變中，對未來最具決定性的轉變無疑是美國的壯大」(Kennedy 1987, 242)。

18 Drezner 2001, 12n33; Moe 2009, 215- 18. 丹尼爾・德雷茲納確實承認美國在這段時期也超越了英國。但他選擇僅研究德國，並以兩個理由為此辯護。第一，德國的科學和技術優於美國的科學和技術。第二，由於德國的軍事支出比英國多，研究德國可以檢驗關於英國的軍事負擔損害其相對生產力的說法。

19 Fouquin and Hugot 2016.

20 Maddison 1995，被引用於Smil 2005, 286。

21 我的計算是基於2020年版本的麥迪遜專案資料庫（Bolt and van Zanden 2020）。

22 Nelson and Wright 1992, 1939.

23 Bolt and van Zanden 2020.

24 Rostow 1978, 52- 53.

152 Williams 1944.

153 Habakkuk and Deane 1963.

154 Hyde 1977, 115.

155 O'Brien 2017, 51- 53; Trebilcock 1969.

156 Kaempffert 1941, 435; Satia 2018.

157 Mathias 1969, 124; O'Brien 2017, 47.

158 Hueckel 1973, 371.

159 Hyde 1977, 115- 16.

160 Ashton 1963, 128- 61.

161 同上，153。

162 Alphen et al. 2021.

163 英國和法國的機械化都受益於戰時的貿易保護（Juhász 2018; O'Brien 2017）。

164 一項研究斷言：「英國作為一個分權式、市場導向、弱政府的社會，可以最有活力地把握新技術軌跡提供的機會。」（Kitschelt 1991, 471）亦參見 Kim and Hart 2001; Kurth 1979。

165 Crafts 2014.

166 Meisenzahl and Mokyr 2011, 475.

167 Mitch 1999; de Pleijt 2018.

168 De Pleijt 2018.

169 Davids 2008; Mokyr 2000, 514- 15; Wrigley 2000.

170 Nye 1991.

171 Pomeranz 2000; Wrigley 1988.

172 有關煤如何影響第一次工業革命的爭論，概述可參見 Fernihough and O'Rourke 2021。

173 Jacob 1997, 7.

174 Davids 1995, 355.

175 根據一種結合了煤礦論和通用技術技能基礎建設、相當吸引人的解釋，英國煤礦資源的重要性不在於提供一種廉價能源，而是在於作為金屬加工工匠技能的一個源頭（Kelly, Mokyr, and Ó Gráda 2020）。

第四章　第二次工業革命與美國崛起

1 第二次工業革命發生於1870至1914年是傳統說法，但這一點也存在一些爭論（Hull 1996; Mokyr 1998）。

2 Allison 2017, xviii; Horo witz 2018, 51.

在更國際化。」(Mathias 1975, 100)莫爾(Moe, 2007, 94)指出，法國的機械化因為在「掌握機械技能的工程師」方面出現「人力資本落後」的問題而遇到阻礙。

130 Berg 1985, 188; Harris 1991; Mathias 1975, 102- 3.

131 Mathias 1969, 129.

132 Crafts 1996, 199. 當時的技工學院為它們在創造一個更廣泛的應用機械知識庫感到自豪(Durham Chronicle 1825; Hampshire Advertiser 1849)。

133 Mokyr 2002, 66.

134 Moe 2007, 94. 這些資料存放在技工學院，為公共圖書館系統和現代技術教育機構奠定了基礎(Kelly 1952; Lyme Regis Mechanics Institute 1844)。與此相關的是，十八世紀荷蘭和英國的人均書籍產量遠遠超過歐洲其他國家(Baten and van Zanden 2008)。

135 Mokyr 2002, 73.

136 Jacob 1997, 184; Crouzet 1967, 239.

137 這是普遍的看法，例如參見Kindleberger 1976, 13。但另有一些人認為，工藝學校(Écoles d'arts et métiers)之類的中級技術學校確實實施了改革，擴大了法國人接受機械工程教育的機會。到1860年代，工藝學校的畢業生「約占法國受過訓練的工程師和中級技術人員(包括幾乎所有機械工程師)40%」(Day 1978, 444)。Peter Lundgreen(1990, 39)也針對那些將法國技術教育不足與法國落後於國際競爭對手聯繫起來的「可疑的回溯性推斷」提出警告。

138 Crouzet 1967, 239; Lundgreen 1990, 39; Moe 2007, 43.

139 Mathias 1975, 99.

140 Ahlström 1982, 44.

141 Davids 1995, 358- 59; Mokyr 2000.

142 Jacob 1997, 144. 有關此現象，進一步的資料參見上文第141- 154頁。

143 Davids 1995, 357.

144 在這段時期，荷蘭的高等教育體系也很強大。直到十八世紀末，荷蘭大學的研究在國際上仍獲得高度認可(Mokyr 2000, 14)。

145 Moe 2007, 42- 43.

146 Mokyr 2005, 311n90. 餘下119人是蘇格蘭的大學培養出來的。

147 Leunig, Minns, and Wallis 2011; Zeev, Mokyr, and van der Beek 2017.

148 Sarid, Mokyr, and van der Beek 2019.

149 Clark 2007.

150 Gilboy 1932.

151 Pomeranz 2000.

（Landes 1983）。

109 Horrell, Humphries, and Weale 1994, 555.

110 同上，557。

111 有趣的是，紡織業在這段期間的人均專利數相對較低。正如理查德．蘇利文（Richard Sullivan）寫道（1990, 353）：「紡織業是一個大產業，此一簡單事實有助解釋為何它產生了那麼多專利。」

112 Sullivan 1990, 354. 另一項對英國專利的分析發現，在1780至1849年間，機械工程所占的專利比例從17%增至30%（MacLeod and Nuvolari 2009, 223）。

113 Sullivan 1990, 350; Temin 1997, 79.

114 例如，甘迺迪（2018, 54）在總結過去工業革命中領頭羊產業的作用時聲稱：「英國在第一次工業革命中的領導地位源自個別發明家的才能。」亦參見Cardwell 1994, 496- 501。

115 Nuvolari 2004.

116 Dutton 1984; North 1981.

117 Meisenzahl and Mokyr 2011, 446. 正如庫克森（2018, 154）在她關於建造英國第一批現代紡織機器的工程師的研究報告中寫道：「一家企業能夠容納多少個詹姆斯．瓦特是有限的。真正需要的是從事車間工作的熟練工人。」

118 Musson and Robinson 1969, 436.

119 Buchanan 1841, 394- 95，引用於Jefferys 1945, 12；亦參見Pollard 1965, 167- 68。

120 Thompson 1880.

121 Kelly, Mokyr, and Ó Gráda 2020, 27.

122 Jefferys 1945, 17; Mokyr and Voth 2010, 39.

123 Marsden 2004, 405; Pollard 1965, 180- 81. 到1850年，全英國約有七百家技工學院（Birse 1983, 62）。

124 Musson and Robinson 1960; Musson 1969.

125 因為一個人必須留下某種紀錄，例如曾取得專利或在傳記中被提及，才有可能被納入這個樣本，這759名工程師僅代表當年大量合格技術人員的一小部分。儘管如此，這個人物傳記資料庫使我們得以一窺英雄發明家底下的那一層人力資本（Meisenzahl and Mokyr 2011, 453）。

126 我以公路鐵路和運河、儀器、製鐵和冶金、其他工程這四個領域作為機械專業的代用指標（Meisenzahl and Mokyr 2011, 472）。

127 同上，461。

128 Nuvolari 2004, 360.

129 有個歷史學家甚至寫道：「這時候的科學共和國是真正國際化的，甚至可能比現

94 MacLeod and Nuvolari 2009; Rosenberg 1970.

95 Berg 1985, 265.

96 雖然博爾頓和瓦特在其專利期的前二十五年（1775- 1800年）面臨「盜版」蒸汽機製造商的競爭，但盜版蒸汽機的銷量相對較少，不會改變瓦特蒸汽機國際銷量的整體趨勢（Tann and Breckin 1978, 542）。

97 Tann and Breckin 1978, 544.

98 到1833年，法國運作中的蒸汽機估計有946台，其中759台是法國製造的。雖然美國的相關數字沒有這麼詳細，但是「到1810年，美國運作中的瓦特蒸汽機顯然是美國製造的多於進口的，而到1825年，蒸汽機總數可能約為500台」（Tann and Breckin 1978, 558- 59）。

99 工業產出的成長有可能是領頭羊產業的出口成長促成的。但是，對1780- 1851年間的一項時間序列分析顯示情況並非如此（Greasley and Oxley 1998a）。

100 McCloskey 1981, 114. 有一項估算認為領頭羊或「現代化」產業對英國生產力成長的貢獻大於麥克洛斯基所估計的（參見Crafts 1985, 86）。關於這兩項估算，有個重要的細節值得注意：後者調低了這段期間英國生產力的整體成長率，但維持麥克洛斯基關於現代化產業對生產力成長貢獻的估計。這如同下修對整個經濟體創造的職位總數的估計，但沒有調整對製造業創造的職位數的估計，然後得出服務業對創造就業的貢獻其實沒那麼大的結論。事實上，經審視後，克拉夫茨修正了他的估計。Berg and Hudson 1992; Crafts and Harley 1992。在後來的著述中，克拉夫茨承認「這些資料支持的『未現代化產業』的生產力提升可能，可能大於他所估計的。」Crafts and Harley 1992, 719n67。

101 Temin 1997, 76.

102 同上，79。

103 專利資料有一些局限。許多進步無法取得專利，而且專利註冊情況因時而異，也因產業而異。一項技術取得專利不保證它有經濟價值，而且專利註冊也可能受社會因素影響。儘管如此，這個時期的專利紀錄「為我們提供了關於工業技術進步的速度和方向的合理指南」（Bruland 2004, 123）。

104 作者的計算是基於Sullivan 1990, 352整理的專利資料。

105 MacLeod 1988, 148. 蒸汽機被納入了紡織機械和動力來源這個類別；亦參見Sullivan 1990, 352。

106 Bruland 2004, 119.

107 Hartwell 1965, 180- 81.

108 第一次工業革命出現廣泛的技術變革不代表經歷變革的各行業情況一致。有些英國工業，例如鐘錶製造業，後來競爭力衰退，到十九世紀中葉變成了進口業

68 Jones 1987, 71.

69 Berg 1985; Mantoux 2006, 474- 75; Mokyr 2001, 6.

70 Von Tunzelmann 1997.

71 Lipsey, Bekar, and Carlaw 1998, 45.

72 Modelski and Thompson 1996, 117. 在160項技術發明中，德國和法國是其中17%的率先創新者。主要發明清單來自Van Duijn 1983, 176- 79。

73 Vries 2013, 22; Kelly, Mokyr, and Ó Gráda 2020, 41引用了這項資料。因為哪些發明算是「重大」發明涉及主觀判斷，而且缺乏關於許多十九世紀早期發明的發生時間和創造者姓名的文獻，這項研究的價值有限（Van Duijn 1983, 174）。

74 Mokyr 1999, 36.

75 Allen 2011, 358; Mathias 1975, 94.

76 Mokyr 1999, 36.

77 Wadsworth and Mann 1931, 413.

78 Harley 1982, 268- 69.

79 Moe 2007, 38- 39.

80 Farnie 2003, 734; Tomory 2016, 157.

81 Farnie 2003, 735; Moe 2007, 37；亦參見Harley 1982, 269。

82 Harley 1982, 282; see also Macpherson 1805, 340.

83 這方面的一個重要論述參見Findlay and O'Rourke 2007, 311- 64。

84 McCloskey 2010, 217- 28. 在這一節，麥克洛斯基（Deirdre McCloskey）提出一個反事實假想，設想被拒於外國市場門外導致英國棉織品產出減半。即使使用有利於貿易論的假設，麥克洛斯基發現這種貿易限制在八十年的時間裡僅導致英國生產力降低8%。

85 在上述每一個時期，棉紡織業對英國製造業出口的貢獻都超過15%（Davis 1979, 94- 101; Moe 2007, 86）。

86 有些學者斷言，到1780年，英國製鐵業已經領先法國（Modelski and Thompson 1996, 99；但請參見Crouzet 1990; Landes 1969, 95）。

87 Berg 1985, 38- 39.

88 Mathias 1969, 127.

89 Meisenzahl and Mokyr 2011, 448.

90 Armytage 1961, 93.

91 Moe 2007, 42.

92 Mathias 1975, 102.

93 Rosenberg 1963.

年）。

44 Cameron 1989; Modelski and Thompson 1996, 116; Rostow 1960.

45 莫德斯基和湯普森以用棉量和生鐵產量為指標，預料棉紡織和製鐵這兩個領頭羊產業的「高成長」時期為1763至1792年（Modelski and Thompson 1996, 111）。

46 Nuvolari, Verspagen, and von Tunzelmann 2011, 292. 對這些批評的回應參見Rostow 1991, 172- 211。

47 Bruland 2004; Kennedy 1976, 150- 51.

48 Ogburn 1949b, 17.

49 Nuvolari, Verspagen, and von Tunzelmann 2011, 292. 對這些批評的回應參見Rostow 1991, 172- 211。

50 Nuvolari, Verspagen, and von Tunzelmann 2011, 292. 對這些批評的回應參見Rostow 1991, 172- 211。

51 Greasley and Oxley 2000, 114. 研究者一般認為棉紡織業對英國經濟成長的貢獻相對快速觸頂（Farnie 2003, 734）。

52 Greasley and Oxley 2000.

53 Moe 2007, 81；亦參見Lilley 1971, 197。

54 Musson 1981, 34.

55 同上；亦參見Musson 1980, 90- 93。

56 MacLeod and Nuvolari 2009, 224.

57 Greenberg 1982.

58 Crafts 2004b；亦參見Mokyr 2010, 124- 25; von Tunzelmann 1978。

59 領頭羊產業敘事認為1815至1850年是基於蒸汽機的產業的高成長期（Modelski and Thompson 1996, 69; Akaev and Pantin 2014, 868）。

60 Bruland and Mowery 2006, 353. 衡量蒸汽機普及程度的統計數據多數著眼於蒸汽機的使用情況。Peralta 2020批評這種方法忽略了通用技術對互有關聯的技術發展的影響。稍後我將說明互補型創新的時間軸也支持蒸汽機的緩慢擴散軌跡。

61 Crafts 2004b, 341- 42; von Tunzelmann 1978, 294.

62 Smil 2010, 12- 13.

63 Bryant 1973; von Tunzelmann 1978, 86- 67.

64 Rostow 1960; Landes 1969.

65 Von Tunzelmann 1978, 285- 86. 機械化程度提高刺激了對蒸汽機等技術的需求，而不是反過來（Paulinyi 1986, 283）。

66 Von Tunzelmann 1978, 289- 92.

67 Cipolla 1962; Wrigley 1988.

19 Greasley and Oxley 2000.

20 Crafts 1995, 752

21 Crafts 1998.

22 對1815年法國生產力的初步估計顯示，英國已大幅領先（Moe 2007, 32- 33）。

23 Allen 2003, 409, 435.

24 De Vries and van der Woude 1997, 693. 以工資率指數粗略估計，除了最後十年，荷蘭的勞動生產力很可能在整個十八世紀都領先歐洲所有其他國家（同上，620, 695）。

25 Gilpin 1975, 67; Rostow 1991, 33, 52- 57; Tomory 2016, 155.

26 Hobsbawm 1968, 40; Kurth 1979; Rostow 1960, 53- 54.

27 Freeman and Louca 2001, 154.

28 Schumpeter 1939, 270- 1.

29 Modelski and Thompson 1996, 85- 87.

30 Deane 1965, 140；亦參見Cameron 1989, 196; Temin 1997, 63。

31 領頭羊產業分析先驅羅斯托將蒸汽動力列為英國經濟起飛的關鍵驅動因素之一（Rostow, 1960, 54, 60）。長週期理論家認為蒸汽動力是第一次工業革命的「代表性」技術（Bruland and Smith 2013, 1717；亦參見Reuveny and Thompson 2001, 689-719）。

32 從1760到1860年，蒸汽機製造業的產出從未超過英國工業生產總額的1%（Edquist and Henrekson 2006）。

33 事實上，在菲莉絲．迪恩（Phyllis Deane）關於第一次工業革命、影響深遠的著作中，她指蒸汽機和科特的攪煉法（促進了廉價展性鑄鐵的普及）是「確保工業化和技術變革持續進行」的兩項重要進步（Deane 1965, 130）。

34 Field 2008, 12.

35 MacLeod and Nuvolari 2009, 229; von Tunzelmann 2000, 125.

36 MacLeod and Nuvolari 2009; Paulinyi 1986; von Tunzelmann 1995, 104- 122.

37 Freeman and Louca 2001, 155; Perez 1983, 363.

38 Lipsey, Carlaw, and Bekar 2005, 132, 246.

39 Freeman and Louca 2001, 174; see also Mantoux 2006, 25.

40 參見質性分析附錄表3。

41 Field 2008, 12.

42 MacLeod and Nuvolari 2009, 217; Paulinyi 1986; von Tunzelmann 1995, 104- 122.

43 在這段期間，棉紡技術出現了一系列重大突破，包括哈格里夫斯的珍妮紡織機（1764年）、阿克萊特的水力紡紗機（1769年），以及克朗普頓的走錠精紡機（1779

有多個具有經濟意義的應用領域，但缺乏通用技術普遍的技術互補性。例如，X光和雷射技術就屬於這個類別（Battke and Schmidt 2015, 336）。

166 Field 2008, 12; Mokyr 2006, 1073.「多種用途」是通用技術的一個關鍵特徵（Lipsey, Bekar, and Carlaw 1998, 39）。

167 有關以實證方法驗證通用技術的努力，請參閱Gross 2014, 32; Petralia 2020, 1- 2。

168 在每個歷史案例研究中，我追蹤不超過四個候選領頭羊產業和不超過四項候選通用技術。

第三章　第一次工業革命與英國崛起

1 Gilpin 1975, 67- 80.

2 例如參見Manning 2020。

3 Kelly, Mokyr, and Ó Gráda 2020; Meisenzahl and Mokyr 2011.

4 Kennedy 2018, 53.

5 Rostow 1960; Rostow 1956, 31.

6 Gilpin 1996, 413; Thompson 1990, 220.

7 此圖的完整資料來源參見Bolt and van Zanden 2020; Broadberry, Campbell, et al. 2015; Ridolfi 2017; Smits, Horlings, and van Zanden 2000; van Zanden and van Leeuwen 2012。

8 Bolt and van Zanden 2020, 8- 9.

9 我的計算是基於二〇二〇年版的麥迪遜資料庫；亦參見Maddison 2007, 76。有關荷蘭在十九世紀初人均GDP領先的其他證據，請參閱Engerman and O'Brien 2004, 462; van Zanden and van Riel 2004, 264。

10 我的計算是基於二〇二〇年版的麥迪遜資料庫。

11 感謝亞當．迪恩（Adam Dean）指出這種可能。麥迪遜資料庫從1808年起改用基於全國數據的荷蘭人均GDP估計值（Bolt and van Zanden 2020, 9）。

12 Bolt and van Zanden 2020, 9.

13 Acemoglu, Johnson, and Robinson 2002, 1237; Ikenberry 2001, 168; Moe 2004, 146.

14 Kennedy 1987, 151.

15 Bairoch 1982, 322.

16 根據拜羅克自己的判斷，歐洲國家1800年估計數據的誤差範圍為25%至30%（Bairoch 1982, 322）。

17 Maddison 2007, 76. 這段期間可支持跨國工業化程度比較的原始資料有限。麥迪遜資料庫沒有1700至1820年間工業就業人口比例的統計資料。

18 Gutmann 1988, 119- 20.

139 Bennett and Checkel 2015, 11; Falleti and Lynch 2009; George and Bennett 2005, 142; Mahoney 2003, 5; Tilly 2001.

140 Falleti and Lynch 2009, 1149.

141 Blatter and Haverland 2012, 144; George and Bennett 2005, 181- 204.

142 遵循追蹤機制的典範做法，本章一早就提出這兩種相互競爭的解釋的因果圖（圖2.1）（Waldner 2015）。

143 案例分析程序的進一步細節參見質性分析附錄。

144 Jovanovic and Rousseau 2005, 1184.

145 居領導地位的國家可能在通用技術技能基礎建設和迎合領頭羊產業產品週期的制度上都占有優勢。因此，支持通用技術擴散論特別有力的證據，是領導國迎合領頭羊產業產品週期的制度不如其競爭對手。

146 Beach and Pedersen 2013, 15.

147 Collier 2011, 827.

148 這遵循結構化、重點比較的格式（George 1979）。

149 Broadberry 1997. 這與聚焦於能源轉型的角色、探討技術創新與系統領導地位轉變的其他研究有關；參見Thompson and Zakhirova 2018。

150 這是比較歷史研究可接受的一種做法；參見Skocpol 1984, 382; Thies 2002, 359。

151 Fogel 1964.

152 Nuvolari, Verspagen, and von Tunzelmann 2011, 292. 亦參見von Tunzelmann 1978。

153 英國外交和領事報告被描述為「豐富但遭忽視的歷史資料來源」（Barker 1981）。

154 Inklaar et al. 2018.

155 Comin and Hobijn 2009. 此資料集是目前關於技術採用最大規模的資料集，有關其擴展可參考Milner and Solstad 2021。

156 Rosenberg 1982.

157 Brooks 1980, 66, cited in Skolnikoff 1993, 13.

158 Field 2008; Mokyr 2006; Ristuccia and Solomou 2014.

159 David and Wright 1999, 10.

160 Field 2008. 這三項創新是蒸汽、電力和資訊技術。

161 Kurth 1979, 3.

162 Drezner 2001, 6- 7. 雖然十八世紀末的棉紡織業被公認為當時的領頭羊產業，但根據這個定義，它不符合領頭羊產業的資格，因為它不需要大量投資於研發活動。

163 參見質性分析附錄表二。

164 完整清單參見質性分析附錄表三。

165 有關「近乎通用技術」，參見Lipsey, Bekar, and Carlaw 1998, 46- 47。「多用途技術」

116 Taylor 2004, 604.

117 較廣泛而言，許多重要的國際關係論述認為國際競爭促進軍事技術的擴散，例如參見Gilpin 1981和Waltz 1979。較近期的論述請參閱Milner and Solstad 2021。

118 Taylor 2016, 224.

119 Ruttan 2006, 184; see also Coccia 2017.

120 Weiss 2014; Samuels 1994.

121 Taylor 2016；另請參閱Milner and Solstad 2021，以了解泰勒的論述如何被用來解釋技術採用的全球浪潮。

122 Doner, Ritchie, and Slater 2005; Tsebelis 2002. 有趣的是，雖然「創造性不安全」理論和「系統脆弱性」理論都認為外部威脅對國家競爭力有正面影響，它們對國內緊張情況的影響有不同的看法。前者認為國內緊張情況對技術進步有負面影響，後者則認為國內壓力有助促進有利於創新的制度發展（Doner, Ritchie, and Slater 2005, 328）。這種差異某程度上是因為兩者所講的國內緊張情況是不同的概念。在「系統脆弱性」理論中，國內緊張情況是描述群眾與政治領導層的關係；在「創造性不安全」理論中，國內緊張情況是描述既得利益集團與科技支持者的關係。

123 Alic et al. 1992, 37- 43; Misa 1985.

124 Hall and Soskice 2001.

125 Huo 2015.

126 Hall and Soskice 2001, 41- 44；批判性觀點可參考Taylor 2004。

127 有些學者利用關於提供技能的資本主義類型論解釋資訊科技的發展，請參閱Crouch, Finefold, and Sako 1999的例子。

128 Thelen 2004, 11.

129 Blatter and Haverland 2012.

130 Van Evera 1997, 83.

131 Beach and Pedersen 2018; Goertz 2017.

132 Gilpin 1975, 69; Milner and Solstad 2021; Goldstein 1988.

133 相關概念參見Drezner 2001, 4; Modelski and Thompson 1996; Moe 2009; Reuveny and Thompson 2001。

134 Beach and Pedersen 2018, 861- 63; Goertz 2017, 66.

135 Gilpin 1981, 1987; Kennedy 2018, 51; Modelski and Thompson 1996; Freeman, Clark, and Soete 1982; Kim and Hart 2001.

136 感謝Marty Finnemore為本節的組織提供建議。

137 Mayntz 2004, 255.

138 Mayntz 2004, 251.

93 Mason, Rincon- Aznar, and Venturini 2020; Rincon- Aznar et al. 2015.

94 Baron and Schmidt 2014; Bresnahan and Trajtenberg 1995; Thoma 2009.

95 相對於那些仰賴較狹隘的「獨立」技術的產業，通用技術部門較難捕捉所有相關的溢出效應，因此可能出現創新投資不足的問題（Bresnahan 2010; Bresnahan and Trajtenberg 1995; Gambardella et al. 2021）。我沒那麼關注這個專占性問題，因為大國很可能可以利用某種通用技術來源。大國之間的不同之處，在於商業化的廣度和深度。

96 Rosenberg 1998b, 169. 歷史研究將美國成功採用新電氣技術歸功於「電氣化推進的技術與該國的教育和勞工培訓制度較為契合」（David and Wright 2006, 154）。

97 Vona and Consoli 2014, 1403- 5.

98 Russell 2014; Yates and Murphy 2019.

99 不過，最近的研究仍強調非正式教育機會對電腦科學一直都重要（Guzdial et al. 2014）。

100 Johnson 1997; Krueger 1993.

101 Mokyr and Voth 2010.

102 例如參見Kennedy 2018, 54。

103 Kitschelt 1991；亦參見Kim and Hart 2001。

104 Drezner 2001; Moe 2009, 216- 17.

105 這方面的另一個例子是Espen Moe關於大國產業興衰的研究，他將一個國家在特定時期的「核心產業」的競爭力等同於這個國家的產業領導地位。他對核心產業的選擇，參考了Gilpin 1987和Modelski and Thompson 1996指出的領頭羊產業（Moe 2009, 224fn3; Moe 2007）。

106 Drezner 2001, 13- 18; Moe 2007, 125.

107 Moe 2007, 253- 55; Thompson 1990.

108 Rosenberg and Steinmueller 2013.

109 Maloney and Caicedo 2017.

110 Nelson and Winter 1982; Schumpeter 1994.

111 Copeland and Shapiro 2010.

112 Cerny 1990; Katzenstein 1985; Olson 1982; Porter 1990; Rosecrance 1999; Weiss 2003. 相關文獻的綜述可參考Breznitz 2009；Taylor 2016。

113 分別參見Acemoglu et al. 2018；Nelson 1993；North 1990。

114 邁克爾・鮑斯金（Michael J. Boskin）曾說：「一個國家是製造電腦晶片還是洋芋片並無差別。」（Thurow 1994）

115 Rasler and Thompson 1994, 81；亦參見Gilpin 1996; Gilpin 1981, 179; Moe 2009。

開分發現金：「那些最有價值的機會就像較大面額的鈔票，會先被拿走；價值較小的機會較晚被把握。但是，隨著最有價值的機會被把握和執行，原本的技術革命會失去力量。」

71 Brynjolfsson, Rock, and Syverson 2017; David 1990; Helpman and Trajtenberg 1994.

72 Crafts 2001, 306; David and Wright 1999, 12.

73 Gilpin 1987, 217; Reuveny and Thompson 2001, 711n13.

74 Drezner 2001, 7; Thompson 1990, 211.

75 領頭羊產業論最早的其中一個文本認為「革命性技術突破」是「解釋連續的資本主義核心經濟體興衰的主要關鍵」(Gilpin 1975, 69)，我同意該觀點。至於哪些技術應被視為「革命性」的，以及這些突破實際上如何導致主要經濟體的興衰，我有不同的看法。

76 Kurth 1979, 3.

77 我非常感謝斯蒂芬·卡普蘭（Stephen Kaplan）和阿貝·紐曼（Abe Newman）對本節的意見回饋。

78 Gilpin 1996, 413.

79 Freeman and Louca 2001; Nelson and Winter 1982; Perez 2002.

80 Romeo 1975; Copeland and Shapiro 2010.

81 Thelen 2004, 4, 285- 86. 大量文獻強調人力資本對技術採用的重要性，例如參見Comin and Hobijn 2004；Goldin and Katz 2008；Nelson and Phelps 1966。在本章後面，我將概述我對通用技術跨國擴散差異的另外兩種解釋的有效性檢驗。

82 Rosenberg 1998b; Vona and Consoli 2014.

83 有關經濟成長國際形態的這「三個基本原因」，可參考Acemoglu, Johnson, and Robinson 2005, 397- 402的概述。

84 地理面的解釋可參考Diamond 1997; Gallup, Sachs, and Mellinger 1999。文化面的解釋可參考Harrison and Huntington 2000; Weber 1930。

85 Acemoglu, Johnson, and Robinson 2005, 402- 21.

86 有些學術研究確實探討某些地理環境如何更有利於特定類型的技術變革，但這些研究僅限於農業技術。例如參見Diamond 1997, 358。

87 Acemoglu and Robinson 2006, 2012.

88 Doner and Schneider 2016；Simmons 2016；亦見Doner, Hicken, and Ritchie 2009。

89 Teece 2018.

90 Goldfarb, Taska, and Teodoridis 2021.

91 Hall and Soskice 2001; Culpepper and Finegold 1999.

92 Aghion and Howitt 2002, 312- 13; Streeck 1992, 16.

47 Aghion and Howitt 1998; Cohen and Levinthal 1998.

48 Fagerberg 1987; Fu 2008; Howitt and Mayer- Foulkes 2005.

49 例如，阿努爾夫・格倫布勒（Arnulf Grübler, 1998) 就認為，領先的創新中心，也就是新技術變革發源的國家，往往也是新技術採用程度最高的國家。

50 Feldman and Yoon 2012.

51 Fox and Guagnini 2004, 170.

52 Comin and Hobijn 2010; Fu 2008.

53 Gerschenkron 1962/2008.

54 Fagerberg 1987; Pavitt and Soete 1982.

55 Hannah 1994, 90- 91. 我感謝丹尼爾・拉夫（Daniel Raff）與我分享這項資料。

56 Taylor 2016, 189.

57 這是本書作者根據Comin and Hobijn 2009的資料計算出來的。

58 Kennedy 2018, 51; Rostow 1960, 14.

59 Rostow 1978, 104- 9. 湯普森 (1990) 以羅斯托提出的十個指標作為關鍵領頭羊產業興衰的代用指標，並從1950年代開始為半導體和噴射機機身生產添加了兩個新指標。

60 Thompson 1990, 217.

61 Vernon 1971.

62 Gilpin 1975, 78, 197; 1987, 234- 37; Moe 2007, 207; Tellis et al. 2000, 37.

63 Gilpin 1987, 99.

64 Kurth 1979, 4.

65 Rasler and Thompson 1994, 7.

66 Modelski and Thompson 1996, 91；亦參見Thompson 1990, 217。值得注意的是，最近有關技術與系統領導地位的研究指出，從戰後開始，一個國家要完全壟斷創新變得比較困難。請參閱Thompson 2022, 184- 211。

67 有關強調技術採用差異的其他政治學研究，請參閱Milner 2006; Milner and Solstad 2021。

68 生產者在缺乏競爭的情況下，能以高於正常市場水準的價格出售商品或服務，就可以賺到「壟斷租」。在領頭羊產業論中，領先的經濟體獨占新技術產生的壟斷租，也就是在由新技術支持的快速成長產業，積累高於正常水準的利潤。我感謝一位匿名評論者敦促我澄清這一點。

69 Modelski and Thompson 1996, 52.

70 Thompson 1990, 211. 亞伯拉罕・紐曼與約翰・齊曼（Abraham Newman and John Zysman, 2006, 393- 94) 談到領頭羊產業的影響時限時表示，情況有如找個地方公

35　例如，羅伯特・福格爾（Robert William Fogel）關於鐵路的經典研究得出結論：「鐵路沒有對經濟的生產潛力產生巨大貢獻。」（Fogel 1964, 235）包括「致能技術」（enabling technologies）在內的相關類別促進了互補型創新，並展現巨大的改進空間，但找不到普遍的應用（Teece 2018, 1369）。

36　Bresnahan and Trajtenberg 1995. 以下討論主要來自 Bresnahan and Trajtenberg 1995 和 Lipsey, Carlaw, and Bekar 2005。其他論述也採用類似的定義，雖然有一些不同；請參閱 Bresnahan 2010；Jovanovic and Rousseau 2005。對通用技術概念的批判觀點可參考 Field 2008。

37　Lipsey, Bekar, and Carlaw 1998, 39.

38　Cantner and Vannuccini 2012.

39　其中一個並不意味著會有另一個。例如螺絲有「範圍廣泛的用途」，因為它在經濟體中的許多生產活動中被用來固定東西，但它並沒有「許多不同的用途」（Lipsey, Bekar, and Carlaw 1998, 39）。

40　Devine 1982.

41　David 1990, 356.

42　Brynjolfsson, Rock, and Syverson 2017; David 1990; Smil 2005, 33- 97.

43　「通用技術擴散」是指通用技術在一個國家的經濟體系之中被吸收和採用的過程。關於擴散的大量學術研究探討規範和政策如何跨國傳播（Finnemore and Sikkink 1998; Simmons and Elkins 2004）。在討論通用技術如何從一個經濟體傳到另一個經濟體時，我使用「國際擴散」一詞。

44　關於國家科技力量的既有學術論述也是比較重視創新。Andrew Kennedy (2018, 16) 在他的書中寫道：「我聚焦於支持企業和大學創新努力的跨國流程，這些流程支持企業和大學致力於這些任務中的第一項：創造一種產品或流程，它『對世界來說是新的』。」馬克・泰勒（Mark Zachary Taylor, 2016, 28) 寫道，他的著作《創新的政治》（*The Politics of Innovation*）比較關注「創新而非擴散……我盡可能關注為什麼有些國家比較擅長發明新技術……我比較不關心新技術在整個社會中的傳播。」另請參閱 Taylor 2009, 865。

45　重視擴散的研究方法有助於平衡充斥於關於技術的社會科學分析中的「創新中心主義」（Edgerton 2010, 689）。伯努瓦・戈丁（Benoît Godin, 2015, 8) 以一本書分析創新這個概念，將當前時期描述為「創新本身成為一種價值」以及「崇敬和膜拜的對象」。與此相關的是，關於軍事技術變革的研究強烈傾向關注軍事創新（Goldman and Andres 1999, 80n4）。

46　Taylor 2016, 231. 喬爾・西蒙斯（Joel Simmons, 2016, 33) 認為「這兩個過程的差異往往被誇大了」。

16 例如，龐大的軍隊對一個國家在常規戰爭中發揮影響力可能特別重要，但對這個國家抵禦來自非國家行為者的網路攻擊的能力就沒那麼重要。大衛・鮑德溫警告學者不要對權力資源做脫離脈絡的估計，也不要將多面向的權力概念簡化為單一指標（Baldwin 2016）。

17 Kennedy 1987; Kim and Morrow 1992; Kugler and Lemke 1996; Väyrynen 1983. 有一種觀點將主要國家經濟成長率出現顯著差異與戰爭的關係複雜化，參見Debs and Monteiro 2014。

18 Huntington 1993, 81；亦參見Monteiro 2014, 34。

19 Kirshner 1998; Modelski and Thompson 1996. 關於第一次世界大戰，請參閱Kennedy 1976；關於第二次世界大戰，請參閱Hanson 2017。經濟實力與軍事實力並不完全對應。一些經濟大國，例如1980年代的日本，限制自身的軍事能力。

20 Kennedy 1987, 439.

21 在這本書中，為了使用詞有些變化，我以「生產力領導地位改變」、「經濟權力移轉」或「經濟權力格局改變」指稱結果變數。它們全都是指同一個概念。

22 Krugman 1997, 11.

23 Kim 2020; Luttwak 1993.

24 Sean Starrs (2013) 以總部設在美國的跨國公司所占的利潤比例衡量美國的經濟實力。

25 Taylor 2012, 2016.

26 Krugman 1994. 多數國際政治經濟學者視生產力成長為衡量技術競爭力最有力的指標（Hart 1992, 15; Porter 1990, 5）。

27 Anders, Fariss, and Markowitz 2020; Beckley 2018.

28 我要感謝Allan Dafoe、Max Daniel和Duncan Snidal幫助我釐清以下各點。

29 Wright 1990, 653.

30 1870年澳洲人口為160萬，僅為當時美國人口的4%（Romer 1996, 202）。

31 有些「大國」定義視強大的軍事能力為必要條件（Monteiro 2014, 44）。保羅・甘迺迪寫道，大國「必然是一個有能力與任何其他國家抗衡的國家」（Kennedy 1987, 224）。在我的研究中，我沒有視強大的軍力為大國的必要條件，因為一些新崛起的強國在還沒有能力向海外投射軍事力量時就已經成為經濟領導國。在尚未完成的研究中，Jennifer Lind (2023) 以「潛在大國」（latent great powers）一詞描述這些強國。我很感謝她分享她對這問題的見解。另請參閱Mearsheimer 2014。

32 D. Baldwin 2016, 103; Kaiser 1989, 738.

33 我的計算是基於Anders, Fariss, and Markowitz 2020的資料。

34 Brynjolfsson, Rock, and Syverson 2017; David 1990; Ruttan 2006, 5.

1982）。

48 Von Tunzelmann 1997, 2. 雖然這種對工業革命的分析性分類受到質疑（例如參見 Hull 1996），這些技術變革時期也符合被用來支持領頭羊產業論的案例，因此利用它們來檢驗通用技術擴散論相對於標準論述的解釋力是可行的。

49 Kennedy 1987; Kim and Morrow 1992; Kugler and Lemke 1996; Väyrynen 1983.

50 Kirshner 1998; Modelski and Thompson 1996.

51 Ogburn 1949a.

52 Sprout 1963, 187.

第二章 通用技術擴散理論

1 Gilpin 1996; Moe 2009.

2 Drezner 2001; Kitschelt 1991.

3 Bresnahan and Trajtenberg 1995.

4 David 1990, 356.

5 Devine 1982.

6 Gilpin 1996; Kim and Hart 2001; Kitschelt 1991; Perez 2002.

7 Lehrer 2005, 254- 55.

8 Haber 1958, 121- 31.

9 Rosenberg and Steinmueller 2013. 本章稍後將闡述美國在化學工程方面的優勢。

10 「微調者」（tweaker）和「執行者」（implementer）這兩個詞源自 Meisenzahl and Mokyr 2011, 446。

11 本章部分內容源自 Ding 2024。

12 權力移轉理論認為，當崛起的挑戰者威脅到既有霸主時，發生大規模戰爭的風險最大（Gilpin 1975; Organski 1958; Tammen 2008）。對此的批判可參考 Chan 2007。

13 關於權力移轉其他可能後果的討論，例如關於霸權穩定性的討論，參見 Keohane 1984; Snidal 1985。

14 Baldwin 2012, 288.

15 我重視的結果變數為既有強國與崛起中強國的經濟成長率出現顯著差異，國際關係學者視之為整個權力移轉過程中的一個關鍵階段（Gilpin 1981）。相關文獻提到產業領導地位（industrial leadership）的轉變（Moe 2009）、經濟領導地位的轉變（Modelski and Thompson 1996; Reuveny and Thompson 2001）以及技術霸權地位的轉變（Drezner 2001, 4）。我使用「經濟權力移轉」一詞，是因為它簡潔地概括了我關注的結果，同時避免因為使用「industrial」（工業／產業）一詞而使人聯想到重工業。

22 Edgerton 2010, 2011.

23 Rosenberg 1982, 19.

24 GPT- 3 2020.

25 就我所知，AI模型還沒有能力寫出原創學術著作（相信我，我認真搜尋過相關資料）。

26 Dickson 2021. 也有人擔心會有人使用GPT- 3之類的語言模型來產生有害的言論和錯誤資訊；參見Kreps, McCain, and Brundage 2022。

27 Hu 2023.

28 2022年11月18日，以完全符合為條件在Google上搜尋「AI is the new electricity」（AI是新的電力），可以找到超過一萬六千條結果。這個類比流行起來，是從Google Brain創始人吳恩達2017年在史丹佛大學的一場演講開始。

29 Kelly 2014.

30 Bresnahan 2010; Bresnahan and Trajtenberg 1995; Lipsey, Carlaw, and Bekar 2005.

31 David 1990, 356.

32 Brynjolfsson, Rock, and Syverson 2017; David 1990.

33 Devine 1982.

34 Vincent 2020. 許多人也指出，一些令人印象最深刻的應用例子是刻意挑選出來的，而且GPT- 3仍需要人類做大量微調。有關GPT- 3的更多背景資料，請參考Dale 2021。

35 Thompson 1990, 211；亦見Freeman, Clark, and Soete 1982, 80; Gilpin 1987, 112。

36 Modelski and Thompson 1996, 91.

37 Grübler 2003, 118.

38 有關這兩種長期經濟成長觀點的最初表述，參見Harberger (1988)。

39 Crafts 2001, 306; David and Wright 1999, 12.

40 Drezner 2001, 13- 18; Moe 2007, 253- 66; Thompson 1990.

41 Shapley and Roy 1985.

42 Rosenberg and Steinmueller 2013.

43 Timothy Bresnahan和Manuel Trajtenberg (1995) 認為這些協調機制有助釋放與通用技術軌跡有關的正面外部性。亦見Rosenberg 1998b; Vona and Consoli 2014。

44 Thelen 2004, 285- 86.

45 Beach and Pedersen 2019, 97- 98; Goertz 2017.

46 其他相關名詞包括「technology wave」（Milner and Solstad 2021）和「long waves」（Goldstein 1988）。

47 技術既包括硬體和藍圖的實體表現，也包括組織和管理方式的改進（Rosenberg

註釋

第一章　引言：新時代的開展

1 Iqbal 2022.

2 Schwab (2017a)。「第四次工業革命」一詞開始普及使用，源自世界經濟論壇創始人暨執行主席克勞斯・施瓦布。

3 Qiushi 2018, cited in Doshi 2021, 286.

4 同上。

5 習近平強調「新一輪科技革命」可追溯到2013年9月，當時他主持了中共政治局集體學習會（Huang 2018）。

6 Li 2018, cited in Doshi 2021, 287.

7 Jin 2019, cited in Doshi 2021, 288.

8 The White House 2021.

9 National Security Commission on Artificial Intelligence 2021, 19- 20.

10 Gilpin 1981, 1987; Kennedy 1987; Modelski and Thompson 1996.

11 Kennedy 1987, xx.

12 Gilpin 1981; Kennedy 1987; Kirshner 1998.

13 Akaev and Pantin 2014, 869; see also Modelski and Thompson 1996; Thompson 1990.

14 Gilpin 1996; Moe 2009.

15 Drezner 2001; Kim and Hart 2001; Kitschelt 1991.

16 Nuvolari 2004.

17 Drezner 2001; Moe 2007.

18 Gilpin 1981, 1987; Kennedy 1987; Modelski and Thompson 1996; Rostow 1960; Schumpeter 1934, 1939; Thompson 1990.

19 Drezner 2001, 7. 德雷茲納在一篇紀念國際關係學科誕生百年的文章中重申了此一觀點（Drezner 2019, 289）。

20 習近平2021. 這次演講是2018年5月在中國科學院與中國工程院的聯合會議上發表的。

21 Allison and Schmidt 2020; National Security Commission on Artificial Intelligence 2021; Tellis 2013.

Beyond

92

世界的啟迪

科技與大國崛起

通用技術如何改變權力布局？

Technology and the Rise of Great Powers: How Diffusion Shapes Economic Competition

作者	傑佛瑞・丁（Jeffrey Ding）
譯者	許瑞宋
總編輯	洪仕翰
責任編輯	陳怡潔
校對	李鳳珠
行銷企劃	張偉豪
封面設計	陳恩安
排版	宸遠彩藝
出版	衛城出版／左岸文化事業有限公司
發行	遠足文化事業股份有限公司（讀書共和國出版集團）
地址	23141　新北市新店區民權路 108-3 號 8 樓
電話	02-22181417
傳真	02-22180727
客服專線	0800221029
法律顧問	華洋法律事務所蘇文生律師
印刷	呈靖彩藝有限公司
初版	2025 年 06 月
定價	580 元
ISBN	9786267645291（平裝） 9786267645253（EPUB） 9786267645260（PDF）

國家圖書館出版品預行編目(CIP)資料

科技與大國崛起：通用技術如何改變權力布局？傑佛瑞・丁(Jeffrey Ding)作；許瑞宋譯。初版。新北市：衛城出版，左岸文化事業有限公司出版：遠足文化事業股份有限公司發行，2025.06
352面；14.8x21公分.(Beyond；92)
譯自：Technology and the rise of great powers
ISBN：978-626-7645-29-1(平裝)

1. 國際經濟　2. 工業革命　3. 技術發展

552.1　　114003956

ACRO POLIS
衛城出版
Email acropolisbeyond@gmail.com
Facebook www.facebook.com/acrolispublish